21世紀漢語言專業規劃教材

專題研究教材系列

北京市優秀博士學位論文指導教師資助項目

說文解字通論

黃天樹 著

圖書在版編目（CIP）數據

說文解字通論/黃天樹著. —北京：北京大學出版社，2014.10
（21 世紀漢語言專業規劃教材·專題研究教材系列）
ISBN 978-7-301-24810-2

Ⅰ.①說…　Ⅱ.①黃…　Ⅲ.①《說文》—高等學校—教材
Ⅳ.①H161

中國版本圖書館 CIP 數據核字（2014）第 210376 號

書　　　　名：	說文解字通論
著作責任者：	黃天樹　著
責 任 編 輯：	宋立文
標 準 書 號：	ISBN 978-7-301-24810-2/H · 3578
出 版 發 行：	北京大學出版社
地　　　　址：	北京市海淀區成府路 205 號　100871
網　　　　址：	http://www.pup.cn　　新浪官方微博：@北京大學出版社
電 子 信 箱：	zpup@pup.cn
電　　　　話：	郵購部 62752015　發行部 62750672
	出版部 62754962　編輯部 62754144
印　刷　者：	三河市北燕印裝有限公司
經　銷　者：	新華書店
	650 毫米×980 毫米　16 開本　23.75 印張　350 千字
	2014 年 10 月第 1 版　2022 年 11 月第 5 次印刷
定　　　　價：	47.00 元

未經許可，不得以任何方式複製或抄襲本書之部分或全部內容。
版權所有，侵權必究
舉報電話：010-62752024　電子信箱：fd@pup.pku.edu.cn

序　言

1985 年，我考入北京大學，跟隨裘錫圭先生攻讀博士學位。我的研究方向是古文字學，所以裘先生十分強調文字學經典著作《說文》的重要性。

1988 年，我在北京大學獲博士學位之後，先後在陝西師範大學和首都師範大學教書，其中，《說文》是講授次數最多的一門課，屈指一算已經 26 年了。本書是在講稿基礎上寫成的，內容包括：緒論、敘表、二書、部首、隸變、版本、體例、字體、重文、篆法，共計十章。我認爲一部教材應該要有一些自己的研究心得，否則就沒有必要寫。本書中的"二書""部首"等章節就屬一家之言。

本書的第一個特色是"二書"。"書"是"書寫"的意思。世界文字有兩大類型：拼音文字和意音文字。前者以英文爲代表，後者以漢字爲代表。英文是"一書"，它書寫語言的方式只用音符。漢字是"二書"，它書寫語言的方式兼用音符和意符。"二書"下轄六書："無聲符字"下轄象形、指事、會意等；"有聲符字"下轄形聲、假借等。這是本書的理論框架。

本書的第二個特色是利用出土古文字材料研究《說文》，這比傳統的僅利用"紙上之材料"來研究《說文》更有意義。1899 年，甲骨文發現以後，很多學者利用甲骨金文材料指出《說文》的不少錯誤，但這絲毫不影響《說文》的價值。《說文》是研究古文字的根柢。同樣，研究《說文》也離不開古文字。合則兩美，離則兩傷。很多文字現象，如果不利用出土古文字材料，只在《說文》本身兜圈子，是永遠搞不清楚它的來龍去脈的。有鑒於此，我注意吸收古文字的研究成果來編寫這部教材。"紙上之材料"和"地下之材料"都佔有了,資料才算完備。二者互相印證,更有助於研究的深入,才能有所發現。

　　《說文》一書,博大精深,如何學習,值得深思。眾所周知,學習文字學必須將文字的形、音、義三者統一考慮。但是作爲初學者,我想可以先從字形入手,學好偏旁分析法。《段注》說:"《說文》,形書也。""以字形爲書,俾學者因形以考音與義,實始於許,功莫大焉。"學音樂的人要有樂感,學繪畫的人要有色感,同樣,學文字的人要有字感。所謂字感就是對字形結構的敏感度。字感是可以通過學習來培養的。許慎《說文》力圖說明每個字爲什麼這樣寫。他常用偏旁分析法來探求文字的音與義,這是科學的方法。不論是現在學習已識字,還是將來研究未識字,都應該掌握偏旁分析法。如果能解剖一個合體字爲若干偏旁,並知道每個偏旁的表意表音功能,這樣所學的已識字終生難忘,這樣所釋的未識字大抵總是顛撲不破的。

　　裘錫圭先生在《談談學習古文字的方法》一文中說:"對學古文字的人來說,最重要的是要養成勤查《說文》的習慣。不但在學習、研究古文字的時候一碰到有關問題就要去查,就是在閱讀書報的時候碰上了一個記不起它的小篆寫法的字,也應該去查一查。查《說文》並不是很輕鬆的事。即使有索引可以使用,也還是會有查了半天還查不到字的情況。我們決不能因爲怕麻煩就少查《說文》。勤查《說文》能減少以至消滅由於對《說文》不夠熟悉而犯錯誤鬧笑話的可能。而且通過不斷翻查,對《說文》無疑是會逐漸熟悉起來的。"(《語文導報》1985 年第 10 期)因此,通過勤查《說文》,可以逐漸掌握閱讀《說文》原典的能力,打好利用《說文》從事中文和歷史教學與研究的基礎。

　　北京大學出版社的王飆先生和宋立文先生仔細審閱了全稿,費了很大精力,十分感謝他們。

黃天樹

2014 年 8 月 11 日

凡　例

一、本書引用古文字資料時，爲排印和閱讀方便，釋文一般用寬式，直接寫通用字。需要討論之字用嚴式，先寫出隸定字形，然後用圓括號注明通用字。

二、所引古文字例句的釋文中，"□"號表示缺一字；"⊠"號表示所缺之字數目不詳；"[　]"號表示根據上下文擬補的字；"(　)"號表示括注出異體字的正字和假借字的本字等；多條卜辭連寫時，各條卜辭之間用分辭號"○"隔開。

三、圖版匯印於書末，書中稱引時在圖版號前加"圖"字。

四、下列各書徵引次數較多，一般用簡稱：

《說文》——《說文解字》，北京：中華書局影印陳昌治一篆一行本，1963年；

《段注》——段玉裁《說文解字注》，上海古籍出版社，1981年；

《集成》——《殷周金文集成》，北京：中華書局，1984—1994年；

《合集》——《甲骨文合集》，北京：中華書局，1978—1982年；

《合補》——《甲骨文合集補編》，北京：語文出版社，1999年；

《屯南》——《小屯南地甲骨》，北京：中華書局，1980—1983年；

《英藏》——《英國所藏甲骨集》，北京：中華書局，1985年；

《花東》——《殷墟花園莊東地甲骨》，昆明：雲南人民出版社，2003年；

《史購》——《史語所購藏甲骨集》，臺北：歷史語言研究所，2009年；

《村中》——《殷墟小屯村中村南甲骨》，昆明：雲南人民出版社，2012年。

目　錄

第一章　緒論 …………………………………………… 1
第二章　敘表 …………………………………………… 35
第三章　二書 …………………………………………… 45
第四章　部首 …………………………………………… 67
第五章　隸變 …………………………………………… 163
第六章　版本 …………………………………………… 176
第七章　體例 …………………………………………… 203
第八章　字體 …………………………………………… 250
第九章　重文 …………………………………………… 272
第十章　篆法 …………………………………………… 293

附錄一　部分練習參考答案 …………………………… 307
附錄二　圖版 …………………………………………… 335
附錄三　本書標注《說文》頁碼與影印《說文》一篆一行本
　　　　頁碼對照表 ………………………………………… 362

第一章 緒 論

§1.1

許慎(約58—147)是東漢著名的古文經學家和文字學家。他撰寫的《說文解字》是第一部按部首編排的字典①(圖1、圖2)。它體例完備,內容宏富,在文字學史上佔有重要的地位②,是溝通古今文字的津梁,今天研究古文字仍要以它爲出發點。有關許慎的生平事蹟,資料很少,《後漢書·儒林列傳》有一段簡明的文字,不妨抄錄於下:

　　　　許慎字叔重,汝南召陵③人也。性淳篤,少博學經籍,馬融常④推敬之。時人爲之語曰:"五經無雙許叔重。"爲郡

---

① 《說文》版本主要有:陳昌治同治十二年閏六月刻本、孫星衍五松書屋嘉慶甲子年仿宋刻本、額勒布刊印藤花榭本、續古逸叢書影宋本。其中,中華書局1963年影印的陳昌治一篆一行本發行量大,容易尋找,所以本書標注《說文》頁碼,以此書爲據。

② 清代學者王鳴盛《說文解字正義·序》說:"《說文》爲天下第一種書。讀徧天下書,不讀《說文》,猶不讀也;但能通《說文》,餘書皆未讀,不可謂非通儒也。"黃侃《文字聲韻訓詁學筆記》(黃焯整理)列出"小學十書",以輕重排序,《說文》排在第一。

③ 召陵,今河南郾城縣。

④ 常,通"嘗",當"曾經"講。

功曹,舉孝廉①,再遷②除③洨④長。卒於家。

　　初,慎以五經傳說⑤臧否⑥不同,於是撰爲《五經異義》⑦,又作《說文解字》十四篇,皆傳於世。

　　此外,他的生平事蹟還散見於《後漢書·夜郎傳》、《說文解字·敘》、許沖《進〈說文解字〉表》、《太平御覽》二六四引《汝南先賢傳》。從這些簡略的記載中,可以大體上知道他的生平事蹟。

　　許慎年少時博學經籍,被時人譽爲"五經無雙許叔重"。他在汝南郡當過功曹的小官。在功曹任内,他"奉上以篤義,率下以恭寬"(見《汝南先賢傳》,《太平御覽》二六四引)。後來,他被推舉爲孝廉,進入京師洛陽,做了太尉南閣祭酒,世稱許祭酒。漢代經歷由篆書演變爲隸書的大變革,使漢字的面貌發生了劇烈的變化,對其結構也產生很大的影響。當時今文經學派依據訛變的隸書肆意妄說字形的風氣很盛。許慎屬古文經學派,爲針砭時弊,立志撰寫《說文解字》。這時,古文經學大師賈逵(30—101)在洛陽講學,許慎便拜在賈逵的門下,系統地學習古代的典籍。他曾在洛陽"東觀"(東漢皇家圖書館)整理典籍,得見秘籍。漢和帝永元十二年(公元100年),許慎草就《說文》初稿,隨後,又積二十餘年之力,對全書

---

① 孝廉,指善事父母,品行方正之士。這是漢朝選拔人才的名目之一。
② 再遷,兩次升擢。
③ 除,授任官職。
④ 洨,古縣名,在今安徽靈璧縣南50里。
⑤ 傳說,注疏解說。
⑥ 臧否,猶言是非。
⑦ 《五經異義》,許慎著,十卷。敘述今文經學和古文經學的不同內容。原書已佚,僅散見於《初學記》《通典》《太平御覽》等書。清代王復輯本一卷。附鄭玄駁《五經異義》一卷。清陳壽祺有《五經異義疏證》,皮錫瑞有《駁五經異義疏證》等。

進行修改增補,到漢安帝建光元年(公元 121 年)終於完成這部鴻篇巨著,並派其子許沖將《說文》等進獻給朝廷。此書就開始廣泛流傳起來了。

許慎的著作除了《說文》流傳至今外,其他著作《五經異義》《孝經孔氏古文說》《淮南子注》皆已亡佚(清人尚有輯佚本)。

§1.2

《說文解字》的書名,顧名思義,是一部說解文字的字書。那麼,可不可以叫做《說字解文》呢?這是不行的。因爲許慎認爲"文"和"字"的含義是有區別的。《說文·敘》(段注本)說:

> 倉頡之初作書,蓋依類象形,故謂之文。其後形聲相益,即謂之字。文者物象之本。字者言孳乳而寖多也。

許慎把漢字從結構上分爲"文"和"字"兩類。"文"是獨體字①,

---

① 獨體字與合體字對稱。在獨體字(基本構件)定義的問題上,文字學者分狹義和廣義兩派。狹義派認爲獨體字是不能拆分的囫圇字。但在對《說文》篆文的研究中,學者已經注意到,有些篆文實際處於獨體和合體之間。王筠注《說文·敘》的"指事"一詞時指出,有些指事字"或合它字而其中仍有不成字者"。這些字中一部分能獨立成字,餘下的部分不能單獨成字,可看作特殊的獨體字。所以,章炳麟在《文始》中把"文"區分爲"初文"和"準初文"。黃侃在《說文略說·論文字製造之先後》中則把"準初文"改稱"半字"。我們採用廣義派的立場,即《說文》篆文的獨體字應該包括指事字、複雜象物字和準獨體字。下面舉例說明。第一,宋人鄭樵《通志·六書略》說:"象形、指事,文也。""獨體爲文,合體爲字。"所以獨體字應包括指事字在內。第二,有些象形字很難孤立地畫出來,需要連帶畫出相關的事物,這種象形字稱爲複雜象物字。例如:瓜(瓜)、果(果)、州(州)等。所以獨體字應包括複雜象物字在內。第三,《說文》篆文裏有些獨體字,其上附有不能單獨成字的符號,這類字可稱之爲"準獨體字"。例如:夫(夫)、立(立)所從之"大"是能獨立成字的,而所附著的"一"不能獨立成字。獨體字也應包括準獨體字在內。

如：日、月、人、木、水、工。"字"是合體字①，如：明、休、江。"文"是基本構件，"字"是由"文"生成的。從漢字生成結構層級上看，"字"（合體字）比"文"（獨體字）高一層次。

　　據考證，"文字"一詞最早見於秦始皇刊立的琅琊臺刻石。刻石云："器械一量，同書文字。"在秦代以前，一般把文字稱爲"文""書""名"。例如《左傳·昭公元年》："於文，皿蟲爲蠱。"《韓非子·五蠹》："古者倉頡之作書也，自環者謂之厶，背厶謂之公。"《儀禮·聘禮》："百名以上書於策。"而"字"字，《說文》："字，乳也。"先秦典籍中的"字"都當"生育"講。例如《山海經·中山經》："其上有木焉，名曰黃棘，黃華而員葉，其實如蘭，服之不字。"郭璞注："字，生也。"或當"養育"講。例如《詩·大雅·生民》："牛羊腓字之。"《左傳·成公十一年》："又不能字人之孤而殺之。""字"當"文字"講始見於秦《呂氏春秋》②。文字之所以叫做"字"，是因爲合體的"字"是由獨體的"文"生育出來的。例如"日""月"生育"明"字，"人""木"生育"休"字，"水""工"生育"江"字。

　　"說"，《說文·言部》（53頁上）曰："說釋也。"對於獨體的

---

① 合體字是由兩個或兩個以上的獨體字合成的，主要指會意字和形聲字。
② 據《史記·呂不韋傳》載，秦呂不韋主持編完《呂氏春秋》後，懸之咸陽市，曰："有能增損一字者，予千金。"

"文",從結構上不能分析解剖,只能釋其本義①。"解",《說文·角部》(94頁上):"判也,从刀判牛角。"其本義是解剖之意。因爲"字"是合體的,所以許慎不僅釋義,而且也對其形體結構進行解剖分析。清代許瀚《說文答問》說:"蓋對言之,則獨體曰文,合體曰字。散言之,則文、字可通用也。說者,釋也;解者,判也。文獨體,故宜說;字合體,故宜解。"林澐說:"《說文解字》一書的基本思想就是根據小篆及許慎能見到的小篆以前的文字形體,一方面闡述每個'文'的原始圖形所表現的意思,一方面解析'字'是由哪些基本單位合成的,每一構字單位各在記錄語詞的義和音中起什麼作用。"②上述學者對《說文解字》書名的解釋是非常正確的。

§1.3

今天,我們所知能夠完整記錄漢語③的最早的漢字體系是

---

① 本義是對引申義、假借義而言的。本義是造字時準備讓它表示的意義。確定本義,對於瞭解字義的發展變化很有用處,可以以簡馭繁地掌握詞義。漢字是意音文字。其表意字的字形跟本義是有關係的,通過字形結構可以推求其本義。例如,"行"是象形字,本義是道路。行走和行列是其引申義。又如"莫",小篆作莫,从日从茻,是會意字,日没於草莽之中,會日暮之意。後來借爲否定詞,又另造"暮"字表示本義。形聲字的形旁有時也能幫助我們確定本義。如"理"字从"玉",本義是玉的紋理。按照玉的紋理來治理它也稱"理"。《說文》在每字下一般只說一個意義,即被解說字的本義。其餘是引申義和假借義。引申義是從本義派生出來的新義。假借義是因音同(近)借用而帶來的意義,跟本義和引申義沒有聯繫。

② 林澐:《古文字研究簡論》,第62頁,長春:吉林大學出版社,1986年。

③ 漢語和漢字由漢族得名,漢族由漢朝得名。商代的"漢語"和"漢字"嚴格地說,還不能稱爲漢語和漢字。這裏只是爲了稱引方便而這樣說的。

殷墟甲骨文①（圖3、圖4）。有些學者根據甲骨文推測,殷人的書寫工具主要是刻刀,書寫材料主要是甲骨。其實,這是一種誤解。甲骨文絕大多數是刀刻的,所以又叫"契文""殷契""甲骨刻辭"等②。但是,也有少量甲骨刻辭是先寫後刻的。茲舉一例,然後加以解釋。

　　壬午,王田于麥麓,隻（獲）商（章）戠異兕,王易（錫）宰丰,寢小䈞眡,在五月,唯王六祀彡日。（《合補》11299）

　　這是著名的宰丰雕骨。刻辭記載商王六年五月壬午日這天,王在名叫麥的山麓田獵,擒獲一頭有花紋的奇異的兕牛,王命令管理宮寢的侍臣小䈞把兕牛賜給宰丰。刻辭筆道豐肥,頭粗尾細,書體風格如毛筆所書,應該是先用毛筆書寫

---

①　殷墟是商王朝晚期都城的遺址,在今天河南省安陽市西北小屯村一帶。《史記·殷本紀》正義引《竹書紀年》曰:"盤庚遷殷,至紂之滅,二百七十三年,更不徙都。"殷墟作為晚商都城,共經8代12王,歷時273年。年代約當公元前14世紀至公元前11世紀。甲骨文的"甲"指龜甲,"骨"主要指牛的肩胛骨。1949年以前,出土骨的地點,只有河南安陽殷墟一處。1949年以後在殷墟以外的地區也相繼發現甲骨文。1953年在鄭州二里崗出土了少量商代甲骨文。接著,1954年在山西省洪洞縣坊堆村、1956年在陝西省長安縣張家坡、1975年在北京昌平白浮村西周墓、1977年在陝西省岐山縣鳳雛村、1988年在湖北省襄樊檀溪村、1991年在河北省邢臺南小汪、1995年至1996年在北京房山琉璃河遺址等地也先後出土了周代甲骨文,不過數量一般都很少。只有在岐山、扶風兩縣間的周原遺址所出數量最多,岐山縣鳳雛一地就發現甲骨一萬多片,其中有字甲骨近300片。因此,今天所說的"甲骨文",其時間和空間都發生了改變。它不僅指商代也包括周代刻（偶爾也有寫的）在龜甲獸骨上的文字。我們這裏所要介紹的主要是殷墟甲骨文。

②　甲骨文的名稱很多。有人稱之為"甲文""龜甲文""龜版文""龜甲文字""龜刻文"等。由於甲骨文不僅刻寫在龜甲上,而且還有刻寫在獸骨上的,稱"龜甲文"顯得不夠全面。又有人稱之為"契文""殷墟書契""殷契"等。由於甲骨文不僅有用刀契刻的,同時還有少量用毛筆寫的,稱"契文"等也顯得不夠全面。又有人叫做"貞卜文字""甲骨卜辭""殷墟卜辭"等。但是,甲骨文除多為占卜之辭外,還有少量是記事刻辭,如《干支表》等,叫做"卜辭"也不夠全面。相比之下,"甲骨文"是最恰當的名稱（參看胡厚宣《五十年甲骨文發現的總結》,第8—9頁,北京:商務印書館,1953年）。

而後契刻的。甲骨文裏已有"筆"字,寫作 ,象毛筆, 象手,此字到《說文》小篆寫作 ,到楷書寫作"聿"。"聿"是"筆"的初文①。上述跡象表明在商代毛筆應該是主要的書寫工具②。《墨子·天志》記載說:"書於竹帛。"竹和帛是紙之前主要的書寫材料③。《尚書·多士》記載"惟殷先人有冊有典",說明商人的書寫材料主要是簡冊。簡冊的"冊"字,甲骨文寫作 ,豎筆代表一根一根的簡,中間的兩道橫筆代表編繩。由此可知《尚書》的記載是可靠的。過去有人認為殷人的書寫材料只是龜甲和獸骨,這種看法是不對的。用竹、木做成的簡冊,容易腐爛,所以至今還沒有發現商代的簡冊④。繼簡冊之後的主要書寫材料還有帛。帛即白色的絲織品。王國維認為"以帛寫書,至遲亦

---

① 初文,對"後起字"而言,指同一個字的最初寫法。初文多為獨體字。如"趾"的初文作"止",象人的腳,後加意符"足"作"趾"。"止"是"趾"的初文。"趾"是"止"的後起字。

② 《博物志》記載:"蒙恬造筆。"從出土的考古資料來看,毛筆並非創始於秦代的蒙恬。1959年,在河南省信陽長臺關一座戰國大墓中出土了一個木箱,箱子裏面貯藏有毛筆、銅鋸、削以及竹簡等物,是一個修治簡牘的文具箱。其中的毛筆可能是我們所能看到的最早的毛筆。1975年,在湖北省雲夢縣睡虎地的一座秦墓裏出土了三支毛筆。秦筆的特點是筆毫抵入桿腔內,和過去看到的在筆桿子的一頭綁上些羊毛、狼毛之類的毛筆不同,或許即所謂"蒙恬筆"。

③ 竹子用於書寫之前,第一道工序是先把竹子劈成狹長的薄片,並加以刮削修治,即成為一支簡。簡原有青皮的一面叫做"簡青",另一面叫做"簡黃",字一般是寫在"簡黃"一面的。第二道工序是用火來烘烤竹簡,使竹子裏面的水分滲出來,像人出汗一樣,所以把這道加工程式叫做汗青。據說經過這種乾燥處理過的竹簡就不會變形,又可以避免蟲蛀。不產竹子的西北內陸地區,通常使用木簡。由於一支簡上通常只能寫一行字,字數有限,如果要書寫長篇的文章,就需要用線繩或皮繩把一支一支的簡編連起來。把簡編連在一起便成為"冊"。

④ 目前出土的簡冊,時代最早的是1978年湖北省隨州市曾侯乙墓出土的簡冊,時代是戰國早期。

當在周季"①。20世紀40年代出土於湖南長沙子彈庫的楚帛書是目前所能看到的最早的帛書實物資料。商代是否已經使用帛書,尚不得而知。綜上所述,商人的書寫工具主要是毛筆,書寫材料主要是簡冊。我們現在能看到的商代文字資料都是刻寫在質地堅硬的材料上的,也正因此才得以保存至今。這些文字資料主要是甲骨文和金文②。商代金文是鄭重場合使用的正體字。甲骨文是日常使用的比較簡便的俗體字③。此外還有陶文④、玉石文字⑤等。商代文字資料中,殷墟出土的有字甲骨內容最爲豐富,數量最多,根據胡厚宣統計,大約有15萬片左右⑥,若每片以10字計算,總字數已超過100萬字。它大體上能夠反映商代後期一般使用文字的情況。甲骨文不重複的單字大概有多少呢?于省吾說:"截至現在爲止,甲骨文不重複的字約四千五百多

---

① 王國維:《簡牘檢署考》,收入《王國維遺書》第六冊,第105頁,上海書店出版社,1983年。

② 先秦稱銅爲金,所以後人把鑄(偶爾刻)在青銅器上的文字叫做"金文"。金文始於商代早期(時代上限比甲骨文早),終於秦漢,延續時間長達1000多年。西周是金文的鼎盛時期,銘文最長的毛公鼎有497字。金文不是一種字體的名稱,秦漢銅器上的銘文是小篆和隸書。金文的名稱很多,又叫"銅器銘文""鐘鼎文""吉金文字""款識"。《漢書·郊祀志下》:"今此鼎細小,又有款識。""款識"即銘文。

③ 所謂俗體字,是對"正體字"而言的。正體字和俗體字之間並不存在絕對的界限。金文是商代鄭重場合使用的正體字。甲骨文是一種俗體字,在龜甲獸骨上契刻文字,費時費力,"以趨約易"的簡化就變得很自然了。但是,有少量甲骨刻辭如宰丰雕骨上的文字筆道豐肥,書體端莊,跟鄭重場合使用的商代金文無別,也可以看作是正體字。

④ 劉一曼:《殷墟陶文研究》,《慶祝蘇秉琦考古五十五年論文集》,第346—361頁,北京:文物出版社,1989年。

⑤ 陳志達:《商代的玉石文字》,《華夏考古》1991年第2期。

⑥ 胡厚宣:《八十五年來甲骨文材料之再統計》,《史學月刊》1984年第5期;《90年來甲骨資料的新情況》,《中國文物報》1989年9月1日。15萬片中考古發掘品只佔四分之一,約3萬5千片。其餘爲非考古發掘品。

個,我們所認識的還超不過一千字。"①有的學者承認漢字是意音文字而把甲骨文排除在外,這是不符合實際的②。

　　文字是記錄語言的符號③。文字體系是指記錄某種語言的文字符號的整個體系。它有自源和他源之別。殷商甲骨文是自源文字④。自源文字的產生發展是一個極其緩慢的進程。裘錫圭說:

　　　　事物都有一個發展過程,文字也不例外。……對完全或基本上獨立創造的文字來說,從第一批文字的出現到能夠完整地記錄語言的文字體系的最後形成,總是需要經歷一段很長的時間的。我們把還不能完整地記錄語言的文字稱爲原始文字。

　　　　在文字產生之前,人們曾經用畫圖畫和作圖解的辦法來記事或傳遞信息。通常把這種圖畫和圖解稱爲文字畫或圖畫文字。按照"文字"的狹義用法來看,圖畫文字這個名稱是不恰當的,文字畫這個名稱則可以採用。文字畫是作用近似文字的圖畫,而不是圖畫形式的文字。⑤

　　文字源於文字畫,而有別於文字畫。文字畫要成爲記錄語

---

① 于省吾:《關於古文字研究的若干問題》,《文物》1973 年第 2 期,第 33 頁。
② 甲骨文是成熟的文字體系。《說文》所說的六書都已見於甲骨文。在已識的甲骨文字裏,形聲字已佔 47%,是四種造字法(即象形、指事、會意、形聲)中最主要的構形方式(參看黃天樹《殷墟甲骨文形聲字所佔比重的再統計——兼論甲骨文"無聲符字"與"有聲符字"的權重》,刊李宗焜主編《第四屆國際漢學會議論文集——出土材料與新視野》,第 27—136 頁,臺北:歷史語言研究所,2013 年)。所以,甲骨文也是意音文字。
③ 文字是記錄語言的符號。按這個定義來判斷,如果某一符號系統確實有部分符號記錄了語言,即便只佔很小的比例,也可以劃入文字的範疇。
④ 自源文字,根據文字的來源,文字可以分爲"自源文字"和"他源文字"。自源文字是在其本土上獨自孕育發展出來的文字。例如漢字、古代埃及文字和兩河流域楔形文字。他源文字是借用或借鑒其他文字而造出的文字。
⑤ 裘錫圭:《文字學概要》,第 1 頁,北京:商務印書館,1988 年。

言的符號,必須和口頭語言結合。真正的文字從表"音"開始,而這裏最關鍵的一環是假借。古人懂得使用"假借字"①來記錄語言,這一小步,對於漢字體系的誕生來說是邁出一大步。我們認爲,古人懂得假借"文字畫"來記錄語言之日,便是文字體系產生之時。裘錫圭說:

> 在文字形成的過程中,表意的造字方法和假借方法應該是同時發展起來的,而不是像有些人想象的那樣,只是在表意字大量產生之後,假借方法才開始應用。……可以說,跟圖畫有明顯界線的表意字和假借字的出現,是文字形成過程正式開始的標誌。②

---

① 陳夢家《殷虛卜辭綜述》(76頁)說:"假借字必須是文字的基本類型之一。"李學勤批評說:"陳夢家提出他對甲骨文字結構的看法,以象形、形聲、假借爲漢字的基本類型。……所謂'假借'只是一種運用文字的方法,不是文字結構的類型。"(李學勤:《評陳夢家殷虛卜辭綜述》,《考古學報》1957年第3期,第122頁)我們認爲,陳氏的見解並沒有錯。文字是記錄語言的符號。口語裏有這個詞,但筆下沒有這個字,記錄時有兩種辦法。第一種辦法是造一個新字來記錄它,如造"隹"字記錄其本義"鳥"。卜辭云"擒隹百三十八"(《合集》37367)。第二種辦法是不造新字,借用已有的同音字來記錄它。如借鳥隹的"隹"字來記錄虛詞"唯"。卜辭云"隹(唯)王三祀"(《合集》37838)。後者即所謂"假借"。用這種方法爲詞配備的字就是"假借字"。象形字禽鳥的"隹"在假借來表示虛詞"隹(唯)"時是作爲聲符來用的。所以,二者雖然字形相同,在構造上卻是不同的。前者"隹"是象形字(用"形"符),後者虛詞的"隹(唯)"是假借字(用"聲"符)。有學者講假借是不造字的造字,就是說假借字和被借字的字形相同而構形不同(所用字符不同)。又如"花錢"的"花"字,不另造新字,假借"花草"的"花"來記錄它。"花草"的"花"和"花錢"的"花"雖然字形相同,實際上,二者的結構是不同的。"花草"的"花"是形聲字,而"花錢"的"花"不是形聲字而是假借字。假借字數量多,作用大,在建立漢字構形學時,必須把假借字當作一種基本類型,不然就不能真正反映出漢字的本質。假借有兩類:第一類是"本無其字"的假借,第二類是"本有其字"的假借(通假)。按照《說文》"本無其字"的假借定義,"本有其字"的通假是不能包括在假借裏的。但是,在通假和本無其字的假借現象中,被借的字都是當作音符來使用的。從文字構造上看,通假字和本無其字的假借字的性質是相同的。所以我們認爲假借不應限制在本無其字的假借的範圍裏,應該也包括通假字。

② 裘錫圭:《文字學概要》,第5頁,北京:商務印書館,1988年。

我們認爲在漢字體系產生之前可能有過文字畫的階段①。那麽,嚴格意義上的記録漢語的符號即漢字何時出現呢? 裘錫圭說:

> 漢字是一種獨立創造的文字,它無疑是在經歷了相當長的原始文字階段以後,才逐步發展成爲完整的文字體系的。所以漢字起源的問題實際上包含了下述兩方面的內容:漢字是怎樣從最原始的漢字逐步發展成爲能夠完整地記録漢語的漢字體系的;漢字這一文字體系的形成過程開始於何時結束於何時。由於缺乏原始漢字的資料,對這兩個問題目前都還無法作出確切的答覆。②

我們採用裘先生的意見。從普通文字學③的角度看,世界各民族文字體系的起源有其共同的規律。蘇聯編寫的《世界通史》的序言中提出一個觀點——"同時代法"。它認爲,整個世界應該有個規律,這個規律體現爲社會發展在時間上差不多。從古代文字的起源看,我們認爲是有道理的。大家知道,世界上最古老的自源文字有古埃及的聖書字④、古代兩河流域的楔形

---

① 如我國的爾蘇沙巴文字中找不到形聲字,也找不到假借記詞(參看孫宏開《爾蘇沙巴圖畫文字》,《民族語文》1982 年第 6 期,第 44—48 頁)。像這種單純依靠圖像來表達概念的情況,還不是嚴格意義上的文字,我們暫且稱之爲"文字畫"。

② 裘錫圭:《漢字的起源和演變》,《裘錫圭學術文集》第 4 卷,第 103 頁,上海:復旦大學出版社,2012 年。

③ 普通文字學與漢字學的關係,近似於普通語言學與漢語言學的關係。普通文字學研究世界各種文字的一般規律和共性現象,研究內容主要有文字的起源、性質、發展、構形等宏觀的東西。參看王元鹿《普通文字學》,貴陽:貴州人民出版社,1996 年。

④ 埃及聖書字,舊稱"埃及象形文字"。這是一種意音文字。隨著形體的簡化,古埃及文字有三種字體:聖書字(正體)、僧書字(草體)、民書字(俗體)。僧書字和民書字不再是圖形而成爲簡單的符號。聖書字多半用在碑銘上,僧書字多半寫在紙草上。

文字①以及中國的古漢字。據學者的研究，聖書字、楔形文字成爲記錄語言的符號大約在距今5500年前②。依據"同時代法"，我們推測，漢字脱離"文字畫"、出現第一批能夠粗略地記錄漢語的符號也應該在距今5500年前後。這爲其後黄帝的史官整理文字提供了素材。漢字體系形成是一個漫長的過程。商代晚期的甲骨文是能夠完整記録漢語的成熟漢字體系。由此可以推知甲骨文以前一定有過一段很長的發展時期。這一段很長的發展時期由距今約5500年前出現第一批能夠粗略地記録漢語的符號開始，到商代晚期甲骨文爲止。這段漫長的時間可以粗略地分爲"原始漢字體系"與"成熟漢字體系"前後兩個階段：

前一階段（前3500—前1600）：原始漢字體系，能粗略記録漢語。

後一階段（前1600—前1046③）：成熟漢字體系，能完整記録漢語。

前一階段爲原始漢字體系，由於草創時期，字不敷用，既採用表意和假借方法記録漢語，又沿用圖畫式表意手法記録一個"語段"。也就是説，在這個階段裏，假借字所佔的比重少，它記録語言的功能並不完善，還不能排擠掉非文字的圖畫式表意手法。它只能以"糅合"式的方法粗略地記録漢語。後一階段爲成熟漢字體系，已發展到能夠按照語詞次序完整地記録漢語。對漢字體系最後形成能完整記録語言的時代，目前主要有兩種

---

① 楔形文字，也叫"釘頭文字"或"箭頭字"，古代西亞所用文字，多刻在磚、石、泥版上，筆畫呈楔形。這種文字於公元前3000年左右由兩河流域蘇美爾人所創造，後來巴比倫人、亞述人、赫梯人、波斯人等都使用過這種文字書寫自己的語言。考古學家發現大批楔形文字，19世紀以來形成一門學科"亞述學"。

② 周有光：《世界文字發展史》，第1頁，上海教育出版社，1997年。

③ 夏、商年代取自2000年公佈的《夏商周年表》。參看《夏商周斷代工程1996—2000年階段成果報告·簡本》，北京：世界圖書出版公司，2000年。商代晚期指公元前14世紀盤庚遷殷至公元前1046年商紂王被殺之年，共273年。

觀點:裘錫圭認爲形成於夏商之際,①孟維智認爲形成於夏初②。我們採用裘先生的說法。到公元前 21 世紀,隨著夏王朝的建立,統治階級爲了有效地進行統治,文字體系愈加完善。《史記・夏本紀》有完整的世系流傳下來就是有力的證據。"漢字大概就是在這樣的基礎上,在夏商之際(約在公元前 17 世紀前後)形成完整的文字體系的。"

殷墟出土的甲骨文是一個相對封閉的成熟漢字體系。在這個文字體系裏相對完整地保存下來古代漢字進化的軌跡。甲骨文雖然是能夠完整記錄漢語的成熟的文字體系,但由於去古未遠,仍保留了一些原始漢字的活化石。在其後的古漢字體系中已經很難看到了。這種原生態的文字現象僅見於甲骨文,彌足珍貴。茲分述於下:

第一,用"文字畫"記錄語段。

一種文字體系在草創之初,記錄語言的功能是不完善的,即文字與語言單位的關係有時不是一一對應的。甲骨文裏保留了一些原始漢字的面貌,有些例子可以證明漢字曾經歷過既用表意和假借方法記錄漢語,又用"文字畫"記錄"語段"的階段。例如:

甫往🐰③🐕④鹿,不其[獲]。(《合集》20715)

甫,人名。"兔""犬"二字,不是按語序記錄漢語的,而是用"文字畫"(犬逐兔)來記錄"逐"這個詞的。也可以把"兔""犬"隸定爲"突",看作是"逐"的一個異體(參看裘錫圭《從文字學角度看殷墟甲骨文的複雜性》,《裘錫圭學術文集》第 1 卷第 418 頁,上海:復旦大學出版社,2012 年)。卜辭意謂貴族"甫"用"以犬捕

---

① 裘錫圭:《文字學概要》,第 27 頁,北京:商務印書館,1988 年。
② 孟維智:《漢字起源問題淺議》,《語文研究》1980 年第 1 期。
③ 此字象長耳朵撅尾巴的兔子之形,應隸定爲"兔"字。
④ 🐕,應隸定爲"犬"。

兕"的"㚃(逐)"的方式去田獵,然後卜問是否能擒獲獵物。

  甲午王往逐兕,小臣由【字】,馬硪(俄),甹(攻)王【字】,子央亦【字】(躓)。(《合集》10405)

兕,野牛。小臣由,人名。硪,讀爲"俄",義爲傾斜。甹,從"丂"得聲,讀爲"攻",義爲撞擊①。子央,人名。【字】,從"阜"從倒人,可讀作"躓",當"跌下"講②。【字】象"斷軸"之車,【字】象"顛覆"之車③。"文字畫"【字】是記錄"車軸折斷"這一"語段"的。"文字畫"【字】是記錄"田車顛覆"這一語段的。上引驗辭④記載甲午這天,商王追逐兕牛時,小臣的車軸斷了,駕車的馬斜出撞翻王車,與王同車打獵的子央也從車廂裏跌了下來。

  □王往虣(暴)虎,允亡災。子雍【字】馬。十二月。(《甲骨綴合集》288)

"虣(暴)",表示不乘田車徒步以戈搏虎⑤。"子雍【字】馬"是驗辭。子雍,人名。【字】,象"折轅"之形,記錄的語段是"車轅斷裂"。驗辭記載子雍所乘坐的田車的車轅斷了,駕車的馬遭遇災殃。

  □□卜貞:婦鼠【字】,又(有)【字】。(《洹寶齋所藏甲骨》⑥238)

---

① 參看李學勤《論"婦好"墓的年代及有關問題》,《文物》1977年第11期,第34頁。
② 參看唐蘭《懷鉛隨錄·釋阤》,《考古》1936年第5期,第148頁。
③ 郭沫若:《商周古文字類纂》,1944年,後收入《郭沫若全集·考古編》第4卷,第437頁,北京:科學出版社,2002年。
④ 完整的卜辭主要由四個部分組成:第一部分是"前辭"(又叫敘辭),首先記敘占卜的日子、地點和占卜者(貞人);第二部分是"貞辭"(又叫命辭),即命龜之辭,指占卜時向鬼神發問的話;第三部分是"占辭",即根據卜兆而判斷吉凶的話;第四部分是"驗辭",占卜之後記錄應驗的刻辭。但並不是每次占卜都記全,而是常常省略某一部分。
⑤ 《裘錫圭學術文集》第3卷,第3—5頁,上海:復旦大學出版社,2012年。
⑥ 郭青萍:《洹寶齋所藏甲骨》,呼和浩特:內蒙古人民出版社,2006年。

婦鼠,人名,是商王的妃子。𢼄,从一大"豕"(母豬),从二小"豕"(豬崽),是以"文字畫"記錄"語段"的,意思爲"婦鼠懷了雙胞胎"。"𢇯"字可隸定爲"孖"。《集韻·之韻》:"孖,一產二子。"卜辭記載婦鼠懷孕,是否能生雙胞胎。

周有光說:

  世界各地在歷史上創造過許多種原始文字,原始文字都不能完備地按詞序記錄語言。有的只有零散的幾個符號。有的是一幅無法分成符號單位的圖畫。有的只畫出簡單的概念,不能連接成句子。有的只寫出實詞,不寫出虛詞,要讀者自己去補充。①

上舉諸例中的"文字畫"是原始漢字保留在甲骨文中的活化石,即"只寫出實詞,不寫出虛詞,要讀者自己去補充"。上引四條卜辭都是殷代早期卜辭。到了殷代晚期卜辭裏,這種現象逐漸銷聲匿跡了。這反映出圖畫式表意手法到殷代晚期已經逐漸被淘汰了。

第二,二字糅合書寫、一字析書、行款混亂。

原始漢字體系經歷過二字糅合書寫、一字析書、行款混亂的階段。首先談"二字糅合書寫"現象。這種現象在卜辭裏時有所見,如《合集》13711"貞:婦好不延𤴕。"末一字爲"疾""身"二字糅合書寫的合體字。又如《合集》32268"庚寅卜貞:惠丁酉酒𢆉。"末一字爲"伐""羌"二字糅合書寫的合體字②。茲再舉例於下:

  辛卯卜,大貞:洹引弗𩫖(敦)邑。七月。(《合集》23717)

  壬申卜:川𢇯。

---

① 周有光:《世界字母簡史》,第3—4頁,上海教育出版社,1990年。
② 參看《裘錫圭學術文集》第1卷,第11頁,上海:復旦大學出版社,2012年。

壬申卜：川弗❲❳。(《屯南》2161)

川，當"河川"講。"❲❳"即"敦"字，有迫義。引，訓爲"長"。卜辭貞問洹水是否會沖壞商邑。"❲❳"爲"敦邑"二字的糅合書寫形式，"辜(敦)"字爲借"邑"字上部而有所省①。"❲❳"，讀作"敦邑"二字。卜辭貞問河水是否會沖壞城邑。

▢土受❲❳(黍年)。(《合集》9753)

辛巳[卜]：受❲❳(黍年)。(《合集》28219)

《說文》："年，穀孰(熟)也。"甲骨文"年"字一般寫作"❲❳"，上"禾"下"人"，描寫禾穀成熟，人負稼禾，表示"收成"的意思。"年"字上部一般从"❲❳(禾)"。而上引兩條卜辭中的"年"字上部从"❲❳(黍)"，可以讀作"黍年"，就跟我們不久前還在使用的單位字"浬""呎"，既可讀爲"里""尺"，也可讀爲"海里""英尺"一樣②。上引"受"下一字，應爲"黍年"二字的糅合書寫的合體字。

其次，談"一字析書"現象。所謂"一字析書"，主要指把一個字的兩個偏旁③之間的距離寫得過大的現象。這種現象時有所見，如《合集》33193卜骨上的一條卜辭說：

壬午貞：癸未王令木𨑎。

"木"是人名。"𨑎"是卜辭常見的"衛(防)衛"的"衛(防)"字的簡體。但是《合集》33193片"𨑎"字的兩個偏旁"方"和"止"上下分書，儼若二字。因此很多學者都把"𨑎"誤拆爲"方"

---

① 參看方稚松《殷墟甲骨文五種記事刻辭研究》，第137—138頁，北京：線裝書局，2009年。
② 參看《裘錫圭學術文集》第1卷，第238頁，上海：復旦大學出版社，2012年。
③ 合體字的各個組成部分稱爲"偏旁"。

"止"二字。從甲骨文辭例看,這是"一字析書"①。

最後,談"行款混亂"現象。這種現象比較常見,如有的卜辭行款旋轉著閱讀,參看《合集》19777、21148、21173 等。茲舉一例以示之:

射🈳(豪)咒。(《合集》39460)

這是一塊牛胛骨殘片,中央刻有行款凌亂的三個字。"射"下一字,唐蘭先生釋爲"豪"②,可從。檢視拓片,上引"射豪咒"一辭的行款也是需要旋讀的。

從上述這些跡象來看,殷墟甲骨文距離漢字形成完整文字體系的時代大概不會很遙遠。裘錫圭說:

> 根據我們前面的討論,在大汶口文化晚期,原始漢字有可能已經發展到使用假借字和形聲字的階段。從大汶口文化晚期到夏商之際,可能有近千年時間(約從公元前三千年中期到公元前十七世紀左右)。在這一段漫長的時間裏,原始漢字無疑是在不斷改進之中的,例如:假借字、形聲字的比重不斷提高,表意字字形逐漸簡化並趨於比較固定,圖畫式的表意手法逐漸摒棄,記錄語言的完整程度越來越高,文字的排列越來越整齊等等。尤其是在夏代,我國大概已經正式進入階級社會,統治階級爲了有效地進行統治,必然迫切需要比較完善的文字,因此原始文字改進的速度一定會大大加快。夏王朝有完整的世系流傳下來這件事,就是原始漢字有了巨大改進的反映。這種改進爲漢字在夏商

---

① 參看裘錫圭《甲骨文字特殊書寫習慣對甲骨文考釋的影響舉例》,《裘錫圭學術文集》第 1 卷,第 230 頁,上海:復旦大學出版社,2012 年。
② 唐蘭:《甲骨文自然分類簡編》,第 167 頁,太原:山西教育出版社,1999 年。

之際基本形成完整的文字體系打下了基礎。①

綜上所述,可小結如下:

文字畫要成爲記錄語言的符號,必須和語言結合。真正的文字從表"音"開始,而最關鍵的一環是假借。古人懂得使用"假借字"來記錄語言,這一小步,對於漢字體系的誕生來說是邁出了一大步。漢字體系的形成是一個非常漫長的過程。我們推測,在距今約5500年前,出現第一批能夠粗略地記錄漢語的原始漢字體系。原始漢字體系經過長期的發展演變,其記錄漢語的功能不斷完備,到距今約3600年前的夏商之際,形成能夠完整地記錄漢語的成熟漢字體系。甲骨文是成熟的漢字體系,但是,由於去古未遠,仍保留了一些原生態的文字現象。例如用"文字畫"記錄語段等。這些原生態的文字現象主要見於早期卜辭中,是瞭解漢字體系形成的活化石。到晚期卜辭,用"文字畫"記錄語段的手法逐漸被摒棄,文字的排列越來越整齊,記錄漢語的程度日臻完善。

§1.4

語言是人們說的話。人們說的話,一說出口,轉瞬即逝,其傳播的時間和空間十分有限。爲此,需要把語言記錄下來。記錄語言的符號就是文字。文字延長了語言的壽命,可以把語言傳到遠方和流傳後世。世界上的文字有兩大類型②:一類是使

---

① 裘錫圭:《漢字形成問題的初步探索》,原載《中國語文》1978年第3期;後收入《裘錫圭學術文集》第4卷,第38頁,上海:復旦大學出版社,2012年。

② 呂叔湘說:"現代世界各國文字有兩大類型:意音文字和拼音文字。前者以漢字爲代表,後者以英語爲代表。"(《呂叔湘全集》第6卷,第57頁,瀋陽:遼寧教育出版社,2002年)

用意符和音符的意音文字①,以漢字爲代表;另一類是使用音符的拼音文字②,以英文爲代表。中國的漢語拼音文字也是拼音文字③。

目前,記錄漢語有兩種文字:一種是漢語拼音文字,它的字符(字母)只有 30 個左右④,只要學會這 30 個左右字符及其拼寫規則,就能把漢語記錄下來;一種是漢字,它的字符(即有些學者所說的基本部件)至少是拼音文字字符數量的 10 倍即 300

---

① 跟文字所記錄的詞在意義上有聯繫的字符是意符。跟文字所記錄的詞在語音上有聯繫的字符是音符。周有光最早使用"意音文字"這一術語,參看周有光《文字演進的一般規律》(《中國語文》1957 年第 7 期)。周有光說:"綜合運用表意兼表音兩種表達方法的文字,可以稱爲'意音文字',漢字就是意音文字之一。"參看周有光《字母的故事》,第 4 頁,上海教育出版社,1958 年。有的學者認爲漢字是表意文字,主要著眼於漢字和表音文字的本質區別,並不否認形聲字聲旁等有表音作用。我們認爲,語言有兩個要素——音和義。拼音文字是一元的,僅記錄其音。漢字是二元的,既記錄其音又記錄其義,也就是說,漢字的字符既跟詞符的意義有聯繫,又跟詞符的讀音有聯繫,所以周說更爲精確。

② 漢字的音符跟拼音文字的音符有很大區別。裘錫圭《文字學概要》(第 13 頁)說:"拼音文字的音符是專職的,漢字的音符則是借本來既有音又有義的現成文字充當的。有很多漢字在充當合體字的偏旁的時候,既可以用作音符,也可以用作意符,而且還能兼起音符和意符的作用。……一般拼音文字所使用的字母,數量都相當少。漢字音符的情形就不同了。從原則上說,漢字裏每一個字都有可能借用爲音符,實際上用作音符的字,數量也很大(古今用作聲符的字超過一千)。同樣的字音往往借用不同的字來表示。如果要強調漢字和拼音文字的音符的區別,可以把漢字的音符稱爲'借音符'。不過爲了行文的方便,我們在下文中仍然稱它們爲音符。"

③ 呂叔湘在《新的和舊的語文教學》一文中說:"漢字是文字,漢語拼音也是一種文字,這兩種文字學起來有難易之分,漢字學起來難,漢語拼音學起來容易。舊的教學法只把漢語拼音作爲注音的工具,不承認它有把口頭語言轉化成書面語言的功能。"(《呂叔湘全集》第 11 卷,第 253 頁,瀋陽:遼寧教育出版社,2001 年)

④ 《呂叔湘全集》第 13 卷第 89 頁說:"比如漢語的普通話,如果用音節字母就得用四百多個,要是同時表示聲調就得用上一千二百多個;如果用音素字母,連元音帶輔音再加上聲調,有三十多個就夠了。"

個左右①,只要學會這300個左右的字符和六書規則,就能把漢語記錄下來。瑞典漢學家高本漢在《中國話和中國文字》一書中說:

> 一個外國的成年人經過一年的學習,要熟悉兩到三千漢字並不見得有如何困難。我們熟悉了幾百個最普通的獨體字,就得到了各種合體字裏常見的分子,因此,要學習新字,只需要學習這些新字裏包含的分子,就像是學習西洋文字用字母拼寫一樣知道怎麼拼寫新字。

高本漢的意見是很正確的。只要學會這300個左右的基本字符(獨體字),就可以依據六書的原則去分析那些還不認識的成千上萬個合體字的字義和字音。譬如已認識"丏""水""目""麥"等基本字符,那麼即使碰到不認得的"沔""眄""麪"等字,分析其字形結構和語境,大概可以知道沔是講水名的,眄是講與眼睛有關的動作的,麪是講糧食的。這三個字都以"丏"爲聲符,其讀音必定和"丏"字相同(近)。

六書是中國古代用來教學童識字的科目。六書是學習漢字的一種"執簡馭繁"的好方法。漢字絕大多數是形聲字,分析其形旁、聲旁,可以幫助記憶,比如瞭解"切"是"从刀七聲"的形聲字,就不會把聲旁"七"誤寫成"土"旁;適當地講一部分象形字、指事字、會意字的字源②,可以提高學生的興趣。

---

① 王寧說:"《說文》9431個正篆(許慎《說文》有小篆9353個,現代通行的陳昌治單行本實有9431個)只分析出基礎構件367個。"參看王寧《漢字構形學講座》,第19頁,上海教育出版社,2002年。《說文·敘》自稱所收正篆字頭爲9353字。《段注》統計爲9431字。

② 字源探索,始於《說文》。許慎立足小篆字形,以形索義,對後世影響很大。近代以來,山川呈瑞,地不愛寶,甲骨金文大量出土,字形比小篆更早,爲字源研究注入了新的活力。可以參看林義光《文源》(北京:中國大學石印本,1920年)、約齋(傅東華筆名)《字源》(上海:東方書店,1954年)、李學勤主編《字源》(天津古籍出版社,2012年)。

1956年,國家推行簡化漢字①以後,從事學童識字教育的老師認爲古代識字教育講六書行得通,而今天簡化字破壞了部分漢字的表意、表音功能,講六書,講構字理據(簡稱"字理"②)困難重重,所以識字教育只好講點橫撇捺,不講六書了。其實,簡化字中很多字仍然可以用六書來講解。例如:許愼在《說文》中講"省聲""省形"等,可以看作是對六書理論的補充。因此,有些簡化字可以從"省聲"角度來講字理。所謂"省聲"即省略聲符的部分筆畫。舉例來說,《說文》:"珊,……从玉,刪省聲。"仿照《說文》的術語,簡化字际(際),"从阝,祭省聲"。条(條),"从木,攸省聲"。誊(謄),"从言,朕省聲"。独(獨)、浊(濁),皆爲"蜀省聲"。务(務)、雾(霧),皆爲"務省聲"。這也可以叫

---

① 漢字簡化有十種方法。其一,恢復古體。如"弃／棄""云／雲"中的簡體均來自《說文》。其二,變換結構。如"体／體"。"體"是形聲,"体"是會意。其三,聲符簡化。如"拥／擁""疗／療"。其四,截除一角。截取獨體字或合體字的一部分。如甲骨文"以"字,一作 ⟨(《合集》277),一作 ⟨ (《合集》37023)。又如"开／開""声／聲"。其五,簡存匡廓。如《合集》22092 ⟨字,舊不識;《花東》304"首"作⟨,兩相比較,知⟨爲⟨之簡存匡廓者。又如"夺／奪""奋／奮"。其六,省形省聲。是省略聲旁或形旁的部分筆畫。如"条／條"的簡體可分析爲从"木""攸"省聲;"誊／謄"的簡體可分析爲从"言""朕"省聲。其七,併畫簡化。即把分書的兩個偏旁中的某些筆畫重合起來。甲骨文"男"字作⟨(《合集》3454),後者即併畫簡化。又如"戋／戔"。其八,同音代替。如"几／幾""后／後"。其九,記號代替。即用某個記號來代替不同的偏旁。如"难／難""观／觀""邓／鄧",都用記號"又"代替左旁。其十,草書楷化。即把草書字形用楷書的筆法加以改寫,使字形得以簡省,如"头／頭""专／專""尧／堯"。上引"草書楷化"弊病較多,它單純追求"筆畫少"而不管字理。如"尧"是"草書楷化"字,把上部楷化爲非"戈"非"弋"的一個新部件,增加漢字體系的基本部件,得不償失。又如爲減少筆畫而打亂某一組字的系統性(如讓有些从"盧"聲的字从"户",例如"庐／廬""芦／蘆""炉／爐")。

② 漢字有獨特的構字理據,研究字理成了一門學問,古代叫"小學",今天叫文字學。古代的識字教育是要講字理的。

做"理據重構"①。又如,漢字簡化致使部分漢字變爲記號字②,這可以從"記號和聲符轉化"的角度來講造字理據。舉例來說,"爲"字,《說文》:"王育曰:'爪''象'形也。"意思是說其字形結構爲从"爪"从"象",表示"以手牽象勞作"之意,當"作爲"的"爲"講。簡化成"为"字,變爲記號。可是當"为"作爲合體字"伪"的字符時,記號又轉變爲聲符了。綜上所述,"六書"是古代行之有效的識字方法,應該好好地繼承下來,並發揚光大。

談漢字的基本字符問題,需要先明確"詞符"和"字符"的概念。裘錫圭在研究漢字的性質時,提出了著名的"兩個層次符號理論"③。他說:

> 我把文字符號分成兩個層次,即語言的符號和構成文字的符號。後一種符號的名稱——"字符",就是先生(引者按:指朱德熙)給取的。④

詞符專指記錄語言中詞的符號。字符專指文字所使用的符號。作爲記錄語言中的詞的符號(詞符),跟文字本身所使用的符號(字符,如拼音文字的字母)是性質完全不同的東西。語言中的

---

① 所謂"理據重構",是指漢字結構經過變化之後,基本字符的功能雖然發生了變化,但對其結構仍可重新進行解釋。

② 所謂"記號字"就是由記號構成的字。記號字的概念參看唐蘭和裘錫圭的著作。唐蘭在《中國文字學》"文字的構成"一章中專立"記號文字和拼音文字"一節,認爲:"截至目前爲止,中國文字還不能算是記號文字,因爲我們認識一個'同'字,就可以很容易地認識'銅''桐''筒''峒'等字,可見這還是形聲文字。……有些人提倡簡體字,是錙銖必較地計算著每一字可以多少筆,不知如果是徹底改造的簡體字,在文字學上是反動的。我們需要聲符文字,不需要記號文字。"又參看裘錫圭《文字學概要》第二章"漢字的性質"。

③ 裘錫圭:《漢字的性質》,原載《中國語文》1985年第1期;裘錫圭:《文字學概要》,第10—11頁,北京:商務印書館,1988年。

④ 裘錫圭:《懷念我敬愛的朱德熙先生》,《裘錫圭學術文集》第6卷,第187—188頁,上海:復旦大學出版社,2012年。

詞都是語音和語義的結合體,作爲記錄語言中的詞的符號(詞符)也必然既有音又有義。就這一點來說,英文和漢字之間並沒有區別。姚孝遂說:

> 就甲骨文字的整個體系來說,就它的發展階段來說,就它的根本功能和作用來說,它的每一個符號都有固定的讀音,完全是屬於表音文字的體系,已經發展到了表音文字的階段。其根本功能不是通過這些符號形象本身來表達概念的,把它說成是表意文字是錯誤的。①

朱德熙說:

> 關於漢字的性質,歷來討論得很多。要弄清楚漢字的性質,似乎應該區别兩個不同的平面。一是漢字作爲語言的符號,另外一個平面是漢字本身使用的符號。過去有些問題搞不清楚,恐怕是沒有把這兩個平面分清的緣故。這一點裘錫圭同志在《中國語文》上的一篇文章裏講得很清楚②。作爲語言的符號,漢字是代表語素的。從表面上看,每個漢字一個音節,好像漢字是代表音節的。可是相同的音節有時用好幾個不同的漢字表示,意義都不一樣。可見漢字代表的不是音節而是語素。所以漢字可以說是一種語素文字。這是趙元任先生第一個提出來的。當然有的漢字不代表語素,只代表音節,像大家常舉的"葡萄"的"葡"和"萄",但這究竟是少數,絶大部分漢字都是代表語素的。以上是就漢字代表的語言單位的大小說的。從

---

① 姚孝遂:《古漢字的形體結構及其發展階段》,《古文字研究》第 4 輯,第 12 頁,北京:中華書局,1980 年。姚孝遂主張漢字是表音文字說的還有下列論文:《古文字的符號化問題》《再論古漢字的性質》。以上論文均收入《姚孝遂古文字論集》,北京:中華書局,2010 年。

② 裘錫圭:《漢字的性質》,《中國語文》1985 年第 1 期;後收入《裘錫圭學術文集》第 4 卷,第 49—58 頁,上海:復旦大學出版社,2012 年)

漢字本身的構造看,漢字是由表意、表音的偏旁(形旁、聲旁)和既不表意也不表音的記號組成的文字體系。

　　漢字起源於圖畫。在漢字產生的早期階段,象形字的字形跟它所代表的語素的意義直接發生聯繫。雖然每個字都有自己固定的讀音,但是字形本身不是表音的符號,跟拼音文字的字母的性質不同。象形字的讀音是他所代表的語素轉嫁給它的。隨著字形的演變,象形字變得越來越不象形。結果是字形跟它所代表的語素在意義上也失去了原有的聯繫。這個時候,字形本身既不表音,也不表義,變成了抽象的記號。如果所有的語素都是由這種既不表音也不表義的記號代表的,那末漢字可以說是一種純記號文字。不過事實不是如此。漢字有獨體字與合體字的區別。只有獨體字才是純粹的記號文字。合體字是由獨體字組合成的。組成合體字的獨體字本身雖然也是記號,可是當它作爲合體字的組成成分時,它是以有音有義的"字"的身份參加的。①

上引姚孝遂認爲甲骨文已經發展到了表音文字的階段,就不是著眼於字符而是著眼於詞符來說的。這是混淆了"字符"和"詞符"的概念。

　　世界上的文字體系林林總總,其所使用的字符可以歸納爲

---

① 朱德熙:《在"漢字問題學術討論會"開幕式上的發言》,《漢字問題學術討論會論文集》,第11—12頁,北京:語文出版社,1988年。

三類:意符、音符、記號①。例如,漢語中花草的"花",如果用漢字來記錄,其詞符寫作"花"。詞符"花"由字符"艹"(意符)和"化"(音符)構成。如果用漢語拼音文字來記錄,其詞符寫作"huā"。構成詞符"huā"的三個字符"h""u""a"都是音符。又如,鷄鴨的"鷄",其簡體字的詞符"鸡"由字符"鸟"(意符)和"又"(記號)構成。如果用漢語拼音文字來記錄,其詞符寫作"jī"。構成詞符"jī"的兩個字符"j""ī"都是音符。歸納上述字符"艹、化、鸟、又、h、u、a、j、i","艹""鸟"是意符,"又"是記號,其餘皆爲音符。拼音文字只使用音符,漢字則三類字符都使用。我們在這裏採用"字符"這一術語,它既指稱漢字中的偏旁,也指稱英文中的字母。

由此可見,漢字和英文的區別就在於記錄語言時所使用的字符是不同的,即要劃分英文(拼音文字)和漢字(意音文字)的區別,必須從文字所使用的符號(字符)著眼才能講清楚。

偏旁②這個概念只適用於漢字而不適用於拼音文字。字

---

① 裘錫圭說:"各種文字的字符,大體上可以歸納成三大類,即意符、音符和記號。跟文字所代表的詞在意義上有聯繫的字符是意符,在語音上有聯繫的是音符,在語音和意義上都沒有聯繫的是記號。……意符內部還可以分類。有的意符是作爲象形符號使用的,它們通過自己的形象來起表意作用,……古漢字裏的獨體字,基本上都是用單個象形符號造成的表意字。有的意符不是依靠自己的形象來起作用的。這種意符通常都是由已有的字充當的表意偏旁,它們就依靠本身的字義來表意。……在有必要區分上述這兩種意符的時候,可以把前一種稱爲形符,後一種稱爲義符。在漢字變得不象形之後,形符基本上就不使用了(引者按:通過字形起作用的形符和通過字義起作用的義符合稱爲意符)。"(《文字學概要》,第11—12頁,北京:商務印書館,1988年)

② 偏旁是合體字的組成部分。這些組成部分有基本偏旁和複合偏旁之別。例如:"鴻"字,从"鳥""江"聲。"鴻"字中的"水""工""鳥"是基本偏旁,"江"是複合偏旁。表示字的意義範疇的叫形旁,表示字的讀音的叫聲旁(也叫"諧聲偏旁")。

母①這個概念只適用於拼音文字而不適用於漢字。因此,我們在這裏採用"字符"這一術語,它既指稱拼音文字中的字母也指稱漢字中的偏旁。據此,拼音文字只使用一類字符即音符(不另外加注詞義類別的符號),漢字則使用意符、音符和記號三類字符。

漢字的字符有"基本字符"和"複合字符"之分。例如,詞符"鴻",可分析爲从"鳥""江"聲兩個字符。"江"雖然是从"水""工"聲的形聲字,但在詞符"鴻"中是作爲一個整體承擔音符的職能的。"鴻"字中的"鳥""水""工"是不能再解剖的獨體字符即基本字符,聲符"江"是複合字符。

記錄漢語,如果採用漢語拼音文字,即爲拼音文字。字符是26個拉丁字母②,字符數量很少。至於由字符組成的詞符,數量很多,但那是語言學研究的對象,和文字學不相干了。記錄漢語,如果採用漢字,即爲意音文字。方塊漢字的基本字符至少是拼音文字字符數量的10倍以上,至少需要有300多個基本字符才能滿足漢字構形的需要。

拼音文字的優點是只用30個左右的字符就能把語言記錄下來,效率極高,自然沒有必要控制其字符的總量。而漢字的基本字符至少是拼音文字的10倍,因此必須要嚴格控制其基本字符的總量。漢字的優點是能超越時空的限制,因爲漢字不是拼音文字,其字符(意符)不會隨著語音的變化而變化,所以,今天的中國人可以讀懂古書;不同方言區的中國人,雖言語異聲,但

---

① 字母是拼音文字的最小書寫單位,是音素的代表。原則上一個字母代表一個音素,不同的音素用不同的字母來代表。參看周有光《字母的故事》,上海教育出版社,1958年。

② 漢語拼音字母,指中文拼音方案所採用的拼音字母、即拉丁字母。漢語拼音字母要求便利,所以限定只用26個字母(實際上是25個字母,因爲V是備而不用的)。這一套字母可用來給漢字注音,可作爲學習漢語和推廣普通話的工具,也是一種記錄漢語的文字,屬於拼音文字。

都能看懂漢字①。漢字的缺點是基本字符的總量太多。跟拼音文字只用 30 個左右字符就足以構成整個文字體系相比,漢字的繁難並不在於筆畫多,而在於基本字符太多。我們對於漢字各個歷史時期的基本字符始終不曾有過明確的總量統計②,而且數量還不斷增加。王寧曾列出一批構形的基本字符(王寧稱之爲"形位",即基本構件),其中大部分是獨體字③:

㣺(水) 朩(木) 半(手) 㣺(心) 亻(人) 糸(糸) 女(女)
口(口) 虫(虫) 竹(竹) 肉(肉) 土(土) 王(玉) 衣(衣)
鳥(鳥) 目(目) 馬(馬) 火(火) 魚(魚) 疒(疒) 車(車)
阜(阜) 禾(禾) 犬(犬) 日(日) 酉(酉) 宀(宀) 示(示)
刀(刀) 隹(隹) 貝(貝) 巾(巾) 石(石) 革(革) 山(山)

---

① 漢字優點還有:一是音同字不同,便於辨別同音字;二是用漢字印書,比拼音文字節省篇幅。

② 殷墟甲骨文是目前所見最早的漢字體系,其不重複的單字的字頭共計 4378 個,其中可釋的 1682 個(李宗焜:《甲骨文字編》,北京:中華書局,2012 年)。殷墟甲骨文的基本字符的數量是多少呢? 李圃說:"甲骨文中具有獨立造字功能的字素(引者按:相當於基本字符)共有 324 個。"(李圃:《甲骨文文字學》,第 14 頁,上海:學林出版社,1995 年)王寧說:"1380 個甲骨文可分析出基礎構件 412 個。"(王寧:《漢字構形學講座》,第 19 頁,上海教育出版社,2002 年。鄭振峰:《甲骨文字構形系統研究》,第 59 頁,上海教育出版社,2006 年)陳婷珠說:"在甲骨文構件拆分的過程中,我們共得到 1685 個獨體構件。"(陳婷珠:《殷商甲骨文字形系統再研究》,第 291 頁,上海人民出版社,2010 年)李圃、王寧是根據已識的 1000 多個甲骨文字來進行統計的。陳婷珠是根據全部單字(包括已釋字和未釋字)4500 個左右甲骨文字來進行統計的。所以前者和後者所統計的基本字符的數量差別很大。我們認爲,前者的統計數量偏少,後者的統計數量偏多。甲骨文基本字符的整理與研究是一項重要的課題,其數量究竟是多少至今仍不明確,有必要作進一步的整理與研究。統計甲骨文基本字符的數量有兩點需要注意:第一點,甲骨文基本字符是以已釋字來進行統計,還是也包括未釋字;第二點,甲骨文基本字符有"單用者"和"僅見於偏旁者"之別,我們只統計"單用者",還是也包括"僅見於偏旁者"。從學術研究的角度看,未識字更能吸引學者的興趣,所以,甲骨文基本字符應包括已釋字和未釋字、單用者和無單用者。

③ 王寧:《〈說文解字〉與漢字學》,第 61—62 頁,鄭州:河南人民出版社,1994 年。

穴(穴) 雨(雨) 广(广) 力(力) 牛(牛) 止(止) 米(米)
又(又) 角(角) 羊(羊) 耳(耳) 羽(羽) 彳(彳) 网(网)
且(且) 斤(斤) 步(步) 田(田) 厂(厂) 非(非) 鹿(鹿)
弓(弓) 干(干) 立(立) 單(單) 口(口) 皿(皿) 于(于)
戈(戈) 土(土) 氏(氏) 大(大) 矢(矢) 豕(豕) 艸(艸) 勺(勺) 瓦(瓦) 缶(缶)
工(工) 尸(尸) 气(气) 夬(夬) 勺(勺) 齊(齊) 子(子)
豸(豸) 方(方) 瓜(瓜) 高(高) 白(白) 高(高) 犮(犮)
血(血) 亼(亼) 久(久) 亥(亥) 夌(夌) 辛(辛) 匚(匚) 市(市) 丌(丌)
弗(弗) 由(由) 辰(辰) 勹(勹) 夂(夂) 斗(斗) 九(九) 虍(虍)
舟(舟) 匕(匕) 畐(畐) 川(川) 氐(氐) 夊(夊) 豆(豆) 元(元)
八(八) 矢(矢) 丑(丑) 卩(卩) 己(己) 黽(黽) 甘(甘)
勹(勹) 一(一) 戶(戶) 朱(朱) 矛(矛) 申(申) 京(京)
氏(氏) 予(予) 个(个) 丁(丁) 毛(毛) 冓(冓) 文(文) 卜(卜)
爿(爿) 求(求) 也(也) 牙(牙) 爲(爲) 鼠(鼠) 月(月)
刀(刀) 只(只) 不(不) 而(而) 彡(彡) 丹(丹) 十(十)
臣(臣) 白(白) 曰(曰) 才(才) 夕(夕) 它(它) 宀(宀)
入(入) 云(云) 主(主) 几(几) 丙(丙) 臣(臣) 亞(亞)
毛(毛) 巨(巨) 弋(弋) 巴(巴) 寸(寸) 白(白)

以上160個基本字符,構字頻度都在10次以上,最多的構字數達500個左右。這批基本字符是小篆的基礎構件,承擔了生成新字的任務。這說明,小篆經過秦代李斯的整理,構形的基本字符已經得以精簡和規範,漢字的構形系統已經成熟。所以,研究甲骨金文及隸書楷書,都要用小篆的基本字符來對照。漢字的總數雖然號稱有10萬之多,十分龐大,但其基本字符的總量是有限的。漢字用有限的300多個基本字符去生成無限多的漢字,既能體現字符之間的區別,又能減輕人的記憶負擔,表現了漢字的優越性。漢字是一個嚴密的系統,不容隨意去破壞它。在楷書早已成熟的今天,不能爲了減少一些漢字的筆畫,而去破壞字理,去增加基本字符(基本部件)的總量。例如,漢字簡化有一種方法叫"草書楷化",即把草書改寫爲楷書的簡化方法,雖可以減少筆畫,但增加基本部件的總量,得不償失。如新產生的基本字符"韦(韋)""专(專)""头(頭)""戈"("堯"字上部)等,使得原本就已經是巨無霸的基本字符變得更加繁難,這是很不應該的。裘錫圭在《談談漢字整理工作中可以參考的某些歷史經驗》一文中說:

> 從歷史上看,對於漢字的發展,字形的簡化是不可缺少的,改善文字功能的字形繁化也同樣是不可缺少的。只重視前者的作用而不重視後者的作用,是不妥當的。如果古人把字形的表意、表音功能放在無足輕重的地位,絕對排斥字形繁化,一味追求字形簡化,漢字裏的記號字就會大大增多。記號字的字形跟字音、字義都沒有聯繫,掌握起來要比掌握合乎規律的形聲字和表意字困難得多。在我們現在使用的漢字裏,記號字已經佔有不算小的比例了。如果這種字大大增多的話,漢字勢必成爲非常難掌握,甚至根本無法掌握的一種文字。①

§1.5

《說文》的研究,到清代臻於極盛。晚清俞樾形容當時的《說文》熱是"家有洨長之書,人習說文之學"(《小學考序》)。清代研究《說文》的論著,據馬敍倫的《清人所著說文之部書目》一文中的統計,已有366種之多(又附錄25種)。此外還有遺漏。《說文》專家多至數十人,如果連稍有研究的人也計算在

---

① 裘錫圭:《談談漢字整理工作中可以參考的某些歷史經驗》,《裘錫圭學術文集》第4卷,第100頁,上海:復旦大學出版社,2012年。

内，根據《說文解字詁林》的"引用諸書姓氏錄"，從清初到羅振玉、王國維爲止，共 203 人。其中成績最大的有所謂清代"說文四大家"。

段玉裁(1735—1815)，字若膺，號茂堂，又號硯北居士、長塘湖居士、僑吳老人。江蘇金壇人。他歷時近 30 年編寫的《說文解字注》這部著作受到學術界的推崇。王念孫在《說文解字注·序》裏說："蓋千七百年來無此作矣。"洵非過譽。許書原文簡古，又屢經傳寫刊刻，錯訛奪失，在所難免。讀《說文》時應參看《段注》①來讀。

桂馥(1736—1805)，字冬卉，號未谷。山東曲阜人。他的代表作《說文解字義證》，博採群書訓詁來印證《說文》，書中搜集的材料很豐富，對訓詁研究用處很大。

王筠(1784—1854)，字貫山，號菉友。山東安丘人。代表作是《說文解字句讀》和《說文釋例》。《句讀》一書能綜合前人學說，斷以己見，最便初學。《釋例》是闡述《說文》體例的著作。

朱駿聲(1788—1858)，字豐芑，號允倩，晚年自號石隱山人。江蘇吳縣人。《說文通訓定聲》一書，打破許書格局，不按部首，按古韻十八部系字，把古音相近的字排列在一起，便於看出其間諸聲和通轉的關係，往往能打破字形的隔閡而窺見語義的聯繫。

在"說文四大家"中，要數《段注》聲望最高。于省吾說：

> 在段氏之後，有的學者曾作了"訂段""匡段"和"段注箋"等工作，也是必要的，可是，或加以過分的抨擊，終究抹殺不了段氏的成績。用"述而不作"之義來評比四家，則桂、王、朱三家偏於"述"，而段氏偏於"作"。凡是獨抒己

---

① 《段注》刻本除經韻樓原刻外，餘均爲重刻。1981 年，上海古籍出版社以經韻樓原刻爲底本，合兩頁爲一頁縮小影印，並對全書加以圈點斷句，書末附楷書筆畫檢字表。本書標注《段注》的頁碼，以上海古籍出版社 1981 年影印的經韻樓本爲據，後同。

見，成一家之言的叫作"作"；對於材料作分類和系統編排的叫作"述"，這是"述"與"作"不同之點。①

如果想知道《說文》中某一字的諸家解說意見，可參看丁福保(1874—1952)《說文解字詁林》。1928年，丁福保編纂的《說文解字詁林》，旨在網羅眾說，把五代宋初徐鍇徐鉉以下的二百多種著述按《說文》字頭剪裁重新組合彙集起來，裱貼影印，名爲《說文解字詁林》。1936年又出版了《補遺》。近年，臺灣把《正編》和《補遺》又合編在一起出版。1988年《說文解字詁林》全書20冊由北京中華書局影印出版。我們查檢一個字，各家的原注都依次分別列出，最便於參考、尋檢。胡樸安評《說文解字詁林》有四大優點：

第一，檢一字而各說悉在也。

第二，購一書而眾本均備也。

第三，無刪改，仍爲各家原面目也。

第四，原本影印，決無錯誤也。

要瞭解古代《說文》的研究論著，可以參看董蓮池主編的《說文解字研究文獻集成（古代卷）》②，收錄範圍上自唐，下迄清末，分爲"今存說文重要版本""通論""文本研究""部首研究""敘、六書研究""《說文》學史研究"六大部分，總計十四大冊。要瞭解現當代《說文》的研究論著，可以參看董蓮池主編的《說文解字研究文獻集成（現當代卷）》③，收錄範圍上自1912年，下迄2005年，分爲"《說文解字》通論""《說文解字》文本研究""《說文解字》部首研究""《說文解字敘》和六書研究""語

---

① 于省吾：《從古文字學方面來評判清代文字、聲韻、訓詁之學的得失》，《歷史研究》1962年第6期，第136頁。

② 董蓮池主編：《說文解字研究文獻集成（古代卷）》，北京：作家出版社，2007年。

③ 董蓮池主編：《說文解字研究文獻集成（現當代卷）》，北京：作家出版社，2006年。

言、歷史、文化研究""《說文》學史研究"等六大部分,總計十二大冊。此外,可以參看董希謙、張啟煥主編《許慎與說文解字研究》一書收載的《〈說文解字〉研究論著索引》①。本索引收錄上自唐代,下迄1985年7月的論文專著。要瞭解臺灣地區對《說文解字》的研究成果,可以參看蔡信發《一九四九年以來臺灣地區〈說文〉論著專題研究》一書②。蔡信發蒐集1949年至2004年7月底,臺灣各公、私立院校國(中)文研究所博、碩士論文128篇、學界文字學專著59本。是編在手,可知臺灣地區對《說文》的研究成果。

于玉安、孫豫仁主編的《字典彙編》③共收72種中國古代的字書。中國古代的字典和具有字典功能的字書,基本上由字典、詞典和韻書三大類組成。全書30冊。第1冊至第22冊共收36種書,是字典部分,屬於第一種類型。第23冊至第28冊共收28種書,是詞典部分,屬於第二種類型,《爾雅》是其代表作。第29、30兩冊共收8種書,是韻書部分,屬於第三種類型。

參考文獻

許慎:《說文解字》,北京:中華書局,1963年影印本。
段玉裁:《說文解字注》,上海古籍出版社,1981年。
漢語大字典編輯委員會編纂:《漢語大字典》,全8卷,成都:四川辭書出版社、武漢:湖北辭書出版社,1990年。
裘錫圭:《文字學概要》,北京:商務印書館,1988年。
陸宗達:《說文解字通論》,北京出版社,1981年。
姚孝遂:《許慎與說文解字》,北京:中華書局,1983年。

---

① 董希謙、張啟煥主編:《許慎與說文解字研究》,第175—227頁,開封:河南大學出版社,1988年。
② 蔡信發:《一九四九年以來臺灣地區〈說文〉論著專題研究》,臺北:文津出版社,2005年。
③ 于玉安、孫豫仁主編:《字典彙編》,北京:國際文化出版公司,1993年。

唐蘭:《中國文字學》,上海:開明書店,1949年;上海古籍出版社,1979年。

唐蘭:《古文字學導論》,1934年手寫古印,濟南:齊魯書社,1981年。

李學勤:《古文字學初階》,北京:中華書局,1985年。

林澐:《古文字研究簡論》,長春:吉林大學出版社,1986年。

林澐:《關於甲骨文"字素"和"字綴"的一些問題》,《林澐學術文集(二)》,北京:科學出版社,2008年。

王寧:《漢字構形學講座》,上海教育出版社,2002年。

陳世輝、湯餘惠:《古文字學概要》,福州:福建人民出版社,2011年。

劉翔等:《商周古文字讀本》,北京:語文出版社,1989年。

劉釗:《古文字構形學(修訂本)》,福州:福建人民出版社,2011年。

黃德寬等著:《古漢字發展論》,北京:中華書局,2014年。

王元鹿:《普通文字學》,貴陽:貴州人民出版社,1996年。

黃天樹:《黃天樹古文字論集》,北京:學苑出版社,2006年。

黃天樹:《黃天樹甲骨金文論集》,北京:學苑出版社,2014年。

劉志成:《中國文字學書目考錄》,成都:巴蜀書社,1997年。

劉葉秋:《中國字典史略》,北京:中華書局,1983年。

裘錫圭:《漢字形成問題的初步探索》,《中國語文》1978年第3期;後收入《裘錫圭學術文集》第4卷,第25—39頁,上海:復旦大學出版社,2012年。

裘錫圭:《漢字的起源》,《中國古代文化史》,北京大學出版社,1989年。

周有光:《世界字母簡史》,上海教育出版社,1990年。

周有光:《世界文字發展史》,上海教育出版社,1997年。

孟維智:《漢字起源問題淺議》,《語文研究》1980年第1期。

黃天樹:《甲骨文中所見的一些原生態文字現象》,《漢藏語學報》第 4 期,北京:商務印書館,2010 年。

裘錫圭、沈培:《二十世紀的漢語文字學》,原載《二十世紀的中國語言學》,北京大學出版社,1998 年;後收入《裘錫圭學術文集》第 4 卷,上海:復旦大學出版社,2012 年。

董蓮池主編:《說文解字研究文獻集成(現當代卷)》,全 12 冊,北京:作家出版社,2006 年。

董蓮池主編:《說文解字研究文獻集成(古代卷)》,全 14 冊,北京:作家出版社,2007 年。

練　習

名詞解釋

1. 許慎　　　2. 意符　　　3. 音符　　　4. 記號
5. 意音文字　6. 拼音文字　7. 詞符　　　8. 字符
9. 基本字符　10. 複合字符　11. 說文解字　12. 文
13. 字　　　14. 獨體字　　15. 合體字　　16. 說文四大家
17. 初文　　18. 後起字　　19. 甲骨文　　20. 金文
21. 偏旁　　22. 文字畫

第二章 敘 表

　　《說文》一書共十五篇，其前十四篇是本文，第十五篇是"敘目"。"敘"，後代一般寫作"序"，即序言；"目"，即目錄。古代的序言是作者在著作完成之後所寫的敘述經歷、說明體例、闡釋旨意的文章，附在書末，如司馬遷《太史公自序》置於《史記》之末，班固《敘傳》置於《漢書》之末。漢代以後，敘言逐漸移到書的卷首。本章"敘表"之"敘"指許慎自撰的《說文·前敘》和《後敘》。"敘表"之"表"指其子許沖的《進〈說文解字〉表》。許慎所撰之"敘"有先後之別。據清代學者王鳴盛《蛾術篇》講，《說文·前敘》作於全書草創之時，"蓋初下筆，先定其規模而作"。《後敘》作於漢和帝永元十二年（公元100年），其時書稿當已"粗完"；隨後，許慎花了21年的時間，嘔心瀝血，數易其稿，到漢安帝建光元年（公元121年），始命其子許沖獻書朝廷。學習和使用《說文》，應先精讀《說文·敘》。它是全書的總綱，許慎關於漢字的基本觀點，如漢字的起源、流變、構造（六書）、作用以及撰寫《說文》的目的、體例等都見於其中。這是最早的一篇關於文字學研究的學術論文。

§2.1

許慎《說文解字·敘》

　　古者庖犧氏之王①天下也,仰則觀象於天,俯則觀法於地,視鳥獸之文與地之宜,近取諸②身,遠取諸物,於是始作《易》八卦,以垂③憲象④。及神農氏結繩爲治而統其事,庶業其⑤繁,飾僞⑥萌生。黃帝之史倉頡,見鳥獸蹏⑦迒⑧之迹,知分理⑨之可相別異也,初造書契⑩。"百工以乂⑪,萬品以察,蓋取諸夬。""夬,揚于王庭。"言文者宣教明化於王者朝廷,君子所以施祿及下,居德則忌也。倉頡之初作書⑫,蓋依類象形,故謂之文。其後形聲相益,即謂之字⑬。[文者物象之本;]字者言孳乳而浸⑭多也。著於竹帛謂之書,書者,如⑮也。以迄五帝三

---

① 王,音 wàng,統治。
② 諸,之於。
③ 垂,顯示。
④ 從"古者"至"作《易》八卦",引《易·繫辭下》文。
⑤ 其,通"綦",極其。
⑥ 飾僞,巧飾和僞詐。
⑦ 蹏,同蹄,見《說文》46頁上。
⑧ 迒,音 háng,野獸的足跡,見《說文》42頁下。
⑨ 分理,紋理。
⑩ 書契,文字。
⑪ 乂,音 yì,治理。
⑫ 書,漢字。
⑬ 《說文》:"字,乳也。"本義是孳乳、繁殖。獨體爲"文",合體爲"字"。合體的"字"是由獨體的"文"孳生繁殖而來的。
⑭ 浸,漸漸。
⑮ 這是用聲訓說明"書"的語源。意謂書面的字體如同物體的形狀,所以叫作"書"。

王之世,改易殊體,封于泰山者,七十有二代,靡有同焉①。

周禮②八歲入小學,保氏③教國子④,先以六書。一曰指事。指事者,視而可識,察而可見,"上""下"是也。二曰象形。象形者,畫成其物,隨體詰詘⑤,"日""月"是也。三曰形聲。形聲者,以事爲名⑥,取譬相成⑦,"江""河"是也。四曰會意。會意者,比類合誼,以見指撝⑧,"武""信"是也。五曰轉注。轉注者,建類一首,同意相受,"考""老"是也。六曰假借。假借者,本無其字,依聲託事,"令""長"是也。

及宣王太史籀⑨箸⑩大篆十五篇,與古文或異。至孔子書六經⑪,左丘明述《春秋傳》,皆以古文,厥意可得而說。其後⑫,諸侯力政⑬,不統於王,惡禮樂之害己,而皆去其典籍,分爲七國,田疇異畮,車涂異軌,律令異法,衣冠異制,言語異聲,文字異形⑭。

秦始皇帝初兼天下,丞相李斯乃奏同之,罷⑮其不與秦文合

---

① 以上第一段,言文字的起源、言有限之"文"可以孳乳出無限之"字"。
② 周禮,猶言周代制度。
③ 保氏,官名,掌管教育者。
④ 國子,貴族子弟。
⑤ 詰詘,音 jiéqū,詘通屈,曲折。
⑥ 以事爲名,指意符。
⑦ 取譬相成,指音符,用以譬況字音。
⑧ 撝,通"麾"。"指撝"意思是所指向的新意義。
⑨ 太史,官名。籀,人名。
⑩ 箸,通"著"。
⑪ 六經,指《易》《書》《詩》《禮》《樂》《春秋》。
⑫ 其後,指孔子、左丘明之後。
⑬ 政,通"征","力征",用武力互相征伐。
⑭ 有些學者指出,戰國時代"文字異形",既包括文字形體上的差異,也包括用字因地而異的現象(裘錫圭:《文字學概要》第57頁,北京:商務印書館,1988年)。
⑮ 罷,廢除。

者。斯作《倉頡篇》①，中車府令趙高作《爰歷篇》，太史令胡母（毋）敬作《博學篇》，皆取史籀大篆，或頗省改，所謂小篆者也②。是時，秦燒滅經書，滌除舊典，大發隸卒，興役戍，官獄職務繁，初有隸書，以趣約易，而古文由此絕矣。自爾秦書有八體：一曰大篆，二曰小篆，三曰刻符（圖13、圖14），四曰蟲書（圖10）③，五曰摹印，六曰署書，七曰殳書，八曰隸書④。

漢興有艸書⑤。尉律：學僮十七巳上始試，諷籀書九千字，乃得爲吏。又以八體試之，郡移太史并課，最者以爲尚書史。書或不正，輒舉劾之⑥。今雖有尉律，不課；小學不修。莫達其說久矣。

――――――

① 關於《倉頡篇》一書名稱的由來，孫星衍曾說："名之《倉頡》者，亦如《急就》以首句題篇"（孫星衍：《倉頡篇》，《叢書集成初編》，第4頁，北京：中華書局，1985年）。王國維運用傳世文獻與出土文獻相結合的"二重證據法"，推斷《倉頡篇》篇名取自首句前二字。他說："《詩》《書》及周、秦諸子，大抵以二字名篇，此古代書名之通例。字書亦然。《倉頡篇》首句雖不可考，然《流沙墜簡》卷二第十八簡上，有漢人學書字中有"倉頡作"三字，疑是《倉頡篇》首句中語，故學者書之，其全句當作'倉頡作書'。《爰歷》《博學》《凡將》諸篇，亦有首二字名篇，今《急就》篇尚存，可證也。"（余嘉錫：《目錄學發微（含《古書通例》）》，北京：中國人民大學出版社，2004年）後來的居延漢簡《倉頡篇》也證實了王國維的推斷。

② 爲了做好統一文字的工作，就急需編寫一套標準的小篆的字書。《倉頡》《爰歷》《博學》，雖然是三人分工編寫，可能是互相連接的，即《爰歷》接續《倉頡》，《博學》接續《爰歷》。《漢書·藝文志》載："《倉頡》一篇，上七章，秦丞相李斯作。《爰歷》六章，車府令趙高作。《博學》七章，太史令胡母敬作。"這三者合成一篇，統稱《倉頡》，共20章。

③ 蟲書，或稱鳥蟲書。鳥蟲書的研究，是古文字學的一項重要課題。依據出土實物研究鳥書始於容庚。1934年，他發表《鳥書考》（容庚：《鳥書考》，《燕京學報》1934年第16期）。隨後，他又作《鳥書考補正》《鳥書三考》（分見《燕京學報》1935年第17期、1938年第23期）；他於1964年又總括諸篇，增補新例，重編《鳥書考》，刊於《中山大學學報》1964年第1期。曹錦炎：《鳥蟲書通考》，上海書畫出版社，1999年6月。

④ 以上第二段，言六書和周秦文字之演變。

⑤ 有學者指出，西漢前期文字材料的某些字已出現草書的味道。例如馬王堆1號墓簡中的"鹿"字、"鳥"字，都同章草接近。《說文·敘》說"漢興有草書"，是有根據的。

⑥ 從"尉律"至"輒舉劾之"一段話，可以與1983年湖北江陵張家山漢墓出土的《史律》對讀。詳李學勤《試說張家山簡〈史律〉》，《文物》2002年第4期。

孝宣時,召通《倉頡》讀者,張敞從受之①。涼州刺史杜業②、沛人爰禮、講學大夫秦近,亦能言之。孝平時,徵禮等百餘人,令說文字未央廷中,以禮爲小學元士。黃門侍郎楊雄③采以作《訓纂篇》,凡《倉頡》巳下十四篇,凡五千三百四十字,群書所載,略存之矣。

及亡新居攝④,使大司空甄豐等校文書之部,自以爲應制作,頗改定古文。時有六書:一曰古文,孔子壁中書也;二曰奇字,即古文而異者也;三曰篆書,即小篆,秦始皇帝使下杜人程邈所作也⑤;四曰佐書,即秦隸書;五曰繆篆,所以摹印也;六曰鳥蟲書,所以書幡信也⑥。

壁中書⑦者,魯恭王⑧壞孔子宅,而得《禮記》《尚書》《春秋》《論語》《孝經》;又北平侯張倉獻《春秋左氏傳》;郡國亦往往於

---

① 《漢書·藝文志》:"《倉頡》多古字,俗師失其讀。宣帝時,徵齊人能正讀者,張敞從受之。"意謂《倉頡篇》一書古字很多,一般的老師讀不準。漢宣帝時,徵召齊國人能讀準的,讓張敞跟從"通《倉頡》讀者"學習《倉頡》的音義。

② 杜業,張敞的外孫,字子夏,魏郡繁陽人。

③ 楊雄,一作揚雄,字子雲。蜀郡成都(今四川省成都市)人。西漢時期文學家、哲學家和語言文字學家。所著《方言》(全稱《輶軒使者絕代語釋別國方言》)是漢語方言學的第一部著作,在中國語言文字學史上佔有重要的地位。此外,又續《倉頡篇》,編成字書《訓纂篇》。

④ 亡新居攝,指王莽攝政時。新是王莽代漢以後的國號,被劉秀所滅,所以許慎以亡新稱王莽。

⑤ "秦始皇帝使下杜人程邈所作也"十三字應移到下文"四曰佐書,即秦隸書"之後。程邈,秦下邽人,字元岑。始爲縣獄吏,得罪始皇,幽繫雲陽獄中,苦思十年,創造隸書三千字奏之,始皇稱善,用爲御史。以奏事繁多,篆字難成,乃用隸字以爲隸人佐書,故名隸書。傳說隸書是程邈所作。見唐張彥遠《法書要錄》七張懷瓘《書斷》。所謂程邈作隸,其實際情況大概就是把秦國文字中接近隸書的字加以整理,使之初步形成一種獨立的字體。

⑥ 以上第三段,言前漢文字概況。

⑦ 壁中書是戰國時期魯國文字。參看楊澤生《孔壁竹書的文字國別問題》,《戰國竹書研究》,第179—185頁,廣州:中山大學出版社,2009年。

⑧ 漢景帝之子劉餘的封國和諡號。

山川得鼎彝①,其銘即前代之古文;皆自相似。雖叵復見遠流,其詳可得略說也。

而世人大共非訾②,以爲好奇者也,故詭更正文,鄉壁虛造不可知之書,變亂常行,以燿於世。諸生競說字解經誼,稱秦之隸書爲倉頡時書,云:父子相傳,何得改易!乃猥③曰:"馬頭人爲長"④,"人持十爲斗"⑤,"虫者屈中也"⑥。廷尉說律,至以字斷法,"苛人受錢","苛"之字"止句"也⑦。若此者甚眾,皆不合孔氏古文,謬於史籀⑧。俗儒啚夫翫其所習,蔽所希聞,不見通學,未嘗覩字例之條,怪舊埶而善野言,以其所知爲秘妙,究洞聖人之微恉。又見《倉頡篇》中"幼子承詔",因號古帝之所作也,其辭有神儒之術焉。其迷誤不諭,豈不悖哉!

① 鼎彝,鼎本爲炊具,彝是酒樽,後來作代表青銅器的統稱。
② 訾,譭謗。
③ 猥,胡亂地。
④ 漢隸"長"作長,今文經學派的人根據隸書字形解釋"長"爲上從"馬頭",下從"人"。實際與馬頭毫無關係。
⑤ 漢隸"斗"作斗,今文經學派的人根據隸書字形結構解釋"斗"爲左從"人",右從"十"。實際古文字"斗"作𰁜,象一種有長柄的舀東西的器物。到隸書中,器身訛作"人",器柄訛作"十",就被誤解爲"人持十爲斗"。
⑥ 漢隸"虫"作虫,今文經學派的人根據隸書字形結構解釋"虫"是彎曲"中"字而成的。實際古文字"虫"作𧈢,象毒蟲之形,與"中"字毫無關係。
⑦ "苛"是"訶"(斥責)的假借字。"苛人受錢"是漢律之一,謂主治者而接受被治者之錢,應受到斥責。漢隸"苛"作苛,艸誤爲止,可誤爲句,今文經學派的人據漢隸苛,分析其字形結構爲上從"止",下從"句(勾)"。解釋"苛人受錢"爲拘止人而取其錢,這樣解釋與漢律意思完全相違背。
⑧ 漢字由篆變隸,形體結構發生巨變。東漢的俗儒鄙夫根據隸書隨意說解文字結構,情況十分普遍。許慎站在古文經學的立場,對今文經學妄說字意的現象進行了嚴厲的批判。爲了糾正這一時弊,他花了畢生的精力,撰寫了《說文》這部巨著。

《書》曰："予欲觀古人之象。"言必遵修舊文而不穿鑿。孔子曰："吾猶及史之闕文,今亡也夫。"①蓋非其不知而不問,人用己私,是非無正,巧說衺辭,使天下學者疑。蓋文字者,經藝之本②,王政之始,前人所以垂後,後人所以識古。故曰："本立而道生"③,"知天下之至賾而不可亂也"。④

今敘篆文⑤,合以古籀。博采通人,至于小大,信而有證。稽譔其說,將以理羣類,解謬誤,曉學者,達神恉。分別部居,不相雜廁。萬物咸覩,靡不兼載。厥誼不昭,爰明以諭。其偁《易》,孟氏;《書》,孔氏;《詩》,毛氏;《禮》、《周官》;《春秋》,左氏;《論語》《孝經》,皆古文也。其於所不知,蓋闕如也⑥。

敘曰:此十四篇,五百四十部,九千三百五十三文⑦,重一千一百六十三,解說凡十三萬三千四百四十一字。其建首也,立一爲耑。方以類聚,物以羣分。同牽條屬,共理相貫。雜而不越,據形系聯。引而申之,以究萬原。畢終於亥,知化窮冥。

于時大漢,聖德熙明,承天稽唐,敷崇殷中。遐邇被澤,渥衍沛滂。廣業甄微,學士知方。探賾索隱,厥誼可傳。粵在永元,

---

① 《論語·衛靈公》記載,孔子曾說:"吾猶及史之闕文,……今亡矣夫。"闕,讀爲"空缺"的"缺"。亡,讀爲"無"。據漢代經學家解釋,起先人們有不知該怎麼寫的字就空在那裏,"問諸故老"。到孔子的時候,所謂"人用己私,是非無正",寫字不按"老規矩"。所以孔子有這樣的感歎。(見《漢書·藝文志》等)
② 意思是說研究文字學是爲讀古書服務的,即"小學明而經學明"。
③ 見《論語·學而》"君子務本,本立而道生。"
④ 以上第四段,言後漢"怪舊藝而善野言"。
⑤ 段玉裁說:"此以下至蓋闕如也,自述作書之體例也。"
⑥ 語本《論語·子路》:"君子於其所不知,蓋闕如也。"闕,同"缺"。闕如,缺而不論。以上第五段,自述作書的態度和體例。
⑦ 《說文·敘》自稱所收正篆字頭爲 9353 字。《段注》統計爲 9431 字。崔樞華、何宗慧校點《標點注音說文解字》統計爲 9430 字(北京師範大學出版社,2000 年)。

困頓之年。孟陬之月,朔日甲申①。

曾曾小子,祖自炎神。縉雲相黃,共承高辛。太岳佐夏,呂叔作藩。俾侯于許②,世祚遺靈。自彼徂召,宅此汝瀕③。竊卬景行,敢涉聖門,其弘如何,節彼南山。欲罷不能,既竭愚才。惜道之味,聞疑載疑。演贊其志,次列微辭。知此者稀,儻昭所尤。庶有達者,理而董之④。

§2.2

許沖⑤《進〈說文解字〉表》

召陵萬歲里公乘艸莽臣沖⑥稽首再拜,上書皇帝陛下。臣伏見陛下,神明盛德,承遵聖業。上考度於天,下流化於民。先天而天不違,後天而奉天時。萬國咸寧,神人以和。猶復深惟五經之妙,皆為漢制。博采幽遠,窮理盡性,以至於命⑦。

先帝詔侍中騎都尉賈逵,修理舊文,殊藝異術。王教一耑,苟有可以加於國者,靡不悉集。《易》曰:"窮神知化,德之盛也"。《書》曰:"人之有能有為,使羞⑧其行,而國其昌"。臣父故

---

① 以上第六段,自述於此東漢經學昌明之時,書稿草成。
② 俾侯于許,使許氏爲侯。
③ 自彼徂召,從那許地來到汝南召陵縣。宅此汝瀕,住在汝水之瀕,召陵位於汝水邊上。
④ 以上第七段,自述家譜。
⑤ 許沖,許慎之子。曾爲召陵公乘。漢安帝建光元年(121年),許沖受父命將其父所著《說文解字》15卷等進獻給漢安帝,並作《進〈說文解字〉表》,詳述其父作《說文》之由。
⑥ 這種"縣—里—爵—名"的格式,是漢代記錄和表述名籍的通例。徐鍇曰:"漢因秦制,二十等爵,公乘第八也。"段注:"公乘者,言其得乘公家之車也。"
⑦ 從開頭"召陵萬歲里"至"以至於命"是許沖頌揚朝廷之詞。
⑧ 《說文·丑部》:"羞,進獻也。"指貢獻。

太尉南閣祭酒慎本從逵受古學①。蓋聖人不空作，皆有依據。今五經之道昭炳光明，而文字者其本所由生。自《周禮》《漢律》皆當學六書，貫通其意。恐巧說衺辭使學者疑，慎博問通人，考之於逵，作《說文解字》，六藝羣書之詁皆訓其意，而天地、鬼神、山川、艸木、鳥獸、蟲蟲、雜物、奇怪、王制、禮儀，世間人事，莫不畢載。凡十五卷十三萬三千四百四十一字。

慎前以詔書校東觀，教小黃門孟生、李喜等②，以文字未定未奏上。今慎已病③，遣臣齎詣闕。慎又學《孝經》孔氏古文說，古文《孝經》者，孝昭帝時魯國三老所獻，建武④時給事中議郎衛宏所校，皆口傳，官無其說，謹撰具一篇并上。臣沖誠惶誠恐，頓首頓首，死辠死辠，稽首再拜，以聞皇帝陛下。建光元年⑤九月己亥朔，二十日戊午上。

召上書者汝南許沖⑥，詣左掖門會。令并齎所上書。十月十九日，中黃門饒喜，以詔書賜召陵公乘許沖布四十匹，即日受詔朱雀掖門。敕勿謝。

參考文獻

洪誠注：《說文解字敘上》，見《中國歷代語言文字學文選》，第110—132 頁，南京：江蘇人民出版社，1982 年。

---

① 古學，《段注》："古文《尚書》、《詩》毛氏、《春秋左氏傳》及倉頡古文、史籀大篆之學也。"
② 黃門，宦官。許沖提到孟生、李喜，因獻書之時他們已爲中常侍，欲借師生之誼，讓他們將《說文》上達朝廷。
③ 《說文》："病，疾加也。"
④ 建武，漢光武帝劉秀年號（公元 25 至 56 年）。
⑤ 建光元年，漢安帝即位的第 15 年，即公元 121 年。
⑥ 許沖《進〈說文解字〉表》至上文"二十日戊午上"一句止。"召上書者……敕勿謝"一節，是附記許沖九月二十日上書朝廷審閱後，皇上下令於十月十九日賞賜許沖等事。記者爲誰，不得而知。

李恕豪、鍾敬華注:《說文解字敘》,見吳文祺、張世祿主編《中國歷代語言學論文選注》,第16—24頁,上海教育出版社,1986年。

劉志成注:《說文解字後敘》《進說文解字表》,分見吳文祺、張世祿主編《中國歷代語言學論文選注》,第25—28頁、第29—32頁,上海教育出版社,1986年。

練　　習

一、簡述《說文解字·敘》的要旨

二、名詞解釋

1. 倉頡　　　2. 書契　　　3. 形書　　　4. 六書
5. 指事　　　6. 象形　　　7. 會意　　　8. 形聲
9. 假借　　　10. 轉注　　　11. 許沖　　　12. 隸書
13. 大篆　　　14. 小篆　　　15. 蟲書　　　16. 殳書
17. 刻符　　　18. 署書　　　19. 隸定　　　20. 摹印
21. 壁中書　　22. 太史籀　　23. 佐書　　　24. 奇字
25. 鳥蟲書　　26. 繆篆　　　27. 倉頡篇　　28. 八分
29. 秦書八體　30. 新莽六書

第三章 二 書

　　世界上的文字林林總總,其字符大體上可以歸納爲三類,即意符、音符和記號①。拼音文字只使用音符,漢字則三類字符都使用。因此,漢字結構②要比拼音文字顯得複雜多了。古人很早就注意到漢字是有結構的,如《左傳》記載"止戈爲武"③"反正爲乏"④"皿蟲爲蠱"⑤之類。但是,這種分析漢字結構的說法是隨意的、零碎的,並未形成真正意義上的漢字結構理論。真正系統地闡述漢字結構理論的是"六書"說。"六書"的名稱最早見於戰國時所作的《周禮》。《周禮·地官·保氏》曰:

　　　　保氏掌諫王惡,而養國子以道,乃教之六藝:一曰五禮,二曰六樂,三曰五射,四曰五馭,五曰六書,六曰九數。

---

① 記號是跟文字所記錄的詞在意義和語音上都沒有聯繫的字符。記號跟意符、音符是可以相互轉換的。例如:《說文》"从爪从象"的"爲"字簡化爲"为",其字形跟它所代表的詞在意義上失去了聯繫,就成爲記號。但是,當簡化字"为"作爲合體字的組成部分時,它是以有音(聲符)或有義(意符)的身份參加進去的,又轉化爲音符或意符。例如:"伪"字中的"为"是聲符。
② 所謂漢字結構,是指漢字字形的结體構造,即漢字的偏旁等構形要素,依據一定的理據在空間組合而成的構造。
③ 《左傳·宣公十二年》。
④ 《左傳·宣公十五年》。
⑤ 《左傳·昭公元年》。

《周禮》把六書作爲教育貴族子弟的六藝之一來看待，但沒有具體說明其內容。到了漢代，學者把六書解釋爲文字的六種結構類型。班固《漢書·藝文志》說：

> 古者，八歲入小學，故周官保氏掌養國子，教之六書，謂象形、象事、象意、象聲、轉注、假借，造字之本也。

鄭眾注《周禮·地官·保氏》說：

> 六書，象形、會意、轉注、處事、假借、諧聲也。

許慎《說文·敘》論述得最爲詳細：

> 周禮八歲入小學，保氏教國子，先以六書。一曰指事。指事者，視而可識，察而見意①，"上""下"是也。二曰象形。象形者，畫成其物，隨體詰詘，"日""月"是也。三曰形聲。形聲者，以事爲名，取譬相成，"江""河"是也。四曰會意。會意者，比類合誼，以見指撝，"武""信"是也。五曰轉注。轉注者，建類一首，同意相受，"考""老"是也。六曰假借。假借者，本無其字，依聲託事，"令""長"是也。

上述班固、鄭眾和許慎三家對六書的名稱和次序的說法略有不同，情況如下：

班固：象形、象事、象意、象聲、轉注、假借
鄭眾：象形、會意、轉注、處事、假借、諧聲
許慎：指事、象形、形聲、會意、轉注、假借

據學者考證，班固的《漢書·藝文志》是根據劉歆的《七略》編寫的②；和班固同時的鄭眾的父親鄭興、許慎老師賈逵的父親賈徽都是劉歆的弟子。因此，這三家的六書說實同出一源，源自西

---

① 今本作"察而可見"，《段注》據《漢書·藝文志》顏注改。
② 西漢劉歆的《七略》是我國最早的目錄學著作。其"六藝略"中有"小學"類。此書早已不傳，但班固的《漢書·藝文志》是根據它編寫的。

漢末年古文學派大師劉歆。清代以後，學術界一般採用班固所排的次序、許慎所定的名稱。這樣，六書的名稱和次序如下所示：

（1）象形　　（2）指事　　（3）會意
（4）形聲　　（5）轉注　　（6）假借

三家之中，以許慎的說法最爲詳備，他在《說文·敘》中分別給六書下了定義，並舉了例字。這是最早關於漢字結構的系統理論。此外，他又提出"亦聲"①"省形"②"省聲"③"多形"④"多聲"⑤等，可以看作是對六書理論的補充。漢字跟西方的拼音文字不同，拼音文字只有音符，不可能產生類似中國的文字學。而中國的每一個方塊漢字都有獨特的構字理據，研究字理成了一門學問，古代

---

① 亦聲指合體字中的意符兼有聲符的作用。《說文》分析其結構的術語是"从某某，某亦聲"或"从某从某，某亦聲"。例如《說文·人部》："仲，……从人从中，中亦聲。"甲骨文形聲字中習見亦聲字。參看黃天樹《殷墟甲骨文"有聲字"的構造》，《歷史語言研究所集刊》第76本第2分，2005年；黃天樹《殷墟甲骨文形聲字所佔比重的再統計》，刊李宗焜主編《第四屆國際漢學會議論文集——出土材料與新視野》，第107—118頁，臺北：歷史語言研究所，2013年。

② 省形和省聲是許慎對六書理論的補充，是漢字構造理論的組成部分。許慎由於受歷史條件的限制，在具體解釋一些省形和省聲字例時，出現了不少錯誤。有的學者因此認爲省形和省聲是許慎"臆撰"出來的（李家祥：《說文解字省形類字疑誤辨證》，《貴州文史叢刊》1997年第1期，第32—39頁）。我們認爲，這種觀念是不對的。從商代甲骨文演變爲今天的漢字。在漫長的歲月裏，漢字形體上的變化主要是簡化。省形和省聲作爲一種簡化漢字的方法，具有很強的生命力，至今仍在沿用。比如簡化字"条"是"條"之省，可以分析爲从"木"，"攸"省聲。省形既見於會意字也見於形聲字。會意字的省形，《說文》一般用"从某，从某省"來標明。例如《說文·収部》："具，……从廾，从貝省。"形聲字的"省形"是指省略形聲字形符的部分筆畫。《說文》一般用"从某省，某聲"來標明。例如《說文·高部》："亭，……从高省，丁聲。"

③ "省聲"是指形聲字的聲符有部分省略。《說文》一般用"从某，某省聲"的方式來表述。例如《說文·心部》："恬，……从心，甜省聲。"

④ 有些形聲字具有兩個以上的形旁，這種情況稱爲"多形"。《說文》一般用"从某从某，某聲"的方式來說解其字形結構。甲骨文形聲字中有多形字。

⑤ 有些形聲字具有兩個聲旁，這種情況稱爲"多聲"。按《說文》的分析，有少量形聲字具有兩個聲符。《說文》分析其結構的術語是"从某，某、某皆聲"。例如《說文·韭部》："韱，……从韭，次、冉皆聲。"甲骨文形聲字中也存在"多聲"現象。

叫"小學",今天叫文字學。古代的識字教育是要講字理的。

六書據說是保育員用來教兒童識字的,果真如此,它應該是一種淺顯易懂的分析漢字結構的學問,並不深奧。六書的"書",如何解釋呢?我們認爲,"書"本是動詞"書寫"的意思,即《說文》說:"書,箸(著)也。"由動詞"書寫"義引申爲名詞,表示所寫的文字也叫做"書",即《說文·敘》所說"著於竹帛謂之書"的"書"①。六書就是闡述漢字是用何種方式來記錄漢語的。清代戴震把六書分爲兩類:指事、象形、會意、形聲四者爲字之"體";轉注、假借二者爲字之"用"②。"體"是造字法,"用"是用字法。這就是說,前四種是創制新字的,後二種的轉注和假借並不產生新字,只是在記錄漢語時對原有字的運用方法。轉注即同(近)義字互用,假借即同(近)音字互用。由此可知,清代學者心目中的六書並不僅僅局限於單純分析漢字的構造,已經把視野擴大爲研究漢字是用哪幾種辦法來記錄漢語的。許慎對轉注的解釋含混不清,最難理解。裘錫圭說:

> 我們認爲,在今天研究漢字,根本不用去管轉注這個術語。不講轉注,完全能夠把漢字的構造講清楚。至於舊有的轉注說中有價值的內容,有的可以放在文字學裏適當的部分去講,有的可以放到語言學裏去講。總之,我們完全沒有必要捲入到無休無止的關於轉注定義的爭論中去。③

又說:

> 這是爭論了一千多年的老問題。對轉注的不同解釋非常多,幾乎所有可能想到的解釋都已經有人提出過了。在今

---

① 古人所說的"書"的概念是比較寬泛的。《說文·敘》又說:"及亡新居攝,……時有六書。"這裏的六書指古文、奇字、小篆、佐書、繆篆、鳥蟲書,顯然是王莽時六種書體的總稱,而不是指分析漢字結構的六書,名同而實異。
② 戴震:《答江慎修論小學書》,《戴震集》,第74頁,上海古籍出版社,1980年。
③ 參看裘錫圭《文字學概要》,第102頁,北京:商務印書館,1988年。

天要想確定許慎或創立六書說者的原意,恐怕是不可能的。這些年來講轉注的人,多數把轉注解釋爲新字孳生的途徑。不過他們所說的轉注現象的具體範圍則或廣或狹,仍然很不一致。新字如何孳生,當然是很值得研究的問題。然而研究這個問題完全可以拋開轉注問題不管,把二者糾纏在一起,只有壞處沒有好處。我們應該把轉注問題看作文字學史上已經過時的一個問題,完全沒有必要再去爲它花費精力。①

我們認爲裘先生的意見是對的。下面講漢字的構造時,撇開轉注,不予討論。

六書說到清代臻於極盛,研究《說文》的學者都把六書奉爲圭臬。清代末年,隨著地下古文字材料的不斷出土,特別是光緒25年(1899年)商代甲骨文(圖3、圖4)發現以後,對早期漢字形體結構的實際瞭解已大大超過了許慎,不但可以糾正他對一些漢字結構分析上的具體失誤,而且有助於對漢字構造的重新認識。與此同時,西學東漸,西方語言文字學的大量傳入,使人們看到了世界上各種各樣的文字體系及其結構的情況,大大地開闊了人們的眼界。學者逐漸認識到六書說並不像以往所想的那樣盡善盡美。

有鑒於此,第一個站出來批評六書說的學者是唐蘭。1934年,他在《古文字學導論》一書中說:

> 關於文字構成的說法,舊時只有"六書",這種學說發源於應用六國文字和小篆的時代,本是依據當時文字所作的解釋。這種解釋,並不像往昔學者們所想的完善,而只是很粗疏的。但這樣粗疏的解釋,竟支配了二千多年的文字學,而且大部分學者還都不懂得六書的真義。②

---

① 裘錫圭:《四十年來文字學研究的回顧》,《語文建設》1989年第3期。
② 唐蘭:《古文字學導論》,第85頁,1934年手寫石印,濟南:齊魯書社,1981年。

他不但批判了六書說,而且還提出了關於漢字構造的新的理論——三書說。他在1934年寫的《古文字學導論》和1949年寫的《中國文字學》中都談到了三書說。他說:

  六書說能給我們什麼?第一,它從來就沒有過明確的界說,各人可有各人的說法。其次,每個文字如用六書來分類,常常不能斷定它應屬哪一類。單以這兩點說,我們就不能只信仰六書而不去找別的解釋。……

  我在《古文字學導論》裏建立了一個新的系統,三書說:
一、象形文字
二、象意文字
三、形聲文字
……象形、象意、形聲,叫做三書,足以範圍一切中國文字。不歸於形,必歸於意,不歸於意,必歸於聲。形意聲是文字的三方面,我們用三書來分類,就不容許再有混淆不清的地方。①

1956年,陳夢家在《殷虛卜辭綜述》一書裏首先對唐氏的"三書"說做了評述。他認為唐氏提出三書說,是第一個試圖打破舊說而以古文字學②重新擬構中國文字的構造的。但是他的三書說最主要的缺陷是沒有"假借字"。陳氏說:"假借字必須

---

① 唐蘭:《中國文字學》,第75—78頁,上海古籍出版社,1949年。
② 古文字學是以古漢字(原指出土先秦文字,現在其內涵有所擴大,即將漢武帝以前的古隸也包括在內)和各種古漢字資料作為研究對象的學科。即通過研究古文字的構造和演變規律,釋讀古文字資料來揭示古代歷史文化奧秘的一門學問。古文字學研究的對象是很古老的,但是,它發展成為一門獨立的學科實際上還是比較年輕的。"古文字學"名稱的出現是在20世紀30年代。1934年,唐蘭在北京大學講授古文字。他把講義《古文字學導論》手寫石印,由來薰閣書店公開發行。此書為古文字研究科學體系的建立奠定了基礎,使古文字的研究成為一門科學。今天,古文字學已經發展成為一門成熟的學科。大體上說,有以下四個分支學科:第一個分支是"甲骨學";第二個分支是"金文學";第三個分支是"戰國文字";第四個分支是"簡牘學"。

是文字的基本類型之一,它是文字與語言聯繫的重要環節。"①他認爲假借是漢字的基本類型之一,象形、象意應該合併爲象形。所以他的三書是象形、假借、形聲②。

我們認爲,陳夢家的意見是非常正確的。漢字中假借字數量很多,作用很重要,在建立漢字構形學③時,假借字必須佔有一席之地,否則就不能反映出漢字的本質。從漢字構造上看,通假字和本無其字的假借字的性質是相同的,所以假借應該把通假也包括進去。漢字本身的結構(即象形、指事、會意、形聲)跟它作爲假借字是不同的。例如:花草的"花"是从艸化聲的形聲字;而花錢的"花"是只用聲符的假借字,二者結構是不同的。假借花草的"花"來記錄花錢的"花",猶如舊瓶裝新酒。從表面看"瓶子"是一樣的,但瓶子裏所裝的酒已經不同了,即借用舊

---

① 陳夢家:《殷虛卜辭綜述》,第 76 頁,北京:科學出版社,1956 年。
② 陳夢家:《殷虛卜辭綜述》,第 73—83 頁,北京:科學出版社,1956 年。
③ 構形學是研究漢字產生、演變及其構形的學問(參看王寧《〈說文解字〉與漢字學》的第四章"《說文解字》與漢字構形學",鄭州:河南人民出版社,1994 年;劉釗《古文字構形學》,吉林大學博士學位論文,1991 年;福州:福建人民出版社,2006 年)。漢字的構造產生文字學,拼音文字就不可能產生這種文字學。《說文》小篆的構形具有嚴密的系統性。很明顯這種構形模式是經過東漢許慎精心整理規範的。殷墟甲骨文由於未經過人爲的整理規範,其構形跟《說文》小篆是不同的。商代甲骨文的形聲字,絕大部分是通過加注形符或聲符而形成的。可能只有少量形聲字是直接用形符和聲符合成的。甲骨文形聲字產生的途徑很多(參看黃天樹《殷墟甲骨文"有聲字"的構造》,《歷史語言研究所集刊》第 76 本第 2 分,2005 年)。例如,"形、聲裂變"是形聲字產生的途徑之一。早期漢字多是"無聲符字",其後演變爲"獨體形聲字"(參看于省吾《甲骨文字釋林》,第 435—443 頁,北京:中華書局,1979 年),最後才逐漸"形、聲裂變"而演變成爲形聲字。可見,許用 400 個左右的基本構件,構建了 10000 個左右的小篆體系不是漢字構形的自然產物,而是經過許慎整理規範的人工產品。

瓶(花草的"花")來裝新酒(花錢的"花")①。

1988年,裘錫圭在《文字學概要》(第104—106頁)一書中認爲,唐蘭批判六書說,對文字學的發展起了促進作用,但是他的三書說沒有多少價值,存在四方面的問題:

第一,把三書跟文字的形意聲三方面相比附;

第二,沒有給非圖畫文字類型的表意字留下位置;

第三,象形、象意的劃分意義不大;

第四,把假借字排除在漢字基本類型之外。

裘先生認爲陳氏的三書說基本上是合理的,只是象形字應該改爲表意字②。他說:

> 三書說把漢字分成表意字、假借字和形聲字三類。表意字使用意符,也可以稱爲意符字。假借字使用音符,也可以稱爲表音字或音符字。形聲字同時使用意符和音符,也可以稱爲半表意半表音字或意符音符字。這樣分類,眉目清楚,合乎邏輯,比六書說要好得多。③

我們認爲,唐蘭、陳夢家、裘錫圭先後提出了"名"同"實"異的關於漢字構造的新理論"三書說",對推動漢字構造的深入研究起了很好的促進作用。但是,無論是六書還是三書都存在一個缺憾,即這個框架都不能囊括從古到今各個歷史時期的全部漢字的結構類型。梁東漢說:"'六書'並不能包括所有的方塊漢字,有一些字是在'六書'之外的。"④裘錫圭也說:

---

① 裘錫圭說:"不同的字如果字形相同,就是同形字。同形字的性質跟異體字正好相反。異體字的外形雖然不同,實際上卻只能起一個字的作用。同形字的外形雖然相同,實際上卻是不同的字。……範圍最廣的同形字,包括所有表示不同的詞的相同字形。按照這種理解,被借字和假借字,如表示本義的'花'和表示假借義'花費'的'花',也應該算同形字。"(裘錫圭:《文字學概要》,第208—209頁,北京:商務印書館:1988年)

② 從字符的性質上看,表意字使用意符,也可以稱爲意符字。

③ 裘錫圭:《文字學概要》,第107頁,北京:商務印書館,1988年。

④ 梁東漢:《漢字的結構及其流變》,第153頁,上海教育出版社,1959年。

漢字裏還有少量不能納入三書(同樣也不能納入六書)的文字,下面分類舉例說明。

1. **記號字** 除了由於形體演變等原因而形成的記號字之外,漢字裏還有少量記號字,如第一章裏提到過的"五""六""七""八"等字。

2. **半記號字** 除了由於形體演變等原因而形成的半記號字之外,漢字裏還有少量半記號字。例如現代爲"叢"字而造的簡化字"丛",就可以看作半記號半表音字。"从"旁是音符,"一"旁是記號。……

3. **變體表音字** 有時候人們稍爲改變一下某個字的字形,造出新字來表示跟那個字的本來讀音相近的音。這樣造成的字,我們稱之爲變體表音字,如稍變"兵"字字形而成的"乒乓"。有些跟母字僅有筆畫上的細微差別的分化字,如由"刀"分化出來的"刁",似乎也可歸入此類。

4. **合音字** 就是讀音由用作偏旁的兩個字反切而成的字。中古時代的佛教徒爲了翻譯梵音經咒,曾造過一些合音字,來表示漢語裏所沒有的音節,如"孃"(名養反)、"䭾"(亭夜反)等。在現代使用的漢字裏,表示"不用"的合音詞"甭",……都既是會意字,又是合音字。……

5. **兩聲字**① 就是由都是音符的兩個偏旁組成的字。例如"牾"的古體"啎",《說文》認爲是从"午""吾"聲的形聲字,其實就可以看作兩聲字。②

除了梁東漢、裘錫圭所舉的結構類型之外,商代甲骨文裏還

---

① 所謂"兩聲字"就是由都是聲符的兩個偏旁組成的字。例如:《說文·午部》(311頁上):"啎,逆也。从午,吾聲。"《說文·己部》(309頁上):"𢀖,長踞也。从己,其聲。"《說文·古部》(50頁下):"嘏,大遠也。从古,叚聲。"上舉各例,《說文》分析爲形聲字,恐不對。其實都可以看作是"兩聲字"。

② 參看裘錫圭《文字學概要》,第107—109頁,北京:商務印書館,1988年。

有一些結構類型也不能納入六書或三書的框架之內。例如,甲骨文麋鹿之"麋"作🐾。古音"麋""眉"均爲明紐脂部①,聲韻全同,所以其頭部"🐾"(眉)也表示"麋"字的讀音。于省吾說:"總之,具有部分表音的獨體象形字,是界乎象形和形聲兩者之間,可稱作'獨體形聲',這類文字可能將來仍有發現。"②于氏所揭示出來的"獨體形聲"現象,是甲骨文字獨有的。我們沿用于氏的名稱,稱之爲"獨體形聲"字。于省吾稱"麋"之類的字爲"獨體形聲字"③。獨體形聲字"🐾(麋)"的形符和聲符是連體的,它跟由一個形旁④和一個聲旁⑤所組成的合體形聲字是截然不同的。後世改爲从鹿米聲的"麋"字。又如甲骨文"千"字作"🐾",于省吾稱之爲"附畫因聲指事字"。"千"字的造字本義,係在"🐾"(人)字的中部附加一個橫畫,作爲指事字的標誌,以別於"人",而仍因"人"字以爲聲("人""千"疊韻)。于先生說:"這一類型的指事字,雖然也有音符,但和一般形聲字都爲一形一聲兩個正式偏旁所配合的迥然不同。"⑥這些甲骨文特有

---

① 古音依據郭錫良《漢字古音手冊》,北京大學出版社,1986年。
② 于省吾:《甲骨文字釋林》,第443頁,北京:中華書局,1979年。
③ 于省吾:《甲骨文字釋林》,第435—443頁,北京:中華書局,1979年。
④ 形聲字是由指示字義的字符和表示字音的字符組成的。表意的字符稱爲形旁。形旁在普通文字學上稱爲定符或類符(指明意義類別的符號)。表音的字符稱爲聲旁。
⑤ 形聲字表音的偏旁稱爲聲旁。聲旁又叫"音符""聲符"。聲旁有兩類。第一類聲旁是單純借來表音的,世所習知,無庸舉例。第二類聲旁跟形聲字所代表的詞在意義上有聯繫。例如伯仲之"仲"的聲旁"中",可以看作音符兼意符。此外,漢字的音符跟拼音文字的音符還有以下區別:其一,漢字的音符是兼職的,拼音文字的音符是專職的;其二,漢字的音符記錄語音比較粗略,拼音文字的音符記錄語音比較精確;其三,漢字的音符是隱性的,察而見"聲",拼音文字的音符是顯性的。
⑥ 于省吾:《甲骨文字釋林》,第446、451頁,北京:中華書局,1979年。

的字形結構①如"獨體形聲字""附畫因聲指事字"等也不能納入六書或三書的框架之內。由此可見,六書或三書框架的缺憾是,上不能容納商代甲骨文的有些構造類別如"獨體形聲字"等,下不能包容隸楷階段文字的有些構造類別如"合音字"等。也就是說它不能囊括各個歷史層面的漢字體系的結構類型。爲了彌補這一缺憾,我們嘗試建立一個無所不包的漢字構造的理論框架。在談我們的新框架之前,先要對一些問題略作交代。

第一點,漢字結構類型並非一成不變的。

漢字結構類型是隨時間空間的推移而不斷變化的。漢字是自源文字,創於眾人之手,原本不是按照預設的六書條例來創造漢字的。也就是說,先有漢字而後才有六書。許慎在分析了一萬個左右秦漢篆文②(少量西周晚期的籀文和六國古文)結構基礎上,把漢字結構歸納爲六書,這是非常了不起的事情。漢字的結構類型隨著時間的流逝,空間的轉移,新的結構類型誕生了,舊的結構類型消亡了。漢代學者所創建的六書理論主要依據秦漢篆文,當然只適合秦漢時代的漢字體系。他們無緣看到商代甲骨文,怎麼能知道甲骨文裏有"獨體形聲字"等構造類別? 他們生在漢代,怎麼能預先知道其後有"合音字"等構造類別出現? 我們確實不能苛求漢代的學者,在當時的歷史條件下,這些缺點是很難避免的。

第二點,漢字結構類型是有層次等級的。

漢字結構類型並不是處於同一個層級之上的。大家知道,生物分類系統中有一套由上位到下位的"綱""目""科"。漢字結構類型也有上位到下位的問題。"兩聲字"等結構類型不能納入"六書"的原因,是六書把六種結構類型都放在同一

---

① 所謂字形結構是指在一個有限的空間裏,所展現出偏旁的數量與偏旁的字理組合。

② 過去學者大都認爲《說文》篆文是標準的秦漢篆書。現在看來,其篆文跟出土秦篆頗有差別,看作標準的漢篆更符合事實,在當時也承擔規範化的作用。

個平面之上,一旦出現了第七種、第八種、第九種等結構類型時,自然便無容身之地。解決這一癥結的辦法,是將原先平面的"六書"框架,轉換成由下位到上位的、有層級的"二書"框架,問題就得以解決了①。我們把六書中使用"意符"的象形、指事、會意用"合併同類項"的方法歸爲一類,即"無聲符字";將使用"聲符"的形聲、假借也用"合併同類項"的方法歸爲一類,即"有聲符字"。這樣產生的"有聲符字"處於上位,可以統轄其下位的"形聲字""假借字""兩聲字""獨體形聲字""附畫因聲指事字"等。這就是漢字結構之新框架——"二書"說。

第三點,漢字結構類型是有大有小的。

漢字的"六書"即六種結構類型是有大有小的。例如《說文》形聲字約佔85%以上,是最大的結構類型。而指事字約佔0.5%以下,是最小的結構類型。但不能因其小而棄置不管。其資料也是研究漢字構造的第一手資料,彌足珍貴。有些文字學者非常細心,看到一種漢字結構類型就列爲一書,哪怕這個結構類型數量很少,這是可以的,因爲"六書"中的指事字就是一個數量很少的結構類型。這樣一來,漢字結構類型往往就不止六書了②。而且周有光認爲"六書有普遍適用性",即適用於古今中外各種類型的意音文字。比如方國瑜把納西東巴文的結構類型分爲"十書"即其例③。

第四點,漢字結構類型的分類標準。

要給漢字結構類型分類就要確定分類的標準。拼音文字與方塊漢字在記錄語言上最大的不同是,拼音文字是用音符來記錄語言的,方塊漢字同時使用形符和音符。用漢字記錄漢語的

---

① 黄天樹:《殷墟甲骨文"有聲字"的構造》,《歷史語言研究所集刊》,第76本第2分,2005年;後收入《黄天樹古文字論集》,北京:學苑出版社,2006年。黄天樹:《論漢字結構之新框架》,《南昌大學學報(人文社會科學版)》2009年第1期。
② 參看詹鄞鑫《漢字說略》,第169—217頁,瀋陽:遼寧教育出版社,1991年。
③ 方國瑜、和志武:《納西象形文字譜》,第57頁,昆明:雲南人民出版社,1982年。

漫長歲月裏,形符逐漸弱化,而音符逐漸強化,因此,在漢字這類意音文字中,音符顯得更加重要。所以,我們認爲,漢字結構類型的分類標準應是音符①。

我們試圖建立一個切合歷代漢字結構類型的新框架。爲此,我們以漢字結構中有無"聲符②"作爲分類的標準,把漢字分成兩大類:一類不含聲符,將其稱爲"無聲符字";另外一類含有聲符,將其稱爲"有聲符字"。有了"無聲符字"這個上位名稱,像"記號字"③"變體字"④"半記號半表意字"⑤等這些下位名稱原來不能納入六書或三書框架之內的文字,就都可以歸入"無聲符字"的名下。有了"有聲符字"這個上位名稱,像"兩聲字""獨體形聲字""半記號半表音字""變體表音字""合音字"等這些下位名稱原來不能納入六書或三書框架之內的文字,也都可以歸入"有聲符字"的名下。這就是我們建立的漢字結構之新框

---

① 有人建議以"意符"作爲漢字結構類型的分類標準。我們認爲,由於漢字中還存在一種叫"記號"的字符和一部分記號字,因爲記號字跟文字所記錄的詞在意義和聲音上都沒有聯繫,所以無法歸入表意字和表音字中,即用表意字和表音字來概括所有的漢字結構類型是有困難的。因此,以"音符"作爲漢字結構類型的分類標準還是最恰當的。

② 關於"聲符"("音符")、"意符"("形符""義符")、"記號"等概念,參看裘錫圭《文字學概要》,第11—13頁,北京:商務印書館,1988年。

③ 漢字字形的演變使大部分獨體字變爲記號字,例如簡化字"为""书"。記號字的字形跟字音、字義都沒聯繫,掌握起來要比合乎規律的形聲字和表意字困難得多。

④ 所謂"變體字"這類字用改變某一個字的字形的方法來表意,它的性質跟象形、指事、會意不同。改變字形的方法主要有兩種,即增減筆畫(一般是減筆畫)和改變方向。前者如《說文·了部》(310頁上)"孑"字,意思是"無右臂",字形沒有右手臂,可以看作減少孒(子)字筆畫的變體字。後者如《說文·可部》(101頁上)"叵"字,"叵"的意思是不可,字形就是反寫的"可"。參看裘錫圭《文字學概要》,第139—142頁,北京:商務印書館,1988年。

⑤ 所謂"半記號半表意字"即由記號跟意符組成的字。例如:《說文·艸部》(27頁上)"春"字本作"萅",其結構爲"从艸,从日,屯聲"。隸變後聲旁"屯"和"艸"旁省併成"夫"形。這個偏旁"夫"既無表音作用,也無表意作用,是一個只有區別作用的記號。

架——"二書"說①。

六書	許　慎	象形	指事	會意	形聲	假借	轉注
三書	唐　蘭	象形		象意	形聲	×	×
	陳夢家	象形			形聲	假借	×
	裘錫圭	表意			形聲	假借	×
二書	黃天樹	無聲符字			有聲符字		×

　　有人會問,"二書"說的建立是否要廢棄"六書"說？"二書"說相對於"六書"說來說,其結構類型的劃分是否太籠統,不如"六書"分類精細？我們認爲,其實,二書是包括六書的,只是二者不在同一平面上。六書的框架是平面的,二書的框架是立體的。二書處於頂層,它統轄六書;六書處於底層,它被二書統轄。六書說行之二千多年,影響深入人心。其理論絕大部分是正確的,所以作爲六書名稱的象形、會意、形聲、假借等術語,至今仍爲學術界所採用。如前所述,唐蘭說:"(六書說)能給我們什麼？第一,它從來就沒有過明確的界說,各人可有各人的說法。其次,每個文字如用六書來分類,常常不能斷定它應屬哪一類。單以這兩點說,我們就不能只信仰六書而不去找別的解釋。"我們認爲,唐氏的批評過於偏激。試問改爲唐氏的"三書"說就能分得一清二楚了嗎？實際上,不論是"六書""三書""二書",任何分類,都會存在一些模糊的地方。裘錫圭說:

　　　　我們曾經批評六書說分表意字爲象形、指事、會意三類不夠合理。這並不意味著我們自己能夠給表意字分出很合理的類來。下面暫且把表意字分爲抽象字、象物字、指示

---

① 黃天樹:《殷墟甲骨文"有聲字"的構造》,《歷史語言研究所集刊》,第76本第2分,第315—350頁,2005年；後收入《黃天樹古文字論集》,第269—298頁,北京:學苑出版社,2006年。黃天樹:《論漢字結構之新框架》,《南昌大學學報(人文社會科學版)》2009年第1期。

字、象物字式的象事字、會意字和變體字六類。①

我們認爲，六書是祖先爲我們創下的一份寶貴遺產，應該好好地繼承下來。六書的缺點不在分類有模糊之處，而是它把六種結構類型都放置在一個平面之上，沒有層級之分。一旦發現第七書、第八書……，就無法納入其中。解決這一癥結的辦法，是把平面的"六書"框架，改爲一個分層級的立體的"二書"框架。"二書"說把漢字分成"無聲符字"和"有聲符字"兩大類。"無聲符字"使用意符。"有聲符字"或單用聲符，如假借字等；或兼用意符和聲符，如形聲字等。

學術界一般認爲，六書中只有象形、指事、會意、形聲是造字之法；至於假借，則是用字之法，因爲根據假借的原則並不能產生新字。在此之前，陳夢家和裘錫圭都把假借字單列爲漢字的一種結構類型，與表意字、形聲字三足鼎立，稱作"三書"。我們考慮，假借字在記錄漢語的時候也是使用聲符的，跟"兩聲字"記錄漢語的方式並沒有本質的差異，只不過假借字用一個聲符，兩聲字用兩個聲符而已。兩聲字是在假借字上再疊加一個聲符而形成的。用兩個聲符的兩聲字我們是歸入"有聲符字"中，所以假借字也應該可以歸入"有聲符字"中。

殷墟甲骨文是商代的文字體系。小篆是秦漢時代的文字體系②。兩個文字體系相隔1000多年，其構造自然不同。照搬六書或三書說來分析商代文字，總是有些地方不能完全契合。"二書"說的建立，應該凸顯"聲符"的重要作用。爲了讓大家能

---

① 裘錫圭：《文字學概要》，第110頁，北京：商務印書館，1988年。
② 王寧說："《說文》是以秦代規範過的小篆字體爲基礎，優選東漢可見的歷代漢字字形，全面體現了漢字形與義的統一。所以，《說文》記載的字形結構不完全是共時的，更不是最古的。《說文解字》也不是實用秦篆的彙編，而是集合經典用字，從構建漢字系統出發，選擇東漢以前歷代字的字形，以小篆爲統一字體表現出來的漢字學專書。"參看王寧《說文解字研究文獻集成·序》，北京：作家出版社，2006年。

夠明瞭"二書"說的框架內容，我們列表如下：

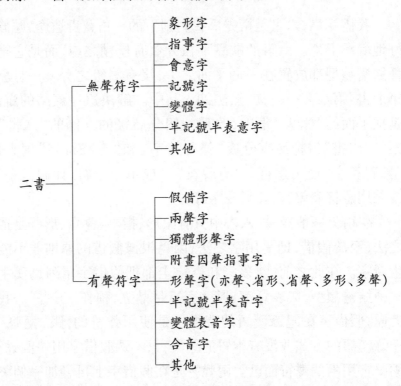

從上表可以看出，在"無聲符字"這個名稱之下，包含七種構造類別：象形字、指事字、會意字、記號字、變體字、半記號半表意字、其他。"有聲符字"的構造類別有九種：假借字、兩聲字、獨體形聲字、附畫因聲指事字、形聲字（亦聲、省形、省聲、多形、多聲）、半記號半表音字、變體表音字、合音字、其他。"無聲符字"和"有聲符字"中都設有"其他"一類，這是爲了給新發現的結構類別預留空位。例如，吳振武說：古文字中"有一種特殊的文字構形方式。這種構形方式的特點，就是將讀音相近的兩個文字的某一部分糅合在一起"①。像吳先生所說的"糅合"式的

---

① 吳振武：《戰國文字中一種值得注意的構形方式》，《姜亮夫、蔣禮鴻、郭在貽先生紀念文集》，第92—93頁，上海教育出版社，2003年。

新類別就可以隨時補入"其他"之中。我們認爲,上表是依據不同歷史階段的漢字體系而歸納出來的結構類型。

漢字從甲骨文一直流傳至今,演變成現今通行的漢字。我們不可能在這裏一一展示各個歷史時期漢字的結構類型①。下面,以甲骨文爲例,列表如下。甲骨文作爲一個封閉性的文字體系,它所擁有的結構類別是可以悉數列舉出來的。下表是共時的、靜態地分析歸納商代甲骨文而得出的文字結構類型。

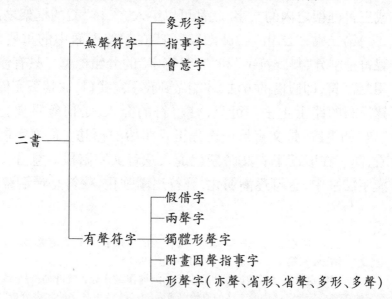

上表是商代甲骨文字的結構類型。中國古文字始於商代甲骨文,終結於秦代小篆。商代甲骨文是時代最早的能夠完整記錄漢語的古文字。《說文》所收秦系文字是時代最晚的古文字。我們截取時代相隔 1000 多年的商代甲骨文和秦系小篆來作形體構造的比較研究。可以知道,"獨體形聲字""附畫因聲指事

---

① 王寧從 20 世紀 90 年代初開始,指導一批博士生進行各個歷史階段漢字構形系統的研究,並逐步構建起一套漢字構形學理論。參看王寧《漢字構形學講座》,上海教育出版社,2005 年。

字""兩聲字"三種構造類別爲《說文》小篆所淘汰①,其餘被繼承下來。由此說明,漢字在不同的歷史階段,其構造是不同的。

"二書"說的價值有兩點:

第一點,"二書"說的框架能囊括所有漢字的各種結構類型,凡是含有"聲符"的字歸入"有聲符字",其餘的便是"無聲符字"。這樣分類,簡潔明瞭,既契合商代甲骨文的構造,也契合後世文字的結構。有了"二書"說,漢字裏有少量不能納入六書或三書框架之內的文字,就都可以納入"二書"說的框架之內。

第二點,"二書"說凸顯"聲符"在記錄漢語中的重要作用。聲符是劃分"無聲符字"和"有聲符字"的分類標準。只有懂得運用"聲"符,即假借的方法,才能做到我手寫我口,並朝著完備地記錄漢語的路上走去。可見,"聲"符的介入,是何等重要!它是"質"的飛躍,是文字形成過程正式開始的標誌。從文字制度來看,漢字在殷商甲骨文時期就進入意音文字階段。意音文字的漢字體系中,意符逐漸弱化,聲符逐漸強化,聲符是最活躍的②。

---

① "牾"字,《說文》認爲是从"午""吾"聲的形聲字,其實是兩聲字。參看裘錫圭《文字學概要》,第108頁,北京:商務印書館,1988年。

② 李孝定曾對已識的商代甲骨文的結構作過分析和統計,發現形聲字佔已識字的27%(李孝定:《中國文字的原始與演變(上篇)》"甲骨文的六書分析"節,《歷史語言研究所集刊》第45本第2分,第376—377頁,臺北:歷史語言研究所,1974年)。長期以來,多數學者接受了這一觀點,普遍認爲甲骨文形聲字還明顯少於表意字。其實這是一種誤解。黃天樹用"六書"的觀點,對已識的甲骨文字,進行字形結構的分析和再統計,得出形聲字佔已識字的47%。這說明以往認爲甲骨文形聲字還明顯少於表意字的觀點,應該予以修正。形聲字約佔半壁江山,說明甲骨文已經是成熟的文字體系。商代的語言是單音節語素佔優勢的語言。用文字記錄它的時候,形聲字既有聲符,又不像假借字那樣容易造成誤解。在使用意符、音符的甲骨文字裏,形聲字是最佳的一種文字結構。因此,在商代,形聲字已是四種造字法(即象形、指事、會意、形聲)中最主要的構形方式。黃天樹又用"二書"的觀點,對已識的商代甲骨文加以分析和歸類,得出"有聲符字"佔49%。(黃天樹:《殷墟甲骨文形聲字所佔比重的再統計——兼論甲骨文"無聲符字"與"有聲符字"的權重》,《第四屆國際漢學會議論文集——出土材料與新視野》,臺北:歷史語言研究所,2013年)

其後,它只是在意音文字的範圍裏,不斷提高有"聲"化的程度。隨著聲符權重的不斷增加,漢字體系才日臻完善。

大家知道,漢字的結構類型不是一成不變的。例如《說文·火部》(209頁上):"𤈦(烖),天火曰烖。从火𢦒聲。𤆎(灾),或从宀火。𤈦(秋),古文从才。災(災),籀文从𑊦。"小篆"災害"的"災"字有四種記錄方式,分別作𤈦(正篆,形聲)、𤆎(或體,會意)、𤈦(古文,形聲)、災(籀文,形聲)。甲骨文"烖"字有七種記錄方式,分別作𑊦 𢦒 𢦓 𢦔 𢦕 𢦖 才。同一個"災"字在不同時期或不同類組的卜辭裏可以寫得很不一樣。例如:"王往于田,亡𑊦。"(《合集》557)"貞:𢦒(灾),不唯孽。"(《合集》7996)"□田,亡𢦓(折)。"(《屯南》344)"于旦王酒田,亡𢦔(𢦒)。"(《合集》28566)"□田,亡𢦕(汈),擒。"(《合集》28847)"王步,亡𢦖(𠁼)。"(《合集》36378)"王其狩,亡才(才)。"(《屯南》1128)𑊦是象形字,象洪水氾濫。𢦒(灾)是會意字,从火从宀,象房子失火。𢦓(折,从斤才聲)、𢦔(𢦒,从戈才聲)、𢦕(汈,从水才聲)、𢦖(𠁼,从川才聲)都是形聲字,皆从"才"聲。才(才)是假借字,假借"才"爲"災"。甲骨文裏彼此音義相同而外形不同的狹義異體字很多。我們認爲,從字符的層面來講,上述"結構變換"好比音韻學上的"陰陽對轉"。它實際上就是通過聲符和意符的疊加或脫落來達到"結構變換"的。舉例來說,甲骨文"才(才)"象下端尖銳的橛杙形,是象形字,假借爲災難之"災"。後來,爲了明確假借字的意義,或加注形符"戈"爲"𢦔";或加注形符"斤"爲"𢦓";或加注形符"水"爲"𢦕";或加注形符"川"爲

"☒"。如果將形符拿掉,它又變成了假借字。又如甲骨文"☒(翼)"象鳥或昆蟲的翅膀,是象形字,假借爲明日之"翌"。後來,爲了明確假借字的意義,加注形符"日"爲"☒"(《合集》102)。如果將形符拿掉,它又變成了假借字。另外假借字上再疊加一個聲符就變成了兩聲字。如"☒(翼)"假借爲明日之"翌",又在假借字"☒"上加注聲符"立"寫成☒,是兩聲字,立、翼皆聲①。如果再將聲符脫落,就又變成了假借字。"結構變換"有兩個軸心。一個是以聲符作爲軸心,通過聲符和意符的增損來進行"結構變換"的。一個是以意符作爲軸心,通過聲符和意符的增損來進行"結構變換"的。如果只用一個意符,就是象形字。如果在象形字上加注聲符,就變成形聲字。如果意符跟意符疊加,就變成會意字。因此,講甲骨文字的構造時一定要樹立動態的觀念。漢字在記錄漢語的時候,使用聲符和意符兩種字符。其中,聲符最爲關鍵,是樞紐。"二書"把漢字分成兩類:一類是不含聲符的"無聲符字",另外一類是含有聲符的"有聲符字"。所謂"二書轉換",即"無聲符字"轉換爲"有聲符字",如"☒/齒"。"☒"是象形,"齒"是形聲。或"有聲符字"轉換爲"無聲符字",如"體/体"。"體"是形聲,"体"是會意。

參考文獻

裘錫圭:《文字學概要》,北京:商務印書館,1988 年。

黃天樹:《殷墟甲骨文"有聲字"的構造》,《歷史語言研究所集刊》,第 76 本第 2 分,臺北:歷史語言研究所,2005 年。

---

① 兩聲字是由都是聲符的兩個偏旁組成的合體字。在假借字上加注聲符即爲兩聲字。而在象形字或會意字上注聲符則爲形聲字。如"庚"(古代鐘)上加注聲符"用"爲"庸(鏞)",不是兩聲字而是形聲字。

黃天樹:《甲骨文字構造的"二書說"》,《中國文字研究》2008年第1輯,鄭州:大象出版社,2008年。

黃天樹:《論漢字結構之新框架》,《南昌大學學報(人文社會科學版)》2009年第1期。

黃天樹:《殷墟甲骨文形聲字所佔比重的再統計——兼論甲骨文"無聲符字"與"有聲符字"的權重》,刊李宗焜主編《第四屆國際漢學會議論文集——出土材料與新視野》,臺北:歷史語言研究所,2013年9月。

練　　習

一、名詞解釋

1. 小學　　　2. 古文字學　　3. 甲骨學　　4. 金文學
5. 簡牘學　　6. 同形字　　　7. 三書　　　8. 表意字
9. 記號字　　10. 半記號字　 11. 變體字　　12. 變體表音字
13. 半記號半表音字　　14. 合音字　　15. 兩聲字
16. 獨體形聲字　17. 附畫因聲指事字　　18. 二書
19. 有聲符字　20. 無聲符字　21. 亦聲　　22. 省形
23. 省聲　　　24. 多形　　　25. 多聲　　26. 變形聲化

二、問答題

1. 簡單介紹六書、三書、二書的內容,並作出評價。
2. 舉例說明形聲字產生的途經。
3. 有人說"所謂假借只是一種運用文字的方法,不是文字結構的類型"。這話對嗎? 為什麼?

* 三、注明下列各字屬於六書和二書中的哪一類①

	字形說解	六　書	二　書		字形說解	六　書	二　書
暴				膏			
亦				秉			
面				豆			
甘				取			
羞				聞			
輿				娶			
群				竊			
扁				兼			
盥				快			
末				哀			
春				戒			
劣				祭			
伐				興			
臭				飾			
莫				疫			
舅				潛			
字				本			
书				丛			

---

① 題目前加＊號者書後附參考答案。

第四章 部　首

　　部首源於偏旁。偏旁是就分析合體字而言的，部首是就統轄漢字而言的。不同歷史時期的漢字體系，其部首的數量是不同的。例如，甲骨文的部首數量①和《說文》的部首數量是不同的，《說文》的部首數量跟《字彙》《康熙字典》的部首數量也是不同的。就是說，部首的數量要切合不同歷史時期的漢字體系的實際。部首多數是基本字符（獨體字），少數是複合字符（合體字）。在漢字演變的過程中，部首有生有死，有分化有合併，情況比較複雜。

　　許慎把包含共同形符（形義偏旁）的字歸爲一部，這個共同形符列在該部之首，統轄該部屬字，這就是部首。段玉裁說："分別其部爲五百四十，每部各建一首。而同首者，則曰'凡某之屬皆从某'，於是形立而音義易明。凡字必有所屬之首，五百

---

　　①　1967 年，日本學者島邦男編著《殷墟卜辭綜類》一書（日本汲古書院，1967 年 11 月初版；1971 年 7 月增訂再版）。他根據甲骨文形體結構的特點，分析綜合，得到部首 164 個（另立"難索文字"一部）。1976 年，唐蘭編著《甲骨文自然分類簡編》一書（太原：山西教育出版社，1999 年），根據甲骨形體結構的特點，分甲骨文爲 231 部（不可識之字另爲"待問編"以容之）。1989 年，姚孝遂、肖丁主編《殷墟甲骨刻辭類纂》（北京：中華書局，1989 年），以島邦男《殷墟卜辭綜類》164 部为基础，改爲 149 部。

四十字可以統攝天下古今之字,此前古未有之書,許君之所獨創。"①許慎創立 540 部,使得先前散沙一般的漢字,由混亂無序變得井然有序,可以檢索了。這是一個偉大的創舉,貢獻極大。《說文》部首主要是根據小篆整理的,其部首適用於小篆,而不適用於甲骨金文,或隸楷書體。現在字典的部首,是以楷書作爲分析的依據,經過不斷調整而形成的,而其源頭是我國第一部字典《說文》的部首。

但是,部首的創立不是憑空產生的,而是受到古代雜字書的啟發。所謂雜字書是最早的童蒙識字課本,其體例是雜取若干個字,編成四言、六言或七言的諧韻文句,便於學童記誦。雜字書的產生,可以追溯到周朝。《漢書·藝文志》記載,西周宣王時期,太史籀作《史籀篇》十五篇,是"周時史官教學童書也"。這是最早的一部雜字書。到了秦滅六國後,爲了要用秦國文字統一全國的文字,需要拿出一種標準的小篆字書作爲樣板,李斯作《倉頡篇》,趙高作《爰歷篇》,胡毋敬作《博學篇》。到了漢初,把《倉頡》《爰歷》《博學》三書合而爲一,斷 60 字以爲一章,共 55 章,3300 字,統稱《倉頡篇》。漢人摹仿《史籀》《倉頡》繼續編纂雜字書,武帝時司馬相如撰《凡將篇》,元帝時史游撰《急就篇》,成帝時李長撰《元尚篇》,哀帝時揚雄撰《訓纂篇》,和帝時賈魴撰《滂喜篇》。上述九部雜字書共收 7380 字。這些雜字書爲許慎提供了確定文字字頭的範圍。這九部雜字書,除了《急就篇》由於書法家的臨寫而留傳下來,其餘都亡佚了。20 世紀以來,各地考古發現許多漢簡,時有《倉頡篇》。例如西北漢代遺址和安徽阜陽雙古堆漢墓、甘肅永昌水泉子等地先後出土過

---

① 段玉裁:《說文解字注》,第 764 頁,上海古籍出版社,1981 年。

幾批漢簡《倉頡篇》,但均爲殘簡①。2009 年北京大學歷史系新入藏的西漢竹書《倉頡篇》,現存 82 枚竹簡,保存完整字約 1325 個,且絕大多數字跡清晰,是迄今所知存字最多的古本,接近秦代原本的面貌②。從出土的《倉頡篇》看,四言成句,兩句一韵,以便誦習,把文義相同的字放在一起。例如:

江漢澮汾,
河溏池漳。

又如:

蕺藜薊葉,
薺芥菜荏。

這樣就自然會出現以"水"或"艸"爲偏旁的字排在一起,儼然是個小"水部"或小"艸部"。這種以義分類的排法,無形中就顯露出字形偏旁的分部。許慎在《說文·敘》中說到自己首創 540 個部首,就用了"分別部居,不相雜廁"的話,顯然是受了古代雜字書的啟發。許慎的《說文》跟無系統的雜字書不同,它是按部首來編排的有系統的字書。所以段玉裁在《段注》(764 頁)中稱讚這部書說:"此前古未有之書,許君之所獨創,若網在綱,如裘挈領,討原以納流,執要以說詳,與《史籀篇》《倉頡篇》《凡將篇》亂雜無章之體例,不可以道里計。"540 部首是爲小篆歸部而設的,它是"形""義"部首,強調部屬字,從字形和字義兩方面都要與該部首相切合。許慎對 540 個部首的形、音、義等諸

---

① 見王國維、羅振玉合編 1914 年出版的《流沙墜簡》。此外,1977 年在安徽阜陽雙古堆西漢前期的汝陰侯墓裏發現了《倉頡篇》等竹書的殘本,見《文物》1983 年第 2 期;2008 年在甘肅永昌水泉子村漢墓出土《倉頡篇》等木簡的殘本,見《文物》2009 年第 10 期;2009 年北京大學獲得了一批從海外回歸的西漢竹簡,其中有《倉頡篇》,見《文物》2011 年第 6 期。

② 2009 年北京大學獲得了一批西漢竹簡,其中有《倉頡篇》,見朱鳳瀚《北大漢簡〈蒼頡篇〉概述》,《文物》2011 年第 6 期。

方面都作了詳盡的描寫和解說,貢獻是巨大的。他解說的對象主要是字形。他試圖說明每一個字爲什麼要那樣寫,找出字形和本義之間的關係,說明其構形理據。限於客觀條件,他以爲篆體(包括古文、籀文)爲漢字的本原。這樣去講漢字的造字之本,有的講對了,有的講錯了,有的又謬誤和灼見摻雜互混,情況相當複雜。殷墟甲骨文的發現,打破《說文》以篆體(包括古文、籀文)爲漢字本原的傳統認識。早在甲骨文發現之初,就有學者利用甲骨金文與《說文》進行比較研究,取得了很多成果。《說文》是研究出土古文字的基礎,同樣,研究《說文》也離不開出土古文字。合之則兩美,離之則兩傷。很多文字現象,如果不利用出土古文字材料,只在《說文》本身中兜圈子,是永遠搞不清楚它的來龍去脈的。有鑒於此,筆者在充分吸收前人研究成果的基礎上,以甲骨金文與《說文》部首互證,對其篆形和說解等作了補正,有助於人們更好地瞭解和利用《說文》。爲行文方便,下面按《說文》部首順序來講解。

§4.1

一(部1),音 yī。甲骨文作一,至今字形沒有變化,象計數的小棍,即算籌。甲骨文"學"字作𦥑,金文作𡕩,象老師雙手擺佈算籌 X(五)、𠃌(六)教小孩學習算術。

上(部2),音 shàng。甲骨文作二,指事字,以短橫在長橫之上表示"上"。甲骨文"下"作𠄞,以短橫在長橫之下表示"下"。卜辭有用其本義者:"王立于上。"(《合集》27815)"[于]上禦方。"(《合集》6801)"禦方"意爲抵禦方國。其後,爲了避免與數目字"二"混淆而在短畫左側加一豎筆而繁化①成"上""下"
(蔡侯盤)。

示(部3),音 shì。甲骨文作🝔(《合集》32392),象神主的牌位。後簡化作丅丆。卜辭有用其本義者:"貞,王往出,示若。"(《合集》5096)卜問王外出,神主是否會保佑。"癸酉卜,王夢豕,唯示求(咎)。"(《合集》21380)卜問王有夢豕之事,是否爲神主作祟而引起的。示部的字多與祭祀鬼神有關。

三(部4),音 sān。甲骨文作三,三橫等長,象算籌形。參看第1部"一"字條。

王(部5),音 wáng。甲骨文作𠂉 𠂊,象鋒刃向下的斧鉞形,斧鉞是王者權威的象徵②。

玉(部6),音 yù。甲骨文作丰 丯,象一根線上串著三塊玉;也有省寫作王的。小篆"玉"和"王"字形微殊。玉作玉,三畫正均;王作王,中畫近上。爲避免混淆,隸書加上一點作"玉"。卜辭有用其本義者:"王(玉)其焚。"(《屯南》2232)"取𤣩(玉)于龠。"(《合集》4720)卜問到龠地去索取玉石。

玨(部7),音 jué。甲骨文作𤤴,象兩串玉。卜辭有用其本義者:"取玨。"(《合集》826)卜問索取玨。玨有一個从玉殼聲的後起字③"瑴"。《左傳·莊公十八年》:"皆錫玉五瑴。"

气(部8),音 qì。甲骨文作三,象雲氣形。後來,爲了避免跟數字"三"混淆,上下二畫都改爲曲筆作气。卜辭有用其本義者:

---

① 在漢字發展的過程中,有簡化和繁化這兩種相反的運動推動漢字向前發展。漢字簡化是不可缺少的。同樣,爲了改善漢字的功能,繁化也是不可缺少的。繁化是在既有字形之上增加新的構形要素(意符、音符、記號),而該字所記錄的音義並沒有發生變化。

② 參看林澐《說王》,《考古》1965 年第 6 期。

③ 後起字,對"初文"而言。文字學上指同一個字的後起寫法,合體字居多。如"趾"初文作"止",象腳板形,後加意符作"趾"。"趾"是"止"的後起字。

"王占曰：疑兹气雨。"(《合集》12532)商王占斷說，懷疑這團雲氣將會帶來雨水。

士(部9)，音 shì。林澐以爲王、士同源①。

丨(部10)，音 gǔn。

屮(部11)，音 chè。甲骨文作 ᚼ(《合集》15396 反、27218)，象一棵小草。《荀子·富國》："刺屮殖穀。""刺屮"即"除草"。

艸(部12)，音 cǎo。甲骨文偏旁作 ᚼᚼ，是草木之"草"的本字，象兩棵小草。"草"本是櫟樹果實的名稱，音 zào。用"草"來表示"艸"，是音近假借。

蓐(部13)，音 rù。甲骨文作 ᚼ，从"艸"从"辰"从"又"，象以手持辰除草之形，可隸作"蓐"。卜辭稱："乙丑，王：蓐苞方。"(《合集》20624)卜辭大意是說，商王準備派人到苞方去開荒除草。

茻(部14)，音 mǎng。甲骨文偏旁作 ᚼᚼ，象草莽之形。據《說文》"茻"是草莽之"莽"的本字。

§4.2

小(部15)，音 xiǎo。甲骨文作 ᛌᛌ，以三個或四個小點表示微小的意思。甲骨文"小""少"本一字，後世分化爲二字。"少"字由四點的"小"字演變而成。卜辭有用其本義者："其遘小雨。"(《合集》30137)

八(部16)，音 bā。甲骨文作)(，以左右兩筆表示分離的意思。《說文》："八，別也。象分別相背之形。"

采(部17)，音 biàn。象野獸的腳掌，印在地上的獸跡容易分

---

① 林澐：《王、士同源及相關問題》，《林澐學術文集》，第 22—29 頁，北京：中國大百科全書出版社，1998 年。

辨,故做審辨的辨,與采摘之"采"寫法不同。

半(部18),音 bàn。《說文》:"半,物中分也。从八;从牛,牛爲物大,可以分也。"

牛(部19),音 niú。族名金文①作𤘈(《金文編》1079頁),甲骨文簡省作𤘈,用牛頭之形來表示"牛"。如:"惠黃牛。"(《合集》29057)

犛(部20),音 lí②。

告(部21),音 gào。甲骨文作𠱸,从口从牛。

口(部22),音 kǒu。甲骨文作𠙶,象人嘴。卜辭有用其本義者:"貞,疾口,禦妣甲。"(《合集》11460)"疾口"指口腔患病。

凵(部23),音 kǎn。《說文》:"凵,張口也。象形。"朱駿聲《說文通訓定聲》說:"一說坎也,塹也,象地穿。"楊樹達認爲:凵象坎陷之形,乃坎之初文。朱、楊之說顯然比《說文》合理。甲骨文凵字,象凹坑形。卜辭有用其本義者:"惠尧田,亡災,擒。○王凵。"(《合集》29242)"王凵"是商王設陷阱捕獸之義。

吅(部24),音 xuān。《說文》:"驚呼也。"恐非本義。《玉篇》:"吅與讙(喧)通。"即今喧嘩之喧的初文,這個字用兩張嘴表示喧嘩。

哭(部25),音 kū。《說文》:"哭,哀聲也。从吅,獄省聲。""獄

---

① 商代銅器銘文大多只有一個字或幾個字,標明器主的族名和先人的廟號等。其中,用作族名的金文比甲骨文還要象形,一般稱爲族名金文。郭沫若、裘錫圭認爲族名金文絕大部分是文字,只不過字體古樸而已。族名金文的字形比甲骨文更象形,這種現象應該是古人對待族名的保守態度所造成的。參看裘錫圭《文字學概要》,第42—44頁,北京:商務印書館,1988年。

② "犛"字,徐鉉音"莫交切"。《段注》(53頁)曰:"按,犛切里之,氂切莫交,徐用《唐韻》不誤,而俗本誤易之。"據《段注》改。

省聲"之說,殊難徵信。

走(部26),音zǒu。甲骨文作󰀀,象人兩臂上下擺動小跑的樣子,是"走"的象形初文。金文增加足趾形作󰀀。卜辭有用其本義者:"庚申貞,其令亞󰀀(走)馬。"(《合集》27939)"走馬"即"跑馬"。

止(部27),音zhǐ。商代銅器徙觶的"徙"字从"止"作󰀀(《集成》6038);商代藁城台西陶文作󰀀(《古陶文彙編》1·5),象人的腳掌形,畫有五個腳趾,甲骨文簡化爲三個腳趾作󰀀。《說文》:"止,下基也。象艸木出有阯,故以止爲足。""止"字構形與"艸木出有阯"無涉,"止"是"趾"的象形初文。《爾雅·釋言》:"趾,足也。"《詩·豳風·七月》:"四之日舉趾。"卜辭有用其本義者:"貞,疾止,唯有害。"(《合集》13683)"疾止"謂腳部患病。《睡虎地秦墓竹簡·法律答問》:"五人盜,臧(贓)一錢以上,斬左止,有(又)黥以爲城旦。""斬左止"即截去左足。後來,詞義縮小,由"足(腳)"縮小爲"足趾(腳趾)"。

癶(部28),音bō。《說文》:"癶,足剌癶也。""剌癶"是疊韵字,謂兩足相背不順。

步(部29),音bù。甲骨文作󰀀,象左右兩腳交替行走之形,表示行走。卜辭有用其本義者:"壬午貞:王步。"(《屯南》734)

此(部30),音cǐ。甲骨文作󰀀。古音此在清紐支部,止在章紐之部。二音相近,故"此"字从匕,止聲。

正(部31),音zhēng。甲骨文作󰀀,"口"代表城邑或行程的目的地,"止"向"口"表示向目的地行進。"正"是"征"的表意初文,本義是遠征。如:"貞:呼往正(征)。"(《合集》6728)

是(部32),音shì。《說文》:"是,直也。从日正。"《段注》:"以日爲正(標準)則曰是。从日正會意。天下之物莫正於日也。"

辵(部33),音 chuò。《說文》:"辵,乍行乍止也。从彳、止。"小篆"辵"是由"彳"跟"止"合成的。"彳"本是"行"(道路)的省體,表示路;"止"是腳的象形,表示足。辵表示"止"(腳)在"彳"(路)上行走的意思。這是會意字。"彳""止"合成一個部首,即所謂"走之"旁。辵部的字都跟行走的意義有關。

彳(部34),音 chì。《說文》:"小步也。象人脛三屬相連也。"非是。甲骨文"行"字作 或 ,象道路之形。甲骨文偏旁"彳"作 或彳,本是"行"的省體,象道路之形。彳部的字多與道路或行動有關。

廴(部35),音 yǐn。《說文》:"長行也。从彳引之。"篆文"廴"是把"彳"的最後一筆拐個彎向右拉長而成的,表示"長行"的意思。但从甲骨文"建"作 (《合集》36908)和周代金文"廷"作 看,篆文"廴"旁有些是由古文字"匚"(象牆角、庭隅之形)訛變①而來的。

廴(部36),音 chān。

行(部37),音 xíng。甲骨文作 或 ,象十字交叉的道路之形。其本義是道路,行走是引申義。許慎根據訛篆字形,把"行"的本義解釋爲"人之步趨"是錯誤的。卜辭有用其本義者:"有兕在行,其左射,獲。"(《合集》24391)卜問有兕牛出現在路上,從左邊射獵,能擒獲嗎。也有用其引申義的。如:"朕行東至河。"(《合集》20610)行,出行。

齒(部38),音 chǐ。甲骨文作 ,象口內有齒牙之形。戰國銅器

---

① 所謂訛變,即在對文字的原有結構和組成偏旁缺乏正確理解的情況下,錯誤地破壞了原構造或改變了原偏旁。參看林澐《古文字研究簡論》,第 103—107 頁,長春:吉林大學出版社,1986 年。

中山王嚳壺始加注音符"止"寫作󰀀，成爲形聲字。卜辭有用其本義者："貞，疾齒，禦于父乙。"(《合集》13652)因爲患牙病而卜問要不要向父乙舉行禦祭。

牙(部39)，音 yá。《說文》："牡(壯)齒也。象上下相錯之形。"古代門牙叫齒，後面的叫牙，區別明顯。西周金文作󰀀，象上下槽牙相咬合之形。西周金文師克盨有用其本義者。如："爪牙"(《集成》4467)。

足(部40)，音 zú。是下面要講的"疋"的分化字。足部的字意義都跟腳有關。如跟、踝、跪、跽、踴、跨、跳、跛等。

疋(部41)，音 shū。甲骨文作󰀀，象大腿、小腿帶腳的整個下肢之形。《說文》："疋，足也。上象腓腸，下从止。"篆文"󰀀"(足)""󰀀(疋)"形近，上端不缺口的是"足"，缺口的是"疋"，大概是由一字分化的。卜辭有用其本義者："疾疋，禦于妣庚。"(《合集》775)

品(部42)，音 pǐn。甲骨文作󰀀，从三口，會意字。用三個口來表示物品眾多。

龠(部43)，音 yuè。甲骨文作󰀀，象用竹管編成的樂器，竹管上端之"󰀀"表示龠管之孔。又作󰀀(《合集》4720)，上面增加倒寫的"口"字，象吹奏樂器的嘴巴之形。卜辭有用其本義者："王賓龠，不遘雨。"(《合集》24883)龠部的字多與音樂有關。如"貞：上甲龢眔唐。"(《合集》1240)上甲、唐，皆祖先名。龢，是《爾雅》"(笙)小者謂之和"的"和"①。這是用樂器龢來助祭之例。

----

① 參看郭沫若《甲骨文字研究·釋和言》，《郭沫若全集·考古編》第一卷，第93—106頁，北京：科學出版社，2002年。

冊(部44),音 cè。甲骨文作卌,象把一根根的簡編綴在一起之形。卜辭有用其本義者:"祝其冊。"(《合集》32327)"三冊。冊凡三。"(《合集》22356)卜辭又常見"舊冊"(《合集》32076)、"新冊"(《屯南》1090)之語。

§4.3

䇂(部45),音 jí。甲骨文作䇂(《村中》468),从四口,會眾口之意。《說文》:"眾口也。"

舌(部46),音 shé。甲骨文作舌或舌,象舌頭伸出口外之形。因爲"舌"與"干"古代的字形和字音相近,所以《說文》舌形變爲"干",可能是變形聲化①的結果。卜辭有用其本義者:"疾舌。"(《合集》13634)指舌頭患病。

干(部47),音 gān。甲骨文作干 干;金文作干,本義爲干戈之干。《說文》:"犯也。从反入,从一。""干犯"是假借義。字乃獨體象形,非"从反入,从一"。卜辭有用其本義者:"壬寅,易(賜)屰干十、戈十、弓十。"(《合集》22349)"勿令戍干衛其□。"(《合集》28059)"干衛"當讀爲"捍衛"。西周金文虡簋有用其本義者:"干戈"(《集成》4167)。

谷(部48),音 jué。谷與《說文》第420部的"山谷"之"谷"不是一個字,應注意區別。"谷"是由甲骨文"谷(去)"分化出的一

---

① 所謂"變形聲化"與訛變不同,它是有意識地把表意字中的某個部分或形旁,改寫爲與之形近的聲旁,使其構造由"無聲符字"轉化爲"有聲符字"。最早注意到這一現象的學者是唐蘭(唐蘭:《中國文字學》,第103頁,上海古籍出版社,1979年)。裘錫圭《文字學概要》(152—153頁,北京:商務印書館,1988年)對此有詳細討論,可以參看。"變形聲化"作爲古文字構形理論的一條規律已爲絕大多數的學者所接受。我們曾專就甲骨文中的"變形聲化"現象作過全面的整理與研究。參看黃天樹《甲骨文中的"變形聲化"》(《中國文字學報》第三輯,北京:商務印書館,2010年)。

個字。甲骨文"🅐(去)"字从"大"从"口"會意,表示張大嘴巴,是《莊子·秋水》"口呿而不合"之"呿"的初文。"大"在戰國文字中多寫作"亣","谷"由"🅐(吞)"演變而來當無疑問。《說文》以爲谷是"口上阿",非是。

只(部49),音zhǐ。《說文》:"語巳(已)詞也。从口,象氣下引之形。"《詩·鄘風·柏舟》:"母也天只,不諒人只。"正是句末語氣詞。古文字"只"字象口下出聲氣。

㕯(部50),音nè。《說文》:"㕯,言之訥也。从口从内。"古音㕯、内皆在泥紐物部,聲韻全同,故㕯字可分析爲从口从内,内亦聲。

句(部51),音gōu,又音jù。甲骨文作🅐(《史購》314)。《說文》:"句,从口,丩聲。"

丩(部52),音jiū。甲骨文作🅐(《合集》11018、24144),用兩條曲線相勾連表示互相糾纏。隸書以後,丩字不再單獨使用,借用"糾"字來表示。

古(部53),音gǔ。《說文》:"故也。从十口。"非是。甲骨文作🅐,金文作🅐,是堅固之"固"的古字。🅐象盾牌。盾牌具有堅固的特點,所以古人在🅐上加區別性意符"口"來記錄堅固之"固"這個詞。造字用意與"吉""強"相類。🅐(吉)字乃就戈頭形加口示其堅硬,🅐(強)字乃就弓形加口示其強勁。參看《裘錫圭學術文集》第1卷第188頁。

十(部54),音shí。甲骨文作丨(《甲骨文編》94頁),當爲"針"

之象形初文①。"針"與"十""卋"的上古音都很接近。所以古人以針的象形符號來記錄數字"十",這跟以肘的象形符號來記錄"九"②,是同類的現象。又以兩手奉針形作爲"卋"的字形,讓"丨"兼其聲旁的作用。

丗(部55),音 sà。甲骨文作 ⅏,是"三十"的合文。如:"其發丗人。○丗人。"(《合集》27017)"發"字古訓"射",是祭祀用牲的一種方法。

言(部56),音 yán。甲骨文作 图,从"图"从"一"。講話要用舌頭,舌上加"一"乃指事符號,表示言從舌出。"言""音"古本一字,到東周時在 图 形的"口"中加一點而成 图,分化爲"言""音"二字。卜辭有用其本義者:"貞,有疾言,唯害。"(《合集》440)疾言,指患聲音嘶啞之類的疾病。

誩(部57),音 jìng。表示兩個人爭著說話。《說文》:"誩,競言也。从二言。……讀若競。""競,彊語也。……从誩,从二人"。《說文解字注箋》說:"誩與競音義同,形亦相承,疑本一字。"可從。在古文字裏,表示人的器官行爲的字,有一些既可以从"人",也可以不从"人"。例如:"聖"(聽)既可以寫作 图,也可以寫作 图。

音(部58),音 yīn。參看第56部"言"字條。

辛(部59),音 qiān。甲骨文作 图(《甲骨文編》3357號),象形字。"辛"與 图(辛)寫法不同,"辛"字下部爲直筆,"辛"字

---

① 參看裘錫圭《釋郭店〈緇衣〉"出言有丨,黎民所"——兼說"丨"爲"針"之初文》,原載《古墓新知——紀念郭店楚簡出土十周年論文專輯》(香港:國際炎黃文化出版社,2003年);後收入《裘錫圭學術文集》第2卷,第389—394頁,上海:復旦大學出版社,2012年。

② 古文字"九"本象人肘形,見李孝定《甲骨文字集釋》,第4189頁,臺北:歷史語言研究所,1965年。

下部呈刀形,當是一種刀形器具。

丵(部60),音 zhuó。參看第61部"業"字條。

業(部61),音 pú。唐蘭釋甲骨文⿳字爲原始的"璞"字。他解釋此字的構形說:"象兩手舉辛,撲玉於甾,於山足之意。"①由此可知,小篆"業",起初由"甾""辛""廾"三個偏旁構成。後來省掉"甾"旁,"辛"旁又變爲"丵"旁,才有較爲穩定的"業"旁。

廾(部62),音 gǒng。甲骨文作⿰,是"拱"的象形初文,象兩手內向之形。兩手外向之形就是現在的"癶(攀)"字。

癶(部63),音 pān。"攀"的初文,象兩手向外攀援之形。

共(部64),音 gòng。古文字作⿰(《金文編》164頁),字形表示兩手供設器皿,是"供"的初文。後來,器皿之形演變爲篆文廿。

異(部65),音 yì。甲骨文作⿰,頭部田象鬼臉,是奇異之"⿰(異)"字,與頭部从"⿱(甾)"的"⿰(戴)"字初文有別,其後混同爲一字。② 甲骨文⿰字,从⿰(共)从甾,象頭頂籠筐,兩手翼之,是"戴"的初文。

舁(部66),音 yú。《說文》:"舁,共舉也。"字形表示眾手共同舉起一物。甲骨文"⿰(興)"字(《合集》28000)从"舁"。

臼(部67),音 jū。字形象兩手捧物之形,是"掬"的初文。跟"不落窠臼"的臼不同。

---

① 唐蘭:《殷虛文字記》,第35頁,北京:中華書局,1982年。
② 參看林澐、周忠兵《喜讀〈新甲骨文編〉》,《中國文字博物館》2009年第2期,第128頁。

晨（部 68），音 chén。甲骨文作🖎，象兩手拿著農具"辰"，在清晨外出勞動。後來，兩隻手簡化成"曰"字，跟《說文》中的晨星之晨的簡體"晨"混同。

爨（部 69），音 cuàn。小篆字形的上部是用兩隻手把甑（炊具）放在灶上，灶下另一個人用兩手把木柴塞入灶口裏，底下生了火。這是一個會意字，生動地描繪出一幅"燒火煮飯"的圖景。

革（部 70），音 gé。《說文》："獸皮治去其毛，革更之。象古文革之形。"甲骨文作🖎（《花東》474），象獸皮形，上象獸首，中象獸身兩側的皮，下象獸尾。戰國鄂君啟節有用其本義者："毋載金革。"（《集成》12110）革部字多與皮革有關。

鬲（部 71），音 lì。甲骨文作🖎，是燒水煮粥用的一種三足器皿。鬲跟鼎的區別在足部，鼎足實心，鬲足空心。所以《爾雅》說鼎之"款足者謂之鬲"。款足便於烹煮。卜辭有用其本義者："其尊鬲。"（《合集》1975）尊，放置。

鬻（部 72），音 lì。鬻是"鬲"的異體字。鬻字偏旁"弜"，《說文》以爲象烹煮時熱氣從鬲中上騰的樣子。鬻部的字多與烹飪有關。

爪（部 73），音 zhǎo。《說文》說"覆手曰爪。"甲骨文作🖎（《甲骨文編》0334 號），象手心向下的樣子。

丮（部 74），音 jǐ。甲骨文作🖎，象人伸出兩手之形。卜辭有用其本義者："弜丮。"（《合集》33413）篆文"埶（藝）""熟""執"等字中都含有這個偏旁，楷書"丮"旁與"丸"相混。

鬥（部 75），音 dòu。甲骨文作🖎，象兩人搏鬥的樣子。卜辭有用其本義者："癸丑卜，王，崔不鬥，罙刃。"（《合集》4726）

又（部 76），音 yòu。甲骨文作🖎，象右手的側面之形，用右手形表示方位"右"。

ナ（部 77），音 zuǒ。甲骨文作𠂇，象左手之形，用左手形表示方位"左"。"亞立（蒞），其于又（右），利。○其于ナ（左），利。"（《合集》28008）"左右"的"左"在早期古文字用左手形表示，可以隸定①爲"ナ"。《說文》分"ナ"和"左"爲二字。"左"表示"輔佐"的"佐"。後世都用"左"表示"左右"的"左"。

史（部 78），音 shǐ。甲骨文作 或 ，會意字。史與事、吏、使同源，在甲骨文中爲同一字，其後分化爲四字。

支（部 79），音 zhī。《說文》："支，去竹之枝也。从手持半竹。"

聿（部 80），音 niè。象手持巾之形。

聿（部 81），音 yù。甲骨文作 ，象手持毛筆形。隸定作"聿"，是"筆"的本字。卜辭有用其本義者："其聿。"②是商王命令史臣之語，意思是"把它寫下來"。後來由於"聿"字經常假借爲虛詞，所以在"聿"上加"竹"分化出"筆"字來表示其本義。

畫（部 82），音 huà。甲骨文作 ，有人認爲是"畫"的古寫，字形象手持毛筆，畫出交錯的線條。

隶（部 83），音 dài。《說文》："隶，及也。从又，从尾省。又

---

① 據《漢書·藝文志》記載，漢武帝末，魯恭王（劉餘）壞孔子宅，得《尚書》等，都用科斗文書寫。西漢學者孔安國是孔子後裔。魯恭王把出土的《尚書》交還孔家的孔安國。孔安國的時代距秦統一文字已久，六國古文（科斗文）早被廢棄禁絕，能直接讀六國古文的學者寥寥無幾。孔安國是一位古文字專家。他研究孔壁《尚書》，"以所聞伏生之書，考論文義，定其可知者，爲隸古定，更以竹簡寫之。"（孔穎達《尚書正義》卷一，《尚書序》）漢代通行隸書，用隸書筆法改寫古文字的方法稱爲隸定（或"隸古定"）。後世楷書通行，用楷書轉寫古文字，謂之"楷定"。因楷書亦曾謂之隸書，所以用隸書或楷書筆法轉寫古文字的方法都稱爲隸定（或"隸古定"）。漢代學者把隸書稱爲今文，所以就把隸書寫的經書稱爲"今文經"，把專門研究"今文經"的學者稱爲"今文家"。同時，把古文寫的經書稱爲"古文經"，把專門研究"古文經"的學者稱爲"古文家"。

② 董作賓：《漫談中國文字書法的美》，《董作賓先生全集》第 9 冊，第 740 頁，臺北：藝文印書館，1977 年。

（手）持尾者，從後及之也。"這不是"隸"的簡化字，而是"逮"的古字，象一隻手逮住尾巴以會逮及之意。

𦘔（部 84），音 qiān。甲骨文作𦘔（《合集》8461、18143），从又，从臣。

臣（部 85），音 chén。《說文》："事君也。象屈服之形。"甲骨文作𠂇，郭沫若《釋臣宰》云："象一豎目之形，人首俯則目豎，所以'象屈服之形'者殆以此也。"臣的本義是奴僕。他們總是低頭俯視表示屈服，這時候從側面看去眼睛就像是豎起來了。卜辭有用其本義者："貞，臣不其幸（執）。"（《合集》643）

殳（部 86），音 shū。甲骨文偏旁作𠬛、𠬞，象手持殳杖之形。後來殳杖頭部訛變爲"几"（音 shū）。《說文》的"几"字，即割裂小篆"殳"字頭部筆畫而成。西周金文趙曹鼎有單用的殳字，銘文曰："易（賜）弓矢、虎盧、胄、盾、殳。"（《集成》2784）殳與弓矢胄盾等同賜，可以確認爲兵器之殳。

殺（部 87），音 shā。甲骨文作𣪊（蚖）、𣪊（蚖），西周金文作𣪊（《集成》2818）。卜辭有用其本義者："其殺羌。"（《合集》466）①

几（部 88），音 shū。參看第 86 部"殳"字條。

寸（部 89），音 cùn。在象右手形的"𠂇"下加一短橫，指示寸脈部位。距離人手一寸地方的經脈處，中醫學上叫"寸口"。

皮（部 90），音 pí。甲骨文作𠂆（《花東》149），从又，从革（參看第 70 部"革"字條），象一隻手在剝取獸皮的樣子。西周金文九年衛鼎有用其本義者："羝皮二。"（《集成》2831）

---

① 參看陳劍《試說甲骨文的"殺"字》，《古文字研究》第 29 輯，第 9—19 頁，北京：中華書局，2012 年。

敻(部91)，音 ruǎn。

攴(部92)，音 pū。《說文》："攴，小擊也。"甲骨文作🖑(《英藏》1330)，字形表示手持棍棒一類東西作敲擊狀。漢字在演變過程中，由"無聲符字"轉化爲"有聲符字"的現象叫做"聲化"①。"攴"字後來把棍棒形"丨"改成形近的"卜"，屬"變形聲化"。攴部之字，往往跟打擊等義有關。例如，敗、寇、攻、牧等字。楷書"攴"旁多變作"攵"。一般稱爲"反文"。

教(部93)，音 jiào。甲骨文作🖑，象手拿著棍棒打孩子，讓他學習擺佈"爻"，從而掌握計數或算卦。"爻"也兼起聲旁的作用。卜辭有用其本義者："其教戍。"(《合集》28008)

卜(部94)，音 bǔ。《說文》："一曰：象龜兆之從(縱)橫也。"這個講法是對的。甲骨文作🖑，其形象卜兆縱橫之形；其音如甲骨被烤灼而爆裂之聲；其義爲灼龜見兆。卜辭有用其本義者："王吉茲卜。"(《合集》22913)

用(部95)，音 yòng。甲骨文作🖑，象桶形，左象桶體，右象其把手。裘錫圭指出"用"象一個有把的"冃(同)"，是由"冃

---

① "聲化"是漢字發展過程中的一種趨勢，即由"無聲符字"轉變爲"有聲符字"。"聲化"有多種方式。一是加注聲符，即在象形字、會意字上加注聲符。在隸楷階段的漢字裏，"加注聲符"是繁化。而在古文字階段的漢字裏，"加注聲符"表面上看是繁化，實質是精簡漢字基本字符(即基本部件)總量的方法之一。例如"鳳"本作🖑，象鳳鳥形，後加注聲符"凡"作🖑。"雞"本作🖑，象公雞形，後加注聲符"奚"作🖑。象形字🖑和🖑加注聲符後，形旁已沒有必要惟妙惟肖了，形旁的逼真度弱化了，爲下一步淘汰"形"符創造了條件。再後鳳鳥形和公雞形都簡化爲"鳥"旁。像這種情況，對整個文字體系來說，無疑是一種簡化。二是"變形聲化"，即把"無聲符字"中的某個部分或形旁，改寫爲與之形近的聲旁，使其構造由"無聲符字"轉化爲"有聲符字"。

（同）"分化出來的①。其演變途徑如下：⊟—⊟—⊟。

爻（部96），音 yáo。甲骨文作✕，象算籌交叉之形，古人常擺弄竹木小棍進行計數或算卦。卜辭有用其本義者："王其爻，不遘雨。"（《合集》12570）

㸚（部97），音 lǐ。

§4.4

昦（部98），音 xuè。

目（部99），音 mù。甲骨文作▱，象人眼。如："疾目，不喪明。"（《合集》21037）。占問某人眼睛受了傷，是否會失明。

朋（部100），音 jù。《說文》："左右視也。从二目。"甲骨文作䀠，象人瞪著兩隻眼睛左右驚顧之狀。篆文省去人形，應爲一字。

眉（部101），音 méi。甲骨文作䏘，爲表示眉毛而連帶畫出人的眼睛。《說文》以爲"从目，象眉之形，上象頟（額）理也。"從甲骨文看，篆文上面的𠂇，不是額頭上的皺紋，而是由眉毛訛變來的。

盾（部102），音 dùn。商代金文作▯。商代金文的▯字習見，象一武士一手持戈，一手持盾形。甲骨文作▯▯。《說文》"盾，瞂也，所以扞身蔽目，象形。"西周師旋簋盾字作▯，乃盾字構形的初文，以《說文》解說例可分析爲"▯，所以扞身，从人屮，屮亦聲。屮象盾有鼻有紋理形（並非从目）。"②卜辭有用其本義者："盾稱。"（《合集》24363+《美》280，周忠兵綴）

---

① 《裘錫圭學術文集》第1卷，第37頁，上海，復旦大學出版社，2012年。
② 參看于省吾《釋盾》，《古文字研究》第3輯，第1—6頁，北京：中華書局，1980年。

自(部103),音 zì。甲骨文作🄰🄱,象鼻形。卜辭有用其本義者:"疾自。"(《合集》11506)指鼻子的疾患。

白(部104),音 zì。《說文》:"此亦自字也",羅振玉《增訂殷虛書契考釋》說:"許既以自白爲一字而分爲二部者,以各部皆有所隸之字故也。卜辭中自字作🄰,或作🄱,可爲許書之證。"《說文·自部》"自"字源自🄰,《說文·白部》"白"字源自🄱,各有所承。

鼻(部105),音 bí。甲骨文作🄲(《合集》8189),从自畀聲。

皕(部106),音 bì。《說文》:"二百也。"

習(部107),音 xí。甲骨文作🄳🄴,从日🄵(彗)聲。甲骨文有"🄵"字,舊釋爲"羽"。唐蘭指出《說文》的"雪"字"从雨彗聲",而甲骨文"雪"字从"雨"从"🄵",從而斷定"🄵"即"彗"之初文①。

羽(部108),音 yǔ。《說文》:"鳥長毛也。象形。"《段注》:"長毛,別于毛之細縟者。"

隹(部109),音 zhuī。甲骨文作🄶,象鳥形,所以"隹"和"鳥"在用作表意偏旁時往往通用,如"雛"也作"鶵","雞"也作"鷄"。卜辭有用其本義者:"獲又(有)大隹。"(《合集》30248)"擒隹百三十八。"(《合集》37367)皆爲擒獲鳥的記錄。

奞(部110),音 suī。"奞"字在"隹"上加"大"表示"鳥張毛羽自奮"。

萑(部111),音 huán。《說文》:"萑,鴟屬。从隹从丫,有毛角。

---

① 參看唐蘭《殷虛文字記》,第 20—22 頁,北京:中華書局,1982 年。

所鳴，其民有旤。"甲骨文作▢，正象"有毛角"的貓頭鷹之類的鳥。卜辭有用其本義者："其用七萑。"(《合集》30724)"萑"字上部從"▢"，與《說文》(17頁下)上部從"艸"訓爲"艸多兒"的"萑"不是一個字。

丫(部112)，音 guǎi。《說文》："羊角也。象形。"從甲骨文看，丫象鳥獸之角，左右分張，引申有乖違、乖背之意。

苜(部113)，音 mò。又音 miè。

羊(部114)，音 yáng。族名金文作▢(羊卣)，甲骨文作▢，象雙角下曲的羊頭之形。卜辭有用其本義者："禱雨，惠黑羊用，有大雨。"(《合集》30022)

羴(部115)，音 shān。甲骨文作▢ ▢，隸定爲羴。《說文》："羴，羊臭也。从三羊。"羊以有膻味聞名，所以重疊三個羊來表示"膻"的意思。

瞿(部116)，音 jù。《說文》："瞿，鷹隼之視也。从隹，从䀠，䀠亦聲。"表示鳥驚視的樣子，"䀠"也起聲符的作用。

雔(部117)，音 chóu。商代金文作▢，象兩鳥相對之形。表示匹配、對偶的意思。後來爲書寫方便，改寫作雔，左邊那個向右的"隹"改成了一般的"隹"字。

雥(部118)，音 zá。甲骨文作▢，會意字。《說文》："群鳥也。从三隹。"

鳥(部119)，音 niǎo。甲骨文作▢，象鳥形。卜辭稱："獲鳥二百五十。"(《英藏》2542)

烏(部120)，音 wū。甲骨文作▢，和金文烏字▢、▢相似，可能是烏字①。小篆"鳥""烏"寫法有別。《段注》:"鳥字點睛,烏則不。以純黑故,不見其睛也。"

苹(部121),音 bān。《說文》:"箕屬,所以推棄之器也。象形。"林澐說:"甲骨文中的 字,羅振玉早已指出即小篆畢字作 所從的苹。《說文》:'畢,田網也。从田,从苹,象畢形微也。'他還引古代圖像爲證,說"漢畫象刻石凡捕兔之畢,尚與 字形同,是田網之制,漢時尚然也。"②

冓(部122),音 gòu。甲骨文作 (《合集》23354),象兩條魚相遇之形,是遘遇之"遘"的古字。後加以線條化,演變爲篆文冓。《說文》以爲象材木縱橫相交之形,是根據訛變的篆文來解說字形的,非是。《爾雅·釋詁》:"遘,遇也。"卜辭有用其本義者:"今日求豕,冓(遘)。"(《英藏》1906)"今日辛王其田,不冓(遘)大風。"(《合集》28556)

幺(部123),音 yāo。《說文》:"幺,小也。象子初生之形。"甲骨文作 ,實糸之初文,幺訓"小也",是由糸之本義"細絲也"所引申。卜辭稱:"☐不雨。乙幺雨,小。"(《合集》20948)"幺雨"猶"小雨"。

丝(部124),音 yōu。甲骨文作 ,象形,本是"絲"字省寫,由於音近借表代詞"兹"。

叀(部125),音 zhuān。

玄(部126),音 xuán。甲骨文作 。卜辭稱:"惠玄圭禹丁。"(《花東》286)"玄"是顏色詞,即《說文》"黑而有赤色者爲

---

① 林澐:《關於甲骨文"字素"和"字綴"的一些問題》,《林澐學術文集(二)》,第171頁,北京:科學出版社,2008年。
② 林澐:《古文字轉注舉例》,《林澐學術文集》,第41頁,北京:中國大百科全書出版社,1998年。

玄"。再,進獻。丁,商王武丁。

予(部127),音 yǔ。

放(部128),音 fàng。《說文》:"放,逐也。从攴方聲。"

受(部129),音 biào。《說文》:"受,上下相付也。从爪从又。"早期古文字有㓞字。甲骨文作㓞,象兩人兩手相付之形。卜辭有用其本義者:"丙辰受禾。"(《合集》22536)"受"當"交付"講。西周金文曰:"汝受我田。"(䍙比鼎,《集成》2818)①。

奴(部130),音 cán。《說文》訓"歺"爲"剮(列)骨之殘也"。從古文字看,"歺"象骨製鑱耜之類挖土工具。"奴"《說文》訓爲"殘穿也"。"奴"象以手持"歺"勞作形。

歺(部131),音 è。甲骨文作㐅,象形。《說文》訓爲"剮(列)骨之殘也",象剔去肉以後的殘骨之形。人死後變爲殘骨,所以从"歺"(俗作歹)的字,多與死亡、凶災等有關,如"殁""殮""殯""殃""殘""殆"等。卜辭稱:"裸告歺于口。"(《合集》25628)歺,疑指凶災之事。卜辭是向祖先報告已經發生的重要事情②。

死(部132),音 sǐ。甲骨文作㐅,从人从歺,會意字,以人在屍骨旁憑弔死者來表示"死"的意思。卜辭有用其本義者:"子妥不死。"(《合集》21890)子妥,人名。卜問子妥患病會不會死亡。

冎(部133),音 guǎ。甲骨文作㓞(《類纂》3361號),象骨架相

---

① 裘錫圭:《釋"受"》,《裘錫圭學術文集》第3卷,上海:復旦大學出版社,2012年。
② "殘"等所从的"歺"不是好歹的"歹"字。好歹的"歹"最早出現於宋元之際。據徐復《歹字源出藏文說》研究,今讀 dǎi 的"歹"字是由讀[ta]的藏文字母 ད 變來的。其演變過程是:ད→歺→歹→歹。"殘"等所从的讀 è 的"歺"後來變得與好歹之"歹"混而不分。參看徐復《歹字源出藏文說》,《東方雜誌》第40卷第22期,1944年;後收入《徐復語言文字學叢稿》,第12—25頁,南京:江蘇古籍出版社,1990年。

支撐之形。下面加"肉"旁就是"骨"字①。

骨(部134),音 gǔ。參看第133部"咼"字條。

肉(部135),音 ròu。甲骨文作☉,象一塊肉。卜辭有用其本義者:"入肉。"(《花東》113)入,通"納",貢納之意。篆文"肉""月"形近,隸書爲了有別於月亮的"月",把象肌肉紋理的兩橫筆改成兩折筆作"肉""肉"等形。

筋(部136),音 jīn。

刀(部137),音 dāo。商代中晚期遺址藁城台西陶文作☉(《古陶文彙編》1·1)。族名金文作☉(《集成》7613)。甲骨文作☉,象一把刀。卜辭有用其本義者:"辛子卜貞:夢亞雀肇余刀,若。"(《合集》21623)亞雀,人名。肇,動詞,給予。卜辭意謂夢見亞雀給予我一把刀,是否吉利。

刃(部138),音 rèn。甲骨文作☉(《類纂》2480號字頭),在"☉(刀)"的刀口上加條曲線(指事符號)指明其刃部所在。後改用點來指明刃部所在。

韧(部139),音 qì。甲骨文作☉,从刀从丯。《甲骨文字集釋》:"以字形言之,丯當即象韧刻之齒,从刀,所以契之也。"卜辭有用其本義者:"帝其降囧(憂),其韧。"(《合集》14176)

丯(部140),音 jiè。

耒(部141),音 lěi。商代金文有獨立的"耒"字作☉(《金文編》1091頁)。甲骨文耤字作☉☉,象持耒耕作之形。其偏旁☉即"耒"字,象下部分叉且裝有踏腳橫木的起土農具。從古文字看,小篆☉(耒)字上部的三斜畫不是丯,而是手形☉(又)的訛變。

---

① 參看唐蘭《古文字學導論》,第188頁,1934年手寫石印,濟南:齊魯書社,1981年。

角（部 142），音 jiǎo。甲骨文作 ⟨字形⟩（《屯南》2688），象獸角形，其上曲紋象角上紋理。獸角形上端有時加一飾畫而寫成 ⟨字形⟩。由加飾筆的字形 ⟨字形⟩ 變爲篆文角。

§4.5

竹（部 143），音 zhú。甲骨文作 ⟨字形⟩，象竹葉下垂形。金文偏旁作 ⟨字形⟩，亦象竹形。

箕（部 144），音 jī。甲骨文作 ⟨字形⟩，是箕的初文，象簸箕形。後來加注聲符①"丌"作 ⟨字形⟩，即"其"字。"其"字由於常假借爲語氣詞"其"，所以加注意符"竹"分化出"箕"字來表示本義。

丌（部 145），音 jī。《說文》："下基也，薦物之丌。象形。"

左（部 146），音 zuǒ。參看第 77 部"ナ"字條。

工（部 147），音 gōng。甲骨文作 ⟨字形⟩，象工匠用的工形尺，就是原始的"矩"（和後來的曲尺的矩不同）。《說文》："工，象人有規矩也。""巨（矩），規矩也。从'工'，象手持之。"西周金文"⟨字形⟩（矩）"字確作人手持"工"之形。可以看出，"工"是一種原始的矩。又指代工匠，如"百工"（《屯南》2525）、"多工"（《花東》324）。商周銅器銘文中有"木工""段（鍛）金"等族氏，似可爲證。

巠（部 148），音 zhǎn。甲骨文作 ⟨字形⟩（《合集》33615 +《英藏》

---

① 甲骨文形聲字，絕大部分是通過在表意字上加注聲符等方法而產生的。加注聲符是指在象形、指事或會意字上加注聲符，使"無聲符字"轉化爲"有聲符字"。這是最常見的一種聲化方式。甲骨文 ⟨字形⟩（《合集》10344），象田獵網，是象形字。其後，加注聲符"今"作 ⟨字形⟩（《合集》10273）。古音禽在群紐侵部，今在見紐侵部，聲皆爲喉音，韻部相同，故禽可加注今爲聲符。

2398＋2458）。《說文》："極巧視之也。从四工。"

巫（部149），音 wū。甲骨文作⛨，象二"工"以直角重疊形。卜辭"巫妹瘥㞢。"（《合集》21568）妹，否定詞。卜辭意謂巫是否會使㞢的疾病痊癒。"癸酉卜，巫寧風。"（《合集》33077）卜問巫師是否能使風停下來。

甘（部150），音 gān。甲骨文作㘭，表示口含"一"物。"一"，象嘴巴中所含甜美之物。

曰（部151），音 yuē。甲骨文作㘭，在口形上加一短畫，表示嘴巴出聲說話。《說文》："曰，詞也。从口乙聲。亦象口氣出也。"从甲骨文字形看，其後一種說法"象口氣出也"大致可從。

乃（部152），音 nǎi。甲骨文作𠄎。

丂（部153），音 kǎo。甲骨文作𠀁（《合集》32033）。甲骨文（寧）、粵（粵）字所从的丂都作𠀁形，疑象放東西的支架。

可（部154），音 kě。甲骨文作可𠀁（《甲骨文編》214頁），从口，丨聲。甲骨文"丨"（《合集》19608）即"柯"字的象形初文，字形象彎頭的枝柯之形，適宜作斧斤之"斤"的把柄。甲骨文"𠂇（斤）"去掉刃部"＜"即作此字。它又常做聲符，甲骨文"𠂇（河）""𠂇（何）""𠂇（姷）"均从此。"丨"後來改用从木可聲的形聲字。《說文·可部》："可，肎（肯）也。从口、丂①，丂亦聲。"《說文》訛丨爲丂，誤認爲"丂"形之反。卜辭稱："貞：其可。"（《合集》18897）當"可以"講。

兮（部155），音 xī。甲骨文作𠔑。古音兮在匣紐之部，丂在溪紐

---

① 丂，音 hē。《說文·丂部》（101頁上）："丂（音 hē），反丂（音 kǎo）也。讀若呵。"

幽部,古音相近,故兮字从"丂"聲。《說文》:"兮,語所稽也。从丂八,象氣越亏也。"《說文》以爲兮是會意字,從古文字看,兮字應是形聲字。

号(部 156),音 hào。

亏(部 157),音 yú。甲骨文作于于,構形不明。

旨(部 158),音 zhǐ。《說文》:"旨,美也。"本義是味道鮮美。甲骨文作,从口,从匕,匕亦聲,字形表示用匕、勺一類餐具把食物送到嘴裏品嚐。《禮記·學記》:"雖有嘉肴,弗食不知其旨也。"

喜(部 159),音 xǐ。甲骨文作。《說文》:"喜,樂也。从壴从口。""壴"是鼓的象形初文。聽到鼓樂聲就笑口常開,所以用"壴(鼓)"和"口"來會喜悅之意。卜辭有用其本義者:"不喜。"(《合集》21207)

壴(部 160),音 zhù。《說文》部首壴來源有二:一是源於(鼓)字的象形初文。卜辭有用其本義者:"其歷(振)壴(鼓)。"(《屯南》236)"其壴(鼓)于唐。"(《合集》22746)二是源於(尌)字的省文壹。甲骨文(樹)之初文象以手植木(即樹木之"木"),後加注"豆"聲作(尌),其後,(尌)字左旁壹訛作"壴"。這樣一來,象鼓形的(鼓)和象植木形的(尌)左旁混同爲《說文·壴部》的"壴"①。像上述鼓形的與"尌"字的省形"壴"混同爲一部(即《說文·壴部》"壴")的

---

① 裘錫圭:《釋"尌"》,《裘錫圭學術文集》第 1 卷,第 504—509 頁,上海:復旦大學出版社,2012 年。

現象叫作"部首混同"①。

鼓(部161),音 gǔ。甲骨文作🥁等,可隸定爲"壴",象鼓形,上象鼓上的羽飾,下象鼓座,中間是鼓身。《說文》分析爲"从中从豆"是不對的。"壴""鼓"本爲一字。卜辭稱:"其置庸(鏞)壴(鼓)。"(《合集》30693)卜問是否安置鐘鼓。"壴"也可寫作"鼓",表示手持鼓錘擊鼓。如:"其鼓彡告于唐。"(《合集》22749)鼓,从殳(攴),从壴,壴亦聲。

豈(部162),音 qǐ。

豆(部163),音 dòu。《說文》:"古食肉器也。"甲骨文作🥣,象一種有高圈足的盛食器。《大雅·生民》:"卬盛于豆,于豆于登。"(卬,我。盛,盛肉。登,盛肉器。)周生豆:"周生作尊豆。"當豆麥之"豆"講,是假借用法。

豊(部164),音 lǐ。甲骨文作🥣,从壴从玨。豊是"禮"的表意初文。古代行禮常用"壴(象鼓形)"和"玉(兩串玉)",故以二者會行"禮"之意。其後,豊形的上半部"曲"是由鼓的羽飾和玨形合併而成的,下部訛爲豆了。

豐(部165),音 fēng。西周金文作🥣(《金文編》331 頁),从壴,

---

① 所謂"部首混同"(又叫"混同部首"),是指由於簡化、訛變以及精簡部首總量的需要,某些古文字中不同的部首混同爲一個部首。《說文》的部首,有的是"一脈單傳",如"牛""羊"之類的部首,古今一致,不會發生誤會。但是,有些部首有多頭來源。例如,《說文·勹部》(187—188 頁)共有 15 字。匍、匐二字古文字均从"勹",象人俯身之形,即俯的初文,可隸定爲勹。勻、旬二字甲骨文均从"✓"(甲骨文以✓爲旬),皆與"勹"無關。這些原本不同的部首都混同爲勹部。又如,《說文·白部》(74 頁)共有 7 字。我們知道金文"自"字也有只作一橫筆的,寫作"凵"(《金文編》192)。可見《說文》部首"凵"字下說"此亦自字也",是有根據的。不過他認爲皆、魯、者等字都从"凵"卻是錯誤的。這些字古文字原本都从"口",後來在"口"字内加了一橫畫,寫作曰,曰和凵形體相近,因而"凵"和"口"混同爲一個部首。

丵（丰）聲。豐豐二字雖均从豆，但豐是會意字，从豆，从玨。豐是形聲字，从豆，丰聲。

虍（部 166），音 xī。

虎（部 167），音 hū。甲骨文作🕈（《合集》10948），象虎頭形。《說文》訓爲"虎文"，非是。甲骨文从"虍"旁之字有🕈（《合集》6131）、🕈（《屯南》994）等。

虎（部 168），音 hǔ。甲骨文作🕈，象虎形。卜辭稱："獲虎。"（《合集》10199）

虤（部 169），音 yán。甲骨文作🕈。《說文》："虎怒也。从二虎。"

皿（部 170），音 mǐn。甲骨文作🕈，象一種有圈足的敞口器皿。

凵（部 171），音 qū。《說文》："凵盧，飯器，以柳爲之。象形。"凵爲筥盧，不可信①。

去（部 172），音 qù。甲骨文作🕈，此字从"大"从"凵"，字形表示張大嘴巴，這就是《莊子·秋水》"口呿而不合"的"呿"字的初文。"去"的本義是開口。"張開""離開"二義相因（例如人張口則兩唇相離）。"去"字的"離開"義可能就是由"張開"義引申出來的②。

血（部 173），音 xuè。甲骨文作🕈，表示"皿"中有血。卜辭有用其本義者："王其鑄黃呂，奠血。"（《英藏》2567）這是一條關於青銅冶鑄的卜辭。黃呂之"呂"，指銅；黃，指顏色。"鑄黃呂"指冶鑄青銅。奠是動詞，當置祭講。"奠血"，古代有用牲血祭新造銅器的習俗。

---

① 參看《裘錫圭學術文集》第 4 卷，第 188 頁，上海：復旦大學出版社，2012 年。
② 參看《裘錫圭學術文集》第 4 卷，第 42 頁，上海：復旦大學出版社，2012 年。

丶（部174），音 zhǔ。《說文》："丶，有所絕止，丶而識之也。"據此，"丶"是句讀的記號，有"停住"之義。

丹（部175），音 dān。《說文》："巴越之赤石也。象采丹井，一象丹形。"甲骨文作 ✲，象礦井中有朱砂之形。本義是朱砂。卜辭有用其本義者："癸亥，子往于㠯，肇子丹一、鯊龜二。"（《花東》450）㠯，地名。肇，動詞，贈送之義。丹，應指丹砂。卜辭卜問子是否會得到商王饋贈丹砂和鯊地之龜。

青（部176），音 qīng。古代繪畫用的青色顏料石青是由礦物中得到的。西周金文牆盤作 ✲（《集成》10175），从生，从井，井亦聲。"生"爲草木之色，"井"象礦穴，意謂礦穴中所出的草木色顏料，"井"兼表聲。

井（部177），音 jǐng。《說文》："八家一井，象構韓形，·，罋之象也。"甲骨文作 井，西周金文作 井，象形，縱橫四筆，象井口的圍欄。圍欄中間有一點，《說文》認爲表示汲水的工具。

皀（部178），《說文》音 bī；又音 xiāng。甲骨文作 ✲，象簋中盛食之形，是"簋"的象形初文，爲"卽""旣""鄉""食"等字所从，今讀 guǐ。或作 ✲，加"殳"旁作"殷"（簋）。"皀""殷""簋"實爲一字異體，由象形而會意，由會意而形聲，由無聲符字演變爲有聲符字。簋是商周時代常用的一種食器。卜辭有用其本義者："令保賜皀呂。"（《合集》3823）呂，指銅。卜辭卜問命令保賞賜某人鑄造"皀（簋）"的青銅原料。"皀（簋）"的訛變過程如下：✲→✲→✲。簋的圈足逐漸訛變爲"匕"。《說文》據訛篆解說，非是。

鬯（部179），音 chàng。這是用黑黍和香草釀造的香酒。甲骨文作 ✲，象容器中盛有香酒之形。其後，容器的圈足訛變爲

"匕"。其訛變過程如下：⊕→⊕→邕。卜辭有用其本義者："奠邕。"(《屯南》2983)

食(部180)，音 shí。甲骨文作𩙿，从皀从亼。上部亼旁(或寫作∩)，有人認爲象簋蓋；也有人認爲是"倒口"形。依照後說正表示其本義"吃"。卜辭有用其本義者："食眾人于𣶒。"(《合集》31990)食，使動用法。眾人，族人。卜辭大意是講以食慰勞族人於𣶒地。

亼(部181)，音 jí。《說文》："亼，三合也。从入一，象三合之形。"從古文字看，"从入一"的說法不可信。亼是一個混同部首。有的象覆口形，如"龠"象口吹排簫；"今"是"噤"的初文，以倒口表示閉口不作聲。有的象器物之蓋，如"合"。

會(部182)，音 huì。甲骨文作會，周代金文作會，象用蓋子把盛有東西的器物蓋起來。後來器物底座演變爲"曰"旁，所盛之物變爲皿。卜辭稱："爾以西人會我。"(《合集》1030)

倉(部183)，音 cāng。甲骨文作倉，上是倉頂，下象儲藏糧食的地窖，中間是一扇倉門，象糧倉之形。卜辭有用其本義者："于西倉。"(《屯南》3731)

入(部184)，音 rù。甲骨文作入，象銳器形。林義光曰："象銳端之形，形銳乃可入物也。"引申爲"進入"等義。卜辭稱："王入商。"(《英藏》716)

缶(部185)，音 fǒu。《說文》："缶，瓦器。""匋，瓦器也。……讀與缶同。"缶即"匋(陶)"。"匋"字，金文作匋，象一個人在作陶器(《金文編》368 頁"匋"字條)，省去人形即"缶"字。

矢(部186)，音 shǐ。甲骨文作矢，象箭形。卜辭有用其本義者："函五十，矢囗。"(《合集》36481)函，盛矢器。矢，箭。以上所記都是戰利品。

高(部187),音gāo。甲骨文作髙,象在高大的臺基上建有宮室之形。

冂(部188),音jiōng。

𩫏(部189),音guō。甲骨文作𩫏,象有城樓的城郭之形。其演變過程如下:𩫏—𩫖—𩫏。《說文》:"𩫏,度也,民所度居也。从回,象城𩫏之重,兩亭相對也,或但从口。"段注:"按城𩫏字今作郭,郭行而𩫏廢矣。"後來改用从土庸聲的"墉"字。卜辭有用本義者:"余有呼出𩫏(墉)。"(《甲骨綴合編》330)"我𩫏于西。"(《英藏》1107)古代城郭皆以土築,故从𩫏之字,小篆皆改从土。

京(部190),音jīng。甲骨文作京,象形,象建在人造高丘上的建築物。甲骨文有用其本義者,如"義京"(《合集》394)、"殷京"(《合集》317)、"大京"(《屯南》4343),可能都是臺觀的名稱。

亯(部191),音xiǎng。甲骨文作亯,象宗廟形,是鬼神享受的地方。據《段注》,《說文》籀文作亯,篆文作亯;後來篆文下部訛變爲形近的"子"即成了"享"字。卜辭有用其本義者:"亯。○臺。○臺于南。○于北。"(《花東》502)"亯"跟"臺"對貞,應該都用作動詞,意爲"作亯""作臺"。"甲申卜,舞楚亯。"(《合集》32986)求雨之祭,常用舞樂。

𠂤(部192),音hòu。

畐(部193),音fú。甲骨文作畐(《合集》30065、30948)。象酒罈形。《說文》:"畐,滿也。"

㐭(部194),音lǐn。甲骨文作㐭,象有苫蓋的露天穀物堆。這是倉廩之"廩"的初文。後來先加"禾"旁爲"稟",又加"广"旁爲

"廩"字。卜辭有用其本義者:"亦焚向三。"(《合集》583)"令
㠱省在南向"(《合集》9638),即"命令㠱巡視南面的倉廩"。

啬(部195),音 sè。甲骨文作 ![] ![],从來(麥),从向,會意字,
會穀物入倉之意,是"穡"的初文。《詩·魏風·伐檀》毛傳:
"種之曰稼,斂之曰穡。"卜辭有用其本義者:"[其]亦啬。〇
不亦啬。"(《英藏》1813)引申爲愛惜。

來(部196),音 lái。甲骨文作 ![] ![],象一株麥子之形,上部是
挺直向上的麥穗,中間是下垂的麥葉,下部是根。"來"的本
義是小麥。《詩·周頌·思文》:"貽我來牟",用"來"字本
義。卜辭有用其本義者:"或刈來。"(《合集》9565)"刈來"即
"收割小麥"。卜辭"來"字大多假借爲往來之"來"。

麥(部197),音 mài。甲骨文"![]"(來)的本義是小麥。甲骨文
"![]"(麥)的本義是往來之"來",从"來"从"夂(倒止形)"。
卜辭有用其本義者:"于麥(來)自伐乃殺牝于祖甲。"(《花
東》149)"麥(來)自伐"意謂從"伐"祭場所回來時才殺牝牛
祭祀祖甲。卜辭"麥"多假借爲麥子的"麥",如:"月一正,曰
食麥。"(《合集》24440)"丁令子曰:往罙尋好于燮麥。"(《花
東》475)卜辭記載商王命令"子"(帶領族人)去跟尋好一起
到"燮"地去種麥子。古音"麥"在明紐職部,"來"在來紐之
部。故"麥"字,从"夂(倒止形)""來"聲。

夊(部198),音 suī。甲骨文 字,象腳趾朝下之
形,到《說文》中分化爲兩個部首:一個是第203部的"夂"
(音 zhǐ),小篆作"![]",左上角一捺不出頭,《說文》中凡是腳
形寫在上面的字都歸入此部,例如:夅、夆等。另一個是第
198部的"夊"(音 suī),小篆作"![]",左上角一捺出頭,《說
文》中凡是腳形寫在下面的字都歸入此部,例如:夋、复等。

舛（部199），音 chuǎn。象兩腳相背，所以有違背之義。

舜（部200），音 shùn。

韋（部201），音 wéi。是《說文》訓離開之義"違"的本字。甲骨文作𩫏，口象城邑，上下足趾皆作背城而去之形。本義是違離，引申有違背的意思(《說文》以"離"爲"違"字本義，"相背"爲"韋"字本義，不妥)。後假借爲皮韋之"韋"。

弟（部202），音 dì。甲骨文作𢎨，从乙，丨（祕）聲。甲骨文有用其本義者："壹弟曰啟。"(《英藏》2674) "呼商（賞）弟。"(《合集》21722)

夂（部203），音 zhǐ。參看第198部"夊"字條。

久（部204），音 jiǔ。

桀（部205），音 jié。甲骨文"乘"作𠋦，从大从木，象人登樹之形。金文"乘"在"大"下加上兩腳(《金文編》387頁"乘"字條)。其後，將兩腳形的"乘"字省去"大"即"桀"字。

§4.6

木（部206），音 mù。甲骨文作𣎵，上象枝葉，下象根，象一棵樹。其本義是樹木。卜辭有用其本義者："埶（蓺）木。"(《合集》5749)"蓺木"等於說"種樹"。

東（部207），音 dōng。甲骨文作𣏟。《說文》引官溥說認爲其字的結構是"从日在木中"。從古文字的寫法看，不存在"日"形符號，而是一個束住兩頭而且加綁了繩子的橐（袋子）。古代"東"和"橐"（袋子）兩詞同音，所以借橐形來記錄東方的"東"這個詞。《屯南》423："東方受禾。"

林(部208),音 lín。甲骨文作🌲🌲,會意字,畫兩棵樹來表樹林。

卜辭有用其本義者:"今日其屯用林于隰田。"(《屯南》3004)隰田,是地勢低下土質潮濕的田。卜問用林木爲隰田施肥之事。

才(部209),音 cái。《説文》:"才,艸木之初也。从丨上貫一,將生枝葉。一,地也。"研究者多據此謂"才"字爲草木破土而出之形,跟古文字字形不合,不可信。陳劍《甲骨金文考釋論集》(141頁)認爲,"才"字甲骨文作↓中,象形。"弋"字本象橛杙之形,是"杙"字象形初文。甲骨文"弋"字作↓,西周金文"叔"所從的"弋"字或作↑,其填實與鉤廓亦無别,其後線條化作↑。"弋"跟"才"字形接近,其區别僅在於"弋"字右上比"才"字多出一小筆,兩字讀音也相近,所以它們本是由一字分化而來的,"才"字字形也象下端尖鋭的橛杙之形。

卜辭曰:"壬子卜貞:↓(才—在)六月,王✧(才—在)罕。"(《合集》19946)前一"才"字與"弋"形完全相同。這是"才"跟"弋"本爲一字分化的有力證據。

叒(部210),音 ruò。甲骨文作🌿,西周金文加"口"作🌿,甲骨文象人兩手上舉梳理頭髮之形。篆文之叒即由甲骨文的🌿字訛變來的,演變過程大致是:🌿—🌿—叒。籀文之叒,是由西周金文🌿訛變來的。《説文》認爲叒象桑樹形,從古文字的寫法看,不象桑樹的樣子。"叒"字後來不用,借用《説文·艸部》訓爲"擇菜"的"若"字來表示它的意思。

之(部211),音 zhī。甲骨文作屮,从止(象腳形),从一(代表某地),表示人離開某地前往他處。《爾雅·釋詁》:"之,往也。"本義爲"到……去"。卜辭有用其本義者:"乙酉卜,子又之阤南小丘,其罘(罩),獲。"(《花東》14)"丁酉卜,殼貞,勿之,若。"(《甲骨拼合三集》793)"甲戌卜,王之以射。允囗。"(《英藏》526)字形演變如下:└─↙─↙─↙─之。

帀(部212),音 zā。《說文》認爲把"之"字顛倒過來就成了"帀",這是就篆文來說的。甲骨文"之"字作↙,"帀"字作不,二者的字形沒有關係。

出(部213),音 chū。甲骨文作↙,从止从凵(坎)。古人穴居,止(腳)向穴外,表示離開居穴外出。如:"貞,今辛亥王出,若。"(《合集》9668)"甲子卜貞,出兵,若。"(《合集》7204)

宋(部214),音 pō。《說文》:"艸木盛宋宋然。象形,八聲。"

生(部215),音 shēng。甲骨文作↙,象一棵小草從地裏長出之形。本義爲植物生長。如:"甲申卜賓貞,呼耤,生。○貞,不其生。○王占曰:'丙其雨,生。'"(《合集》904)卜辭大意是說:甲申日卜問,叫人去耕種,種的東西能夠長出來嗎?王察看了卜兆後判斷說,到第三天丙日會下雨,種的東西將能夠生長出來。引申爲生存。如:"貞,二月娩,不其生。"(《合集》17382)卜辭大意是說:二月生育,孩子不會存活吧?

乇(部216),音 zhé。甲骨文↙,于省吾釋乇①。其造字本義,存以待考。甲骨文"宅""毫"从"乇"聲。

巫(部217),音 chuí。《說文》:"艸木華葉巫。象形。"據《說文》,此字是下垂之"垂"的本字。漢碑有時也用"巫"字,如孔宙碑"殁巫令名"。

䇞(部218),音 xū。《說文》:"艸木華也。从巫于聲。"

華(部219),音 huā。《說文》:"榮(花朵)也。"在三國以前,花

---

① 于省吾:《甲骨文字釋林》,第167—172頁,北京:中華書局,1979年。

草的"花"還沒有產生,表示"花"或"開花"的意思,只用"華"字表示。例如:《禮記·月令》季秋之月"鞠(菊)有黃華(花)"。

禾(部220),音jī。《說文》:"木之曲頭止不能上也。"樹木受阻彎曲不能向上生長。參看第221部"稽"字條。

稽(部221),音jī。花東卜辭 (《花東》266)字,趙平安認爲是稽的初文。據劉釗研究,"'稽'字構形的演變過程是:本來作从禾从又,是個會意字,也就是說从禾从又的'秖'應該是'稽'字初文。後來在初文上加了'旨'聲,變成了形聲字'稽',所从之'又'又訛混成與其形音皆近的'尤'。"①劉說甚確。許慎不知道禾的含義,解釋爲"木之曲頭止不能上也"。又爲了統繫相關諸字,把它設立爲部首。從稽的初文可以推知"稽"的本義和"埶"構形相似,應爲種②。

巢(部222),音cháo。甲骨文作 (《合集》27041,"澡"字偏旁),西周銅器班簋作 ,象樹上有巢形。徐鍇《說文解字繫傳》:"臼,巢形也。巛,三鳥也。"

桼(部223),音qī。古文字作 ,中間是漆樹,左右兩側的小點表示漆樹身上流出來的木汁,所以"桼"字的本義是木汁塗料③。

束(部224),音shù。《說文》:"縛也,从囗木。"甲骨文作 ,有人認爲"束"不从"木",與"東"原本是一個字,象一個兩頭用

---

① 劉釗:《"稽"字考論》,《中國文字研究》第6輯,南寧:廣西教育出版社,2005年。
② 參看趙平安《釋花東甲骨中的"痒"和"稽"》,第五屆中國文字學會研討會會議論文,2009年,福建武夷山。
③ 參看裘錫圭《桼垣一釿圓錢考》,《裘錫圭學術文集》第3卷,第205—206頁,上海:復旦大學出版社,2012年。

繩索紮住的橐(袋子)。

橐(部225),音 hùn。在許慎蒐集的小篆中,有些部首沒有被剝離出來,如"橐""橐""囊""橐""橐"五字均外形內聲,從這五個字中很明顯可以離析出一個象口袋的形旁"東"。《史記·酈生陸賈傳·索隱》引《埤倉》說:"有底曰囊,無底曰橐。"橐是兩頭相通的口袋,作⌘形。用橐裝東西時,先要綁住下口,裝完東西之後再縛住上口,作⌘形。再在⌘上加一道圈形繩索就成了⌘字。所以"橐"字是在象形初文⌘上加注"石"聲而成的形聲字,而不是从"橐"省的字。《說文》:"橐,囊也。从束,圂聲。""橐"反倒是从"⌘(橐)"从"圂"省聲的字。因此,許慎立"橐"爲部首是不對的,應該立"橐"的初文"⌘"爲部首。《說文》:"橐,囊也。"從古文字看,應有⌘旁,可以隸定爲東。後來,爲了壓縮基本字符的總量,⌘裂變①作東。《說文·橐部》收有"橐""囊"等五字,許慎把這五字都說是从"橐"省,其實這些字,連橐在內,都是从⌘(東)某聲的形聲字。

囗(部226),音 wéi。《說文》認爲"象回帀(匝)之形"。象四周

---

① 所謂"裂變",指獨體字分裂爲多個偏旁(或筆畫)組成的合體字。眾所周知,漢字源於眾人之手。草創之初,並非先制定出一套基本字符,然後像搭積木一樣來生成漢字。《說文》有些小篆的合體字,追本溯源,在甲骨文中多爲獨體字。甲骨文去古不遠,還保留一些原生態的獨體字。例如,甲骨文"舜"作⌘,西周金文加趾形作⌘,其後,⌘裂變爲"炎",足部裂變爲"舛",演變爲《說文·炎部》"舜"字。又如,甲骨文"須"作⌘,西周金文作⌘,象人有鬍鬚形,其後裂變爲从"彡"从"頁"。再如,甲骨文"聞"作⌘⌘。"⌘"在"卩"上加"耳"以示聽聞之意,是"無聲符字"。其後,演變爲⌘,是"獨體形聲"字。最後,"形、聲裂變"爲⌘,成爲形符和聲符相配的形聲字,聞字"裂變"的過程是:⌘→⌘→⌘。

圍起來的樣子。按傳統的音讀，"囗"跟"圍"同音。"圍""圓"二字古音相近，"囗"字顯然是由"〇"（圓）字變來的。

員（部227），音 yuán。本是表示方圓之"圓"。甲骨文作🝁（《合集》20592），从〇从鼎，與《說文》籀文寫法相同。鼎口多數是圓口的，所以在"〇"下加注"鼎"字，以避免跟"〇（璧）"的初文相混。古文字鼎、貝形近，故小篆訛爲貝。"員"是"〇"的繁體，跟"圓"是同一個字的初文跟後起字。"員"又有"員數"之義。所以後來又在"員"字外加"囗"旁，分化出"圓"字來專門表示"圓"這個詞。

貝（部228），音 bèi。甲骨文作🟐，象海貝。古人用它做裝飾品，如"嬰"字象一個女人脖子上佩掛著用海貝做的項鏈。貝又做貨幣使用，所以跟財富有關的字多从"貝"。卜辭有用其本義者："易（賜）多女屮貝朋。"（《合集》11438）"貝朋"即"貝一朋"。王賞賜給多女貝一朋。"其🟐（葬）貝。"（《合集》11426）葬貝可能指隨葬所用之貝。

邑（部229），音 yì。甲骨文作🝁，从囗从卪。上面的囗，象城邑形，下面附加跪坐的人形"卪"，意在強調"囗"是住人的地方。"邑"的本義是城邑。从這個部首的字大多與城邑、地名等有關。卜辭有用其本義者："貞，作邑。"（《合集》13507）"王有石在庐北東，作邑于之。"（《合集》13505）"作邑"指建造城邑。在楷書中，用作意符的右邊的"邑"旁一般寫作"阝"。字形演變過程如下：🝁→🝁→🝁→阝。

𨛜（部230），音 xiàng。

§4.7

日（部231），音 rì。甲骨文作⊡，象太陽。卜辭有用其本義者：

"日有食。"(《合集》11480)"歲祖乙牝一,于日出殺。"(《花東》426)卜辭大意是說到日出之時殺牲祭祖好不好。

旦(部232),音 dàn。甲骨文作🔲,西周金文作🔲,象太陽剛剛從地面上昇起,表示"天明"。卜辭有用其本義者:"旦至于昏不雨。"(《合集》29272)

倝(部233),音 gàn。倝是由古文字"🔲"(朝)字的左半訛變而來的。此字常用作聲旁,例如:翰、乾、榦等均从"倝"得聲。

㫃(部234),音 yǎn。甲骨文作🔲,象旗幟。金文有時以㫃爲"旗",可能㫃就是"旗"的初文。跟旗幟有關的字多从"㫃"。卜辭有用其本義者:"以㫃立于河。"(《合集》34656)"勿其立㫃。"(《合集》28207)

冥(部235),音 míng。

晶(部236),音 jīng。象星形的🔲和加注聲符"生"的🔲在甲骨文中均已存在,舊以爲是繁簡不同的異體字,到了商代以後才分化成兩個字。最新研究表明,這兩個字實際上是各有專用的:卜辭中🔲當日月星的"星"講,是象形字,如"晶(星)率西。"(《甲骨拼合三集》608)"辛未有異新晶(星)。"(《合集》6063)🔲當陰晴的"晴"講,如"食日大皨(晴)。"(《合集》11506)①到《說文》裏,"晶"形容星光。"星"表示"星星",也分成兩字,但字義與卜辭不同。

月(部237),音 yuè。甲骨文作🔲,象月牙形。卜辭有用其本義者:"于月出迺往,亡災。"(《安明》2096)卜問到月亮出來的時候才前往好不好。

有(部238),音 yǒu。西周金文作🔲,象手裏拿著一塊肉,表示

---

① 李學勤:《論殷墟卜辭的新星》,《北京師範大學學報》2000年第2期。

有無的"有"。《說文》以爲從日月之"月",非是。

朙(部239),音 míng。甲骨文作⿰囧月(⿰田月)⿰日月。前者隸定爲"朙",從囧(囧象窗戶;"田"是囧的變形,亦象窗形)從月,用月光透過窗戶照亮室內來表示光明之義。後者隸定爲"明",從日從月,以日月相映表示明亮。卜辭有用其本義者:"丁明陰,大食日啟。"(《英藏》1101)明,天明。大食日,時段名,指朝食之時。啟,雲開日出。驗辭記載,丁(丁酉的省語)日天明陰天,到吃早飯時天氣轉晴。又如:"丁疾目,不喪明。○其喪明。"(《合集》21037)貞問某人眼睛受了傷,是否會造成失明。

囧(部240),音 jiǒng。甲骨文作⿰囧,象鏤孔的窗牖。

夕(部241),音 xī。甲骨文作⿰夕,用月亮表示夜晚。"夕""月"本用同一字形,中間既可加點也可不加點,後來"夕"字專用不加點的字形。指夜晚,如"貞,今日雨。○貞,今夕雨。"(《合集》11994)日指白天,夕指晚上。

多(部242),音 duō。甲骨文作⿰多,象兩塊肉之形,多義自見。《說文》以爲從二"夕",這是訛變所致。卜辭有用其本義者:"今秋多雨。"(《合集》29908)

毌(部243),音 guàn。孫詒讓指出:中鼎的⿰象穿貝之形,即毌字的初文。晉姜鼎銘"貫通"作"⿰(通)",⿰正是由穿兩貝之形演化而成的訛體。《說文》:"實,富也。從宀從貫,貫,貨貝也。"馭簋的實字作⿰形,所從的毌作⿰,正是⿰之省。國差𦉜的實字作⿰形。所從的田是⿰進一步簡化。所以,《說文》說的"毌,穿物持之也。從一橫貫,象寶貨之形"並非全錯。

㪇、㫐乃是從豎貫的貝形變來的,和象盾的中 中等形無關①。

巳(部244),音hàn。古文字"函"字作 ,象盛矢器, 象系繩的小環。"巳"字截取盛矢器 的環形部分 ,並沿用"函"的讀音。它經常用作聲旁,例如:犯、氾、范、範等。

東(部245),音hàn。甲骨文作 ,象樹木上有物纏束之形。《說文》:"東,木垂華實。从木、巳,巳亦聲","韓,束也。从東,韋聲"。《說文》从巳聲之字如"函""範"等,都有包含之意,也與纏束之義相近。所以"東"字的本義應該是纏束包裹一類意思,而不是《說文》所說的"木垂華實"②。

卣(部246),音tiáo。甲骨文作 ,象形,卣是盛酒器(卣是卣的楷書變體)。卜辭有用其本義者:"貞,惠卣,王受祐。"(《合集》30917)意謂以卣盛酒而祭。或作量詞。例如:"鬯五卣,又正。"(《合集》30815)關於"卣"字,參看《甲骨文字詁林》,第2648頁③。其所錄各家之說,以王國維說爲善。

齊(部247),音qí。甲骨文作 ,象麥穗上端平而整齊之形。

朿(部248),音cì。《說文》:"朿,木芒也。"甲骨文作 ,象樹木或武器上的刺。後改用"刺"字。《說文》"朿"字篆文上端已訛變。卜辭有用其本義者:"畀朿。"(《合集》22033)畀,付與。朿,名詞。"妣庚牢,朿羊豕。"(《合集》22226)"朿"是刺殺犧牲品的一種用牲法。

片(部249),音piàn。《說文》:"片,判木也。从半木"。剖 (木)而取其右半就成 (片)字。木片是古代的書寫材料,所

---

① 參看林澐《說干、盾》,《古文字研究》第22輯,第94頁,北京:中華書局,2000年。
② 參看《裘錫圭學術文集》第3卷,第19頁,上海:復旦大學出版社,2012年。
③ 于省吾主編:《甲骨文字詁林》第三冊,北京:中華書局,1996年。

以，版、牘、牒等形聲字都以"片"爲意符。

鼎（部250），音 dǐng。甲骨文作 ，象三足兩耳的圓鼎。鼎是烹煮用的一種食器。卜辭稱"其鼎，用卅犬。"（《合集》30997）"乙巳卜，古貞：丘出鼎。"（《合集》8388）

克（部251），音 kè。甲骨文作 ，郭沫若《商周古文字類纂》："象叉手頭上負荷之形。"以示肩負之意。卜辭曰："癸卯卜：其克戈（翦）周。"（《合集》20508）卜辭卜問能否翦滅周方國。

彔（部252），音 lù。甲骨文作 ，象用轆轤汲水，上象轆轤，下象汲水器，小點象水滴。

禾（部253），音 hé。甲骨文作 ，上部象下垂的穀穗，中部象葉，下部象根。本義是穀子（子實叫小米）。例如："丁未卜，禾又（有）蚩（害），其莘（禱）于河。"（《上海博物館藏甲骨文字》54807.1）"貞：今秋禾不遘大水。"（《合集》33351）。

秝（部254），音 lì。《說文》以爲用兩棵"禾"來表示禾苗栽種稀疏適宜的樣子。

黍（部255），音 shǔ。殷人觀察農作物細緻。穀子的穗是下垂的，麥子的穗是直上的。甲骨文黍作 ，穗是散開的。《說文》："黍可爲酒，禾入水也。"黍可釀酒，所以小篆黍字由"禾""入""水"會意。卜辭有用其本義者："王往立（涖）刈黍。"（《合集》9558）占卜王親臨刈獲黍子的現場視察。

香（部256），音 xiāng。甲骨文作 ，从黍从口，會意字，會黍子馨香可口之意。其後，口旁演變爲甘旁。《說文》："香，芳也。从黍从甘。"

米（部257），音 mǐ。甲骨文作 ，象米粒，中有一橫，以別於"小"字。後來中間的兩點連成一豎演變成"米"字。卜辭有用其本義者:"其登米于祖乙。"(《屯南》189)。米,指黍米。

毇(部258),音huǐ。

臼(部259),音jiù。古文字作🙂①,象舂米用的石臼。

凶(部260),音xiōng。《說文》:"惡也。象地穿交陷其中也。"从凵(坎)从乂,乂表示交陷、空虛之意,象挖掘後經過僞裝的坑,險惡之地。

朮(部261),音pìn。《說文》:"分枲(麻)莖皮也。从屮,八象枲之皮莖也。"篆文中間的"屮",象莖葉分明的麻程;"八"象分離的麻皮。陳劍說:賓組和歷組卜辭中常見的人名、舊或釋"朱"之字,應即《說文》之"朮"字(其上方兩小點後省去、與古文字"叕"之演變相類),係"蔴/麻"之表意初文。其字象麻子成熟自其枝莖迸散之形,重複書寫(與"艸""絲""圭"等字之演變相類)即成"麻"字之聲符"林"(戰國文字中"林"尚常用爲"麻")②。

枾(部262),音pài。字形由兩個"朮"構成。象剝離麻程的麻。後與雙木成林的"林"字混同。參看第261部"朮"字條。

麻(部263),音má。參看第261部"朮"字條。

尗(部264),音shū。甲骨文叔字作🙂③,西周金文作🙂,其所从🙂旁後簡寫爲𠂉,與金文一般"弋"(《金文編》第815頁)全同。甲骨文"叔"字或於"弋"下加塊狀物表示"土",以弋掘地之意更爲明顯。古音"弋"在餘紐職部,"尗"在書紐

---

① 徐中舒主編:《漢語古文字字形表》,第283頁,成都:四川人民出版社,1981年。

② 參看陳劍《甲骨文釋字四則(摘要)》,《中國文字學會第七屆學術年會會議論文集》,長春:吉林大學,2013年。

③ 參看劉釗《古文字構形學》,第138頁,福州:福建人民出版社,2006年;謝明文:《釋甲骨文中的"叔"字》,復旦大學出土文獻與古文字研究中心網站,2012年10月31日。

覺部,聲皆爲舌聲,韻爲旁轉,古音相近,實際上是同源字,所以可由一形分化爲二。甲骨文"朮"象"縻杙"之形。卜辭有用其本義者:"戊子卜爭貞,勿巳(改),肇多馬羌弋。十月。"(《甲骨續存補編》4.24.2)

耑(部265),音 duān。《說文》:"耑,物初生之題(額頭)也。上象生形,下象其根也。"這是開端之"端"的本字。

韭(部266),音 jiǔ。《說文》:"菜名。一種而久者,故謂之韭。象形,在一之上。一,地也。"篆文象長在地上的韭菜。

瓜(部267),音 guā。古文字作㼌(《金文編》第509頁),象瓜蔓上掛著一個瓜。

瓠(部268),音 hù。《說文》:"瓠,匏也。从瓜夸聲。"本義是葫蘆。

宀(部269),音 mián。甲骨文作⌂,象房屋。卜辭有用其本義者:"作宀。"(《合集》22246)占卜營建房屋。"在大宀,我祭,其夙。"(《合集》34399)

宮(部270),音 gōng。《說文》:"室也。"卜辭有用其本義者:"公宮"(《英藏》2529),是商王舉行祭祀的場所。

呂(部271),音 lǚ。商代金文夋高卣(或以爲西周早期)銘文稱:"王賜夋高▉(呂),用作彝。"(《集成》5319)▉字,可隸定爲"呂",象煉成餅狀的兩塊金屬。"呂"本指銅,周代金文作"鋁"(與今天的"鋁"無關)。"其本義當爲金名。"①甲骨文作呂,填實改爲勾廓。卜辭有用其本義者:"貞:求馬呂于多馬。"(《合集》5723)"馬呂"指馬方所產的銅。又如:"王其鑄黃呂。"(《英藏》2567)"黃呂"指青銅。

穴(部272),音 xué。古文字偏旁中的"穴"作㕯,象洞穴形。

---

① 唐蘭:《殷虛文字記》,第107頁,北京:中華書局,1982年。

《說文》:"从宀八聲。"非是。从"穴"的字多與洞穴有關,如:空、窔(窟窿)、窠、竇、窗、窺(從小孔裏看)、窖(地窖)等。

寢(部273),音 mèng。甲骨文作☒,表示一個人睡在牀上做夢。小篆變爲从"宀"从"疒""夢"聲的形聲字,"疒(疒)"是從"爿"訛變來的。隸書以後,一般用《說文·夕部》本來當"不明"講的"夢"取代。卜辭有用其本義者:"王夢豕,唯示求(咎)。"(《合集》21380)意謂王夢豕是否示在作祟。"王夢,允大甲降。"(《合集》19829)大甲,祖先名。"降"指降下災禍。

疒(部274),音 nè 或 niè。甲骨文作☒,象病人臥牀休養,跟疾病有關的字多从疒。如:"疾疫不延。"(《合集》13658)按照字書,疒字音 niè,其實"疒"就是"疾"的初文。字形演變過程如下:☒→☒→☒→疒。

冖(部275),音 mì。《說文》:"覆也。从一下垂。"古文字作冖,象一塊向下披覆的巾。西周早期大盂鼎稱:"冖、衣、巿、舄。"(《集成》2837)

冃(部276),音 mǎo。參看277部"冒"字條。

冒(部277),音 mào。《說文》以爲象"頭衣"(冠冕)。宀、冖、冒,三形一字。甲骨文未見獨立的"冒"字,而有偏旁"冒"(參看《合集》6947"☒(冠)"和《合集》36492"☒(冑)"所从)。

网(部278),音 liǎng。于省吾指出,"网"與"兩"本爲一字,《說文》誤分爲二。秦漢以後"兩"行而"网"廢。"网(兩)"的初文象縛雙軛於衡之形,引申之則凡成對並列之物均可稱"网

（兩）"。① 甲骨文中車稱"𠕥（兩）"，如小臣牆刻辭"車二𠕥（兩）"（《合集》36481），兩即後世車輛字。西周金文亦稱"𠕥（兩）"，如小盂鼎銘"俘車十𠕥（兩）"（《集成》2839）。"𠕥（兩）"即由甲骨文"車"字上部的"丱"（象縛雙軛於衡之形）稍加整齊化而演變成小篆"𠕥（兩）"字。

网（部279），音 wǎng。甲骨文作𠔿 𠔾，象網形。在楷書裏，"网"用作音符時寫作"罔"，如"岡"；用作意符時寫作"罒"，如"罟、罩"等。卜辭有用其本義者："取犬呼网鹿于麓。"（《合集》10976）犬是官名，類似《周禮》之犬人，負責田獵事務。取，選取。占卜選取犬官。

襾（部280），音 xià。

巾（部281），音 jīn。甲骨文作巾（《合集》16546），象佩巾下垂之形。从"巾"的字大多表示與布、帛有關的意義。如布、帷、幄、幕、幟、幣等。

市（部282），音 fú。古文字作市。"巾"代表"市"，"巾"上一横代表腰帶。上古時代，先民捕到野獸，食其肉，衣其皮。最原始的衣著是一塊掛在腰上遮蔽下體前面的獸皮，後來演變爲類似"圍腰"的"蔽膝"。到商周時代，它屬於礼服之列，因顏色、形制的不同，可以顯示"貴賤有等，上下有別"的等級。麥方尊稱："冖、衣、市、舄。"（《集成》6015）

帛（部283），音 bó。甲骨文作帛，从白从巾，會意字，白色的繒帛。

白（部284），音 bái。甲骨文作白。卜辭稱："癸酉毓（育），不白。"（《合集》3410＋11051，王紅綴）驗辭記載出生的馬崽的毛色不是白色。

---

① 于省吾：《釋兩》，《古文字研究》第10輯，第1—9頁，北京：中華書局，1983年。

㡀(部285),音 bì。甲骨文"敝"字作㡀、㡀(《甲骨文編》0985號),象擊巾之形,巾旁小點表示擊巾時揚起的灰塵,偏旁㡀,以巾上有揚塵來表示破舊的意思。

黹(部286),音 zhǐ。甲骨文作黹,象縫衣服的針腳或所刺花紋。卜辭有用其本義者:"禹黹圭一。"(《花東》480)禹,進獻。黹圭,有紋飾的玉圭。

§4.8

人(部287),音 rén。甲骨文作人,象人側立之形。許慎說"象臂脛之形"是對的。卜辭有用其本義者:"以人狩。"(《屯南》961)"在川人歸。"(《合集》21657)

七(部288),音 huà。由倒著的人形來表示"變化"。

匕(部289),音 bǐ。甲骨文作匕,象形。

从(部290),音 cóng。甲骨文作从从,表示一個人跟從另一人。"从""從"古今字。《說文》:"從,隨行也。"引申有"追逐"之義。卜辭稱:"壬寅卜扶:缶从方,允幸(執)。四日丙午遘方,不獲。"(《合集》20449)扶,貞人名。缶,人名。从,追逐。方,指敵對的方國。幸,讀爲"執"。遘,遇到。獲,擒獲。命辭大意是說"缶"追逐敵方,能生擒敵人嗎?驗辭說雖然遇到了敵方,而未能擒獲。

比(部291),音 bǐ(舊讀 bì)。甲骨文作比,會意字。"比"跟"从"字形很相似,但所从的人形有區別①。字形表示"聯合"

---

① 參看《林澐學術文集》,第 70—73 頁,北京:中國大百科全書出版社,1998 年。

"比同"意。卜辭稱:"己未卜爭貞:勿唯王自比望乘,呼往。"(《合集》7528)這是商王聯合望乘一起出征的卜辭。

北(部292),音 běi。甲骨文作𠨞,象兩人背對背,是"背"的初文,北方是背陰的一方,方位詞"北"是由"背"派生出來的。後來"北"主要用來表示方位,另在"北"上加注"肉"旁分化出"背"字來表示本義。卜辭稱:"貞:其有來艱自北。"(《合補》5073)

丘(部293),音 qiū。《說文》:"四方高中央下爲丘。"甲骨文𠚍,象丘陵,與《說文》所描繪的形狀正同。卜辭有用其本義者:"不陟丘。"(《合集》14792)"囗[作王]僆于茲丘囗。"(《合集》30272)僆是行宮一類的建築。意思是說把王的行宮建在這座山丘上好嗎?後來,高起的兩峰訛作兩人相背之形。字形演變過程如下:𠚍→𠦀→𠀉→丘。

仈(部294),音 yín。甲骨文作𠈌,象眾人並立之形。

壬(部295),音 tǐng。甲骨文作𡈼,从人从土,象一個人站立在土堆上。"亻(人)"和"土"合起來就成了下畫較長的"壬"。廷、聽、廳等字都从"壬"聲。它跟中畫較長的壬癸的"壬"不是一個字,參看第523部"壬"字條。妊、䦻、妊等字都从"壬"聲。

重(部296),音 zhòng。商代金文作𠧪𠧪(《集成》1666)𥘷和𥘷,甲骨文作𥘷𥘷(《村中》483)。其結構爲从人从東(口袋),象一個人背著沉甸甸的口袋,會負重之意。"𥘷"字把兩個偏旁重疊之而合成一體①。其後,所从之"人"旁演變爲"壬"旁,《說文》謂"重"字"从壬東聲"。

---

① 林澐《古文字研究簡論》(第81頁,長春:吉林大學出版社,1986年)說:"古文字簡化中還有一種起源很早的現象,可稱爲'併畫性簡化'。即把原來兩個偏旁中的某些線條重合起來,這種現象在商代就已經出現了。"

臥(部297),音 wò。甲骨文偏旁作⿰(參看《屯南》779、2581"監"字),象一個人彎下腰來。後來,⿰變爲⿰,跟⿰變爲⿰(以)如出一轍。

身(部298),音 shēn。甲骨文作⿰,从"人"而隆其腹,象人的身軀。卜辭有用其本義者:"貞,王疾身,唯妣己害。"(《合集》822)疾身,指身體有病。

月(部299),音 yǐn。《說文》:"月,歸也。从反身。"甲骨文"身"字作⿰也作⿰,反正互見,許氏別月於身以及殷从月之說,不攻自破①。

衣(部300),音 yī。甲骨文作⿰,象一件有領有袖有前襟的上衣。

裘(部301),音 qiú。甲骨文作⿰,象有毛的一面朝外的裘衣之形。初文是象形字,後來加注音符"求",再後來象皮衣的形符又換成了"衣"旁。西周金文有用其本義者:"虎裘"(大師虘簋)。虎裘即用虎皮製作的毛皮衣。

老(部302),音 lǎo。甲骨文作⿰,象披髮扶杖的老人。後來,老人的手和拐杖訛變爲"匕"。《說文》認爲"老"字"从人、毛、匕(化)"會意,言毛髮變白,不合早期字形。卜辭有用其本義者:"□子卜,□王于多老□。"(《合集》20280)"乙巳卜,王貞,⿰肩止老,亡□。"(《合集》20293)

毛(部303),音 máo。古文字字形象鳥獸身上的毛。

毳(部304),音 cuì。《說文》認爲本義是野獸的細毛。因爲細毛很多,所以重疊三個"毛"來表示。

尸(部305),音 shī。甲骨文作⿰(《合集》19941),象人屈膝蹲

---

① 參看于省吾:《甲骨文字釋林·釋殷》,北京:中華書局,1979 年。

踞之形。古人稱這種"無禮儀"的東夷坐姿叫做夷踞（或稱"箕踞"）。這與中原人以膝著地，臀壓在足上的坐法不同。"尸"與"夷"古音相近。古文字中多作"夷"字用。卜辭有用其本義者："甲申貞：疑來尸（夷），其用。"（《英藏》2417）疑，人名。卜問疑送來夷人，是否要殺之用於祭祀。

尺（部306），音 chǐ。

尾（部307），音 wěi。甲骨文作🦴，象古人一種臀部有尾巴的服飾。後來，人形變爲"尸"，尾飾變爲"毛"。

履（部308），音 lǚ。甲骨文作🦴，腳下畫有一橫，代表"履"或所踐踏之處。甲骨文履當"踐""行"講。如："辛卯貞：禱禾于河，勿履，惠丙。"（《合集》33283）卜辭大意是說，向河神祈禱好收成，不親自到黃河去可以嗎？"履"的本義是"踐踏"，所以畫出腳趾形。引申爲"足所依"。"眉""履"古音相近，所以以"眉"爲"履"的聲符。篆文"履（履）"的"尸"是由眉形訛變來的，所從的"舟"是由履形訛變來的。

舟（部309），音 zhōu。甲骨文作🦴，象有隔艙的木船。卜辭稱："王其尋舟于河，亡災。"（《合集》24609）意思是說：商王在黃河中順水行舟，不會有災禍吧。

方（部310），音 fāng。

儿（部311），音 rén。"儿"本是人形在下的一種變形。《說文》爲了統轄文字的需要，把原爲一字的"儿"和"人"分爲兩部。把人形在下的字歸入"儿"部，如"兀""兒""允"等；把人形在左邊的字歸入"人"部，如"保""仕""伯"等。"兒童"的"兒"

簡化爲"儿"跟它的部首"儿"成爲同形字①。

兄(部312),音 xiōng。甲骨文作𠙴。古代兄長(嫡長子)是家族的繼承人,可以對諸弟發號施令,所以画一个張口的人。卜辭稱:"王賓兄庚翌,亡尤。"(《合集》23484)

兂(部313),音 zān,是"簪"的古字,用來綰住頭髮的長針形首飾。兂和小篆"既"的旡旁寫法有别,前者出頭,後者不出頭。參看第 323 部旡字條。

皃(部314),音 mào。甲骨文作𠑟(《合集》26838)。"皃"是"貌"的古字。小篆字形所從之"白"不是黑白的"白",象人臉。本義是容貌。

兇(部315),音 gǔ。甲骨文作𠑵(瞽),象盲人扶杖之形,目未契刻完整意謂目盲。"兇"即《說文》瞽字初文的訛變之形②。卜辭有用其本義者:"呼多瞽[舞雨]。王占曰:'其有雨。'"(《合集》16013)卜辭大意是說,天旱不雨,特請"多瞽"跳舞求雨。王看了卜兆說:"天將下雨。"

先(部316),音 xiān。甲骨文作𠑽,象人的前面有一隻腳,本義表示"先行"。如:"丁酉卜,馬其先,弗悔。"(《合集》27946)

禿(部317),音 tū。構形不明。

見(部318),音 jiàn。甲骨文作𠁹。見是目的功能,所以字形在

---

① 同形字的現象,王力(《字的形、音、義》,北京:中國青年出版社,1953 年)、李榮(《漢字演變的幾個趨勢》,《中國語文》1980 年第 1 期)、裘錫圭都有所論。裘錫圭《文字學概要》(208 頁)說:"同形字這個名稱是仿照同音詞起的。不同的詞如果語音相同,就是同音詞。不同的字如果字形相同,就是同形字。同形字的性質跟異體字正好相反。異體字的外形雖然不同,實際上卻只能起一個字的作用。同形字的外形雖然相同,實際上卻是不同的字。"

② 參看裘錫圭《關於殷墟卜辭的"瞽"》,《裘錫圭學術文集》第 1 卷,第 510—515 頁,上海:復旦大學出版社,2012 年。

跪坐的"人"上加"目"以示意。卜辭有用其本義者:"其見方,弗遘。"(《合集》20413)是說雖然見到方國,而不能與之相遇。

覞(部319),音 yào。《說文》認為本義是兩人相對而視。小篆字形由兩個"見"字會意。

欠(部320),音 qiàn。甲骨文作⿱,象人張口出氣。所以欠部字大多與張口出氣有關,如"吹""歌""歙""歔"等字。《說文》"欠"字篆文上部从"气",與秦漢金石文字裏的篆文不合,可能是後人改動的。

飲(部321),音 yǐn。甲骨文作⿱,象人俯首張口飲酒之形。其倒寫的"舌"字作⿱,與⿱(今)字相近。由於"今""飲"音近,其後,有意把"⿱(舌)"改為形近的"今"字,使它變為形聲字。後來,又被改為从"食"从"欠"的會意字。卜辭有用其本義者:"壬子卜,子丙速。用。[丁]各,呼酓。"(《花東》420)"㫃亦有出虹自北飲于河。"(《合集》10405)

㳄(部322),音 xián。甲骨文作⿱,象人"垂涎三尺"的樣子。而"涎"是後起形聲字。引申為水多出來,漫溢。例如:"己亥卜,王貞:洹不㳄。允不[㳄]。"(《合集》21181)是問洹河的水是否會漫出來。

旡(部323),音 jì。甲骨文作⿱(《合集》13587),象形,可隸定為"旡"。《說文》認為"旡"字从反"欠",與甲骨文字形不合。其實,甲骨文⿱,只是上端"口"的方向與⿱(欠)彼此相反,整個字形並沒有一正一反的關係。

§4.9

頁(部324),音 yè。甲骨文作 [字形],象人頭。跟"首""百"本是一字異體,只比"百(首)"多畫出了人身。以"頁"爲表意偏旁的字,意義大多跟頭有關,如頭、頂、頸、顛、項、顧、題、頓等。

百(部325),音 shǒu。甲骨文作 [字形],象沒有畫出頭髮的人頭之形。與"首"是一字異體。卜辭有用其本義者:"王疾 [字形](首)。"(《合集》13613)

面(部326),音 miàn。甲骨文作 [字形],本指臉面,所以字形在人頭形前加上曲線以示意。卜辭有用其本義者:"辛亥卜:呼㠱面見于婦好。"(《花東》195)㠱、婦好,皆人名。"面見"即"當面謁見"。①

丏(部327),音 miǎn。甲骨文作 [字形],林義光據金文"宁"字偏旁定此字爲"丏"之古體。他說:"(丏)古作 [字形]……'丏'雙聲旁轉爲'萬',故隸或以'万'爲'萬'字。"(《文源》5·1)甲骨文"宁"字所從之"丏"大都寫作 [字形],可見林說是有根據的。丏跟"乞丐"的"丐"寫法不同,注意分辨。"眄""沔""麪""賓"等字均從"丏"旁。

首(部328),音 shǒu。甲骨文作 [字形],前者正面頭形,後者側面頭形。卜辭有用其本義者:"疾首。"(《花東》304、《合集》24957)疾首指頭部疾患。

県(部329),音 xiāo。古文字字形象倒懸的"首"字。這是古代

---

① 參看《黃天樹古文字論集》,第452頁,北京:學苑出版社,2006年。

一種刑法，即斬下人頭，倒懸於高竿之上而示眾。古書"縣"作"梟"。

須（部330），音 xū。甲骨文作 ，西周金文作 ，象人面部有髭鬚形。其後裂變爲从"彡"从"頁"。後來常借"須"當"必須"講，本義另造加"髟"旁的後起字"鬚"，現在已併入"須"字。

彡（部331），音 shān。"彡"旁表示文飾、花紋等一類意思。

彣（部332），音 wén。彣是"文"的後起字。

文（部333），音 wén。甲骨文作 ，象形，第一形象人身上刺有花紋，第二形內有心形，第三形是簡化字。《說文》："文，錯畫也。象交文。"《禮記·王制》："被髮文身。"孔疏："文身者，謂以丹青文飾其身。""文"的本義就是文身的文，用針在人體上刺出圖形，予以染色。引申爲文字的文。从"文"的字多與文飾、彩飾有關，如斐、斑、斕。

髟（部334），音 biāo。甲骨文作 ，西周金文作 ，象人（手部有分叉的手指，跟"微"字中的"尚"旁作 不同）有飄飄長髮之形①。《說文》以爲"髟"字"从長从彡"，把象披長髮的人形割裂爲人形（長）與髮形（彡）兩個部分。从"髟"的字大多與毛髮有關，如"髮""鬢""髦""髡"等。

后（部335），音 hòu。參看第336部"司"字條。

司（部336），音 sī。古文字正反往往無別，唐蘭認爲"司""后"二字古本同用一形②。甲骨文稱："貞：惠昌令司工。"（《合集》5628）"己酉貞：王其令山司我工。"（《合集》32967）工爲

---

① 參看《林澐學術文集》，第174—183頁，北京：中國大百科全書出版社，1998年。
② 唐說見《考古》1977年第5期，第346頁。

貢納者，㕚和山均爲人名。此乃商王令㕚或山主管貢納之事。又如"丁酉卜，王：✲(司)娥娩允其于壬。"(《合集》21068)卜問司娥是否壬日分娩。裘錫圭說：稱王配爲"后"疑是周人之習。"司""后"雖由一字分化，但從卜辭看，皆當讀爲"司"。①

厄(部337)，音 zhī。

卩(部338)，音 jié。甲骨文作✲，象古代中原地區華夏人席地而坐的樣子，坐時兩膝著席，臀部壓在足上，與✲(尸)字象東夷之民"蹲踞"的坐姿不同。《說文》認爲"卩"是符節之"節"的本字，非是，當是假借義。

印(部339)，音 yìn。《說文》："執政所持信也。从爪从卩。"誤以爲用"手"拿"卩"。甲骨文作✲，象用手摁住一個人，表示"按抑""壓抑"的意思。印是"抑"字的古體，古本一字。《甲骨文字集釋》："璽稱印者，蓋用璽時必按抑之，其文始顯，遂即以動詞之印爲名詞矣。"從古文字看，璽印之"印"是據"用璽時必按抑之"的使用方法而得名的。

色(部340)，音 sè。

卯(部341)，音 qīng。甲骨文作✲(《合集》376、21069)，會意字。裘錫圭《文字學概要》(148—149 頁)說：《說文》有✲字，訓爲"事之制"。近人多認爲✲象二人相向，是方向之"向"的本字，說當可信。由於方向之"向"的本字✲後來廢棄不用，借用"向"字來表示這個意義，人們就誤以爲方向之義是《說文》"北出牖"之義的引申義了。

---

① 參看《裘錫圭學術文集》第 1 卷，第 523—526 頁，上海：復旦大學出版社，2012 年。

辟（部342），音 bì。甲骨文作☐，象用刑具懲罰罪人。

勹（部343），音 bāo。甲骨文作☐☐（《合集》14294、14295），象人側面曲身之形，即"俯"字初文，兔、匍、匐等字均从"勹"。

包（部344），音 bāo。《說文》："包，象人裹妊，巳在中，象子未成形也。"

苟（部345），音 jì。甲骨文作☐，王襄以爲古敬字（《簠室殷契類纂》9.41），並引大盂鼎敬作☐爲證。☐（苟）象人禮神時，戴角而跪，以示虔恭。苟之所以爲敬之初文，也即此意。此字跟《說文·艸部》(26頁上）訓爲"艸"的"从艸句聲"的"苟"字不是一個字。

鬼（部346），音 guǐ。甲骨文作☐，象面目獰獰的鬼。卜辭云："☐今夕鬼寧☐。"（《合集》18021）寧，訓安。

甶（部347），音 fú。《說文》："鬼頭也。象形。"

厶（部348），音 sī。古文字作☐（《古璽》177頁），《說文》："韓非曰：'蒼頡作字，自營（環）爲厶。'"此字是公私之"私"的古寫。字形是不開口的圓圈形，表示遇事只圍繞著個人的小圈圈考慮問題。

嵬（部349），音 wéi。《說文》："高不平也。"

山（部350），音 shān。甲骨文作☐，象起伏的山峰。卜辭有用其本義者："王陟山。"（《合集》20271）"不降山。"（《合集》34711）"禱雨于山。"（《合集》30173）"其皆取二山，有大雨。"（《合集》30453）商人向山神祈求下雨。取，祭名。"己未卜貞：其入山。"（《合集》20644）"☐令☐以眾入山求☐。"（《合集》31984）☐，人名。以，率領。求，尋求。

屾（部351），音 shēn。《說文》："二山也。"

屵（部352），音 è。甲骨文有⿱字，唐蘭釋"璞"①，認爲其所從之⿱乃"象高山之狀"。董珊認爲"屵"旁是從"璞"字上部偏旁⿱演變而來的，可從。⿱是"屵"的象形初文②。

广（部353），音 yǎn。甲骨文"⿱（宀）"象上有屋頂兩側有牆的供人居住的建築。而"广"字，甲骨文偏旁作⿱，象上有屋頂卻只有一邊有牆、另一邊依山崖建造的簡單建築，主要不是供人居住的，如"廬""廊""廡""府""庫"等字。在簡化字裏，"广"旁有時簡化爲"厂"，如"厨""厕"等。簡化字"厂"的繁體字本作"廠"，也是从"广"的（簡化字"厂"跟"厂"的初文"厂"也是同形字）。

厂（部354），音 hǎn。古文字作⿱，象陡峭的山崖，所以从"厂"的字多與山崖或岩石的意義有關，如"厓""厚""厲"等。跟"廠"的簡化字"厂"無關。

丸（部355），音 wán。《說文》："圜，傾側而轉者。从反仄。"由漢代出土資料上"丸"③的字形看，"从反仄"之說不可信。

危（部356），音 wēi。《說文》："危，在高而懼也。从厃，自卪止之。"《中國歷代貨幣大系》543、544 有⿱字，即"厃"字。"厃"字下面的 = 是飾筆，與構形無關。《說文》分析爲"从人在厂上"，會意，會危高之義。西漢《縱橫家書》34 作⿱，當爲厃的纍增字，从卪，厃聲。

石（部357），音 shí。甲骨文作⿱ ⿱。前者象石塊形。後者在

---

① 唐蘭：《殷虛文字記》，第 35 頁，北京：中華書局，1982 年。
② 參看董珊《試論周公廟龜甲卜辭及其相關問題》，《古代文明》第 5 卷，第 245 頁，北京：文物出版社，2006 年。
③ 漢語大字典編輯委員會編纂：《漢語大字典》第 1 卷，第 42 頁，成都：四川辭書出版社、武漢：湖北辭書出版社，1990 年。

石塊形下加上"口",大概只起使"石"字跟形近的字相區別的作用。卜辭有用其本義者:"王有石在产(鹿)北東,作邑于之。"(《合集》13505)石,石料。产,地名。作邑,修築城邑。"有石在产北東"即有石料出產在产地的東北一帶,這是"作邑"的有利條件,方便就地取材。"□□卜:眚得石。"(《合集》30000)"妊冉入石。"①此銘刻於婦好墓出土的石磬上,可以推知妊冉所貢納之石即指石磬。

長(部358),音cháng。甲骨文作𠀇,余永梁認爲與《說文》"長"字古文形近,謂:"長實象人髮長皃,引申爲長久之長。"劉桓說:"余氏說長象人髮長,似是而實非。甲骨文有𠀇字,林澐釋爲象'長髮焱焱'的彡字,當是對的。而比較'長'字字形,其上端所从的𠂇,實與𠀇𠀇上端所从基本相同。故'長'實象一長眉老者拄杖而立之形,其構形與𠀇(老)很有一致之處。因此,長、考都有年長之義。"②甲骨文𠀇,以年長者的形象記錄語言中"年長"的"長"這個詞。卜辭稱:"其又長子。"(《合集》27641)長子,即同輩中排行最大的兒子。

勿(部359),音wù。甲骨文作𠁁,中間是刀,刀刃旁的小點代表刀所切割的東西,其本義是分割,是"刎"的古字。《說文》以"勿"爲"旃"(雜色旗)的初文,非是。卜辭有用其本義者:"勿牛于章。"(《合集》11153)勿是動詞,當"刎"講(也可能讀爲物色之"物")。卜辭又假借爲否定副詞。

冄(部360),音rǎn。古文字作𠁁,象毛冉冉下垂的樣子。

---

① 中國社會科學院考古研究所編著:《殷虛婦好墓》,第136頁,北京:文物出版社,1980年。

② 劉桓:《甲骨徵史》,第396—397頁,哈爾濱:黑龍江教育出版社,2002年。

而(部361),音 ér。《說文》:"頰毛也。象毛之形。"

豕(部362),音 shǐ。甲骨文作🐖,象豬形。甲骨文"豕"與"犬"的區別在於"豕"碩腹短尾,"犬"瘦腹長尾。卜辭有用其本義者:"丁未子卜:惠今日求豕,遘。"(《英藏》1906)卜辭說今日去尋求野豬,會碰上嗎?

希(部363),音 yì。從古文字看,與豕同源,到《說文》裏分爲兩個部首。

彑(部364),音 jì,《說文》:"豕之頭。"

豚(部365),音 tún。甲骨文作🐷,从豕从肉。《說文》:"小豕(豬)也。"卜辭有用其本義者:"貞:燎三羊[三]犬三豚。"(《合集》15639)"豚眔羊皆用。"(《合集》31182)

豸(部366),音 zhì。甲骨文作🐾(《合集》13521),上部象獸頭,下部象獸身,是象形字,多指長脊的猛獸,如豹、豺等。或以爲是"貓(猫)"的初文。

兕(部367),音 sì。甲骨文作🐃,象犀牛(或以爲野牛)一類的動物。《爾雅·釋獸》:"兕,似牛。"郭璞注:"一角,青色,重千斤。"卜辭有用其本義者:"王異戊其射在穆兕,擒。"(《合集》28400)卜辭大意是說,王將要在戊那天去射穆地的兕牛,不會有災禍吧。

易(部368),音 yì。甲骨文作🦎,字形結構很難分析。周初青銅器德鼎銘文"王易德貝"之"易",一器作🦎,另一器作🦎。可知🦎(易)是由繁體的🦎(益)字簡化而來的,是"賜"的古字。賞賜是使受賜者的財富有所增益,所以由"益"分化出"易"字。《說文》以爲"易"字的本義是"蜥易",非是。甲骨文易多讀作"錫",當"賞賜"講。如:"己酉卜亘貞:易禾。"(《合集》9464)

象(部369),音 xiàng。甲骨文作🐘,象一頭長鼻大象。卜辭有用其本義者:"貞:不其來象。"(《合集》9173)來,使動用法。不使象來,即不把象送來。

§4.10

馬(部370),音 mǎ。甲骨文作🐴,象馬形。卜辭有用其本義者:"貞:又(右)馬其死。"(《花東》126)"甲辰卜,殼貞:奚來白馬。王占曰:吉。其來。"(《合集》9177)

廌(部371),音 zhì。甲骨文作🦌,象廌形。《說文》:"解廌,獸也。"卜辭有用其本義者:"壬卜:子其入廌、牛于丁。"(《花東》38)"辛卯卜:子尊宜,惠幽廌用。"(《花東》34)卜辭記載"子"獻納廌、牛於商王武丁。

鹿(部372),音 lù。甲骨文作🦌,象鹿形。卜辭有用其本義者:"惠鹿求,遘。"(《花東》50)"其网鹿。"(《合集》28326)"乙酉卜:犬來告又(有)鹿,王往逐。"(《屯南》997)

麤(部373),音 cū。甲骨文作🦌。《說文》:"麤,行超遠也。从三鹿。"

㲋(部374),音 chuò。甲骨文作🐰,象形。卜辭有用其本義者:"四麋、六㲋。"(《甲骨拼合集》77①)從古文字看,㲋與兔同源,《說文》分爲兩個部首。

兔(部375),音 tù。甲骨文作🐰,象長耳撅尾的兔子之形。卜辭有用其本義者:"獲烏二百五十、兔一、雉二。"(《英藏》2542)。

---

① 黃天樹主編:《甲骨拼合集》,北京:學苑出版社,2010 年。

莧(部376),音 huán。甲骨文作🐏,象細角山羊之形。卜辭有用其本義者:"莧羊二。"(《合集》903)"貞:㞢于蔑十莧羊。"(《合集》14801)"寬"字从莧聲。莧跟《說文·艸部》的"莧"不是一個字。

犬(部377),音 quǎn。甲骨文作🐕,象一隻瘦腹翹尾的狗,跟"豕"字寫法不同,參看第362部"豕"字條。卜辭有用其本義者:"惠牛眔犬,王受祐。"(《合集》30678)

犾(部378),音 yín。兩犬相咬。

鼠(部379),音 shǔ。甲骨文作🐭,象老鼠之形。

能(部380),音 néng。甲骨文作🐻,象熊之形。于省吾說:"能字初見於商器能匋尊,作🐻。……'能'是個獨體象形字而用'㠯'爲音符。"① 後來假借爲"賢能"和能願動詞的"能"。能、熊初本一字,後來才分化爲二字。

熊(部381),音 xióng。參看第380部"能"字條。

火(部382),音 huǒ。甲骨文作🔥,象一團火焰上騰之形。卜辭有用其本義者:"□卯卜:火不延。"(《合集》30774)謂火是否延燒。

炎(部383),音 yán。甲骨文作🔥,會意字,重疊"火"字,表示火光向上升騰。

黑(部384),音 hēi。甲骨文作🧍,西周金文作🧍,象面部被墨刑的人②。其後,下面的偏旁"大"形亦加點繁化,再裂變爲"炎",《說文》遂誤以爲"从炎上出𡆧(囪)"。甲骨文黑指用

---

① 《古文字研究》第8輯,第1頁,北京:中華書局,1983年。
② 故宮博物院編:《唐蘭先生金文論集》,第202—203頁,北京:紫禁城出版社,1995年。

牲的毛色言之。例如："勿用黑羊,亡雨。○惠白羊用于之,有大雨。"(《合集》30552)

囱(部385),音chuāng。即"窗"字。《說文》:"囱,在牆曰牖,在屋曰囱。象形。"

焱(部386),音yàn。甲骨文作,會意字。

炙(部387),音zhì,在火上烤肉。

赤(部388),音chì。甲骨文作,从大从火,用"大""火"之色是紅的來會赤色之意。卜辭有用其本義者:"赤馬。"(《合集》28196)

大(部389),音dà。甲骨文作,象成年人正立之形,用成年男子頂天立地的形象表示大小的"大"。

亦(部390),音yì。甲骨文作,是"腋"的初文。字形在人的兩腋加兩點,指示這裏是人的腋窩。

夨(部391),音zè。《說文》:"傾頭也。"甲骨文作,字形象一個頭部傾側的人。

夭(部392),音yāo。甲骨文作,象人小跑時兩臂上下擺動的樣子。《說文》篆文"夭(夭)"字已訛變爲兩臂均下垂的樣子。《說文》訓"夭"爲"彎曲"是引申義。

交(部393),音jiāo。甲骨文作,象人兩腿交叉之形。

尢(部394),音wāng。《說文》:"尢,𡯂(跛),曲脛也。从大,象偏曲之形。"篆文象一个跛腿的人。《尢部》所收11個字均有腿腳患病或行走艱難之義。此字的隸變有兩體,或作尢,或作尣。

壺(部395),音hú。甲骨文作,象形字,象有蓋、有兩耳和圈足的一種盛酒器,跟後世有嘴的茶壺樣子不同。

壹(部396),音 yī。《說文》:"从壺,吉聲。"

幸(部397),音 niè。甲骨文作🙮,象古代的一種手銬。隸、楷變作"幸",跟楷書幸福的"幸"(《說文·夭部》)字寫法混同。"幸"字在後世不見單用,只見於"執""圉"等字的偏旁中。甲骨文"幸"字有單用之例。例如:"呼犬登執豕,幸。"(《合補》1270)犬登,人名。"執""幸"二字前後相承,"幸"也當捕捉講。

奢(部398),音 shē。

亢(部399),音 kàng。甲骨文作🙮,唐蘭釋"亢"①,可從。亢,从大,下加斜筆表示遮攔。《廣雅·釋詁》二:"亢,遮也。"《說文》:"亢,人頸也。"非是。

夲(部400),音 tāo。《說文》訓"夲"爲"進趣"。

夰(部401),音 gǎo。《說文》以爲是會意字,上从"大",下从"八"。

大(部402),音 dà。此字與第389部的"大"在甲骨文中都寫作🙮,均象正面成年人之形。到《說文》中,爲統轄漢字的需要,將🙮字分化爲兩個部首:凡是"大"旁在上面的字都歸入第389部,例如:奎、夾、奄等。凡是"大"旁在下面的字都歸入第402部,例如:奕、獎、奚等。

夫(部403),音 fū。甲骨文作🙮,从大(正立人形),上面一橫象簪形。古代男子成年後需束髮插簪,"夫"的本義是成年男子。"夫""大"二字不但字形相近,而且是由一字分化出來的,甲骨、金文裏時常把"夫"字當"大"字用。

---

① 唐蘭:《古文字學導論》,第218—219頁,1934年手寫石印,濟南:齊魯書社,1981年。

立(部404),音lì。甲骨文作🧍,象一個人正立在地上。卜辭有用其本義者:"王其焚沇廼麓,王于東立,虎出,擒。"(《合集》28799)卜辭大意是說,王焚燒沇地的廼麓(山麓)以驅趕野獸,王站立等候於東,是否可以擒獲出奔之虎。

竝(部405),音bìng。甲骨文作🧍🧍,象兩個人並列站立在地面上。竝,今作並(現已併入"並"字)。《說文》"竝"字從二"立",跟字義不切合。

囟(部406),音xìn。甲骨文作囟,象頭顱、頭殼之形。《說文》:"囟,頭會腦蓋也。象形。"卜辭有用其本義者:"☐用危方囟于妣庚,王賓。"(《合集》28092)"其用羌方[囟]于宗,王受有祐。"(《合集》28093)所謂"用某方囟"即用某方伯的頭顱去祭祀。"危方囟""羌方囟"是指敵對的"危方"與"羌方"首領的頭顱。卜辭大意是說,用俘獲敵方酋長的頭顱祭祀祖先,能否受到神靈的保祐。

思(部407),音sī。

心(部408),音xīn。甲骨文作♡,象心臟之形。卜辭有用其本義者:"庚卜:子心疾,亡(無)延。"(《花東》181)"心疾"指心臟患病。

惢(部409),音suǒ,又音ruǐ。《說文》:"惢,心疑也。从三心。"

§4.11

水(部410),音shuǐ。甲骨文作水,象流水。卜辭有用其本義者:"大水不各(格)。○其各(格)。"(《合集》33348)卜問大水是否會來臨。

沝(部411),音zhuǐ。甲骨文作沝(《英藏》540)。《說文》訓爲

"二水也"。

瀕(部412),音 bīn。

巜(部413),音 quǎn。《說文》訓爲"水小流也"。

巜(部414),音 kuài。《說文》訓爲"水流澮澮也"。

川(部415),音 chuān。甲骨文作⑾,象河川,兩邊是岸,中有流水。後來中間象水流的虛線連成實線。卜辭有用其本義者:"壬申卜,川敦邑。"(《屯南》2161)貞問河水暴漲,是否會沖垮城邑。"即川,燎,有雨。"(《合集》28180)卜辭是說,王親往河川舉行燎祭,是否會下雨。

泉(部416),音 quán。甲骨文作⑾,象流出泉水的泉眼。卜辭有用其本義者:"泉來水。"(《合集》10156)

灥(部417),音 xún。《說文》訓爲眾多的泉流。

永(部418),音 yǒng。甲骨文作⑾(《合集》12342),跟西周金文作⑾或⑾(《金文編》1861號"永"字條)寫法相同,象水流悠長,並有支流。西周銅器銘文屢見"子子孫孫永寶用"之語,"永"字的寫法可正可反,並沒有區別。

𠂢(部419),音 pài,古文字作⑾或⑾,象河水分出支流的樣子,是"派"的初文。《說文》說"𠂢"从反"永"。其實古文字正反無別,"𠂢"和"永"本是一字異體。《說文》分化爲二字,以字形向左的爲"永"字,向右的爲"𠂢"字。

谷(部420),音 gǔ。甲骨文⑾字,象水流出山口之形。王襄、羅振玉釋爲山谷之谷,可從。甲骨文多用作地名,如:"甲寅卜王曰貞:翌乙卯其田,亡災。于谷。"(《合集》24471)西周金文中多作山谷之"谷",例如啓尊銘:"啓從王南征,旁山谷。"(《集成》5983)"山谷"連文,用其本義。

仌(部421),音 bīng。甲骨文作仌(《合集》8251),象水凝結成冰的樣子。仌作偏旁時寫成兩點水。从"冫"的字大半與冰凍或寒冷的意義有關。

雨(部422),音 yǔ。甲骨文作雨,前一個字形"一"指天空,∷指雨幕,象下雨的樣子。卜辭有用其本義者:"甲夕卜:日不雨。"(《花東》271)

雲(部423),音 yún。甲骨文作云。云爲雲的初文,加雨爲形符,乃後起字。卜辭有用其本義者:"不見云(雲)。"(《合集》20988)"各(格)雲不其雨。允不,啟。"(《合集》21022)。

魚(部424),音 yú。甲骨文作魚,象一條魚。卜辭稱:"獲魚。"(《殷契遺珠》760)

鱻(部425),音 yú。《說文》訓爲"二魚也"。

燕(部426),音 yàn。甲骨文作燕,象燕子張開雙翅飛行之形。

龍(部427),音 lóng。甲骨文作龍,象一種有角有嘴有捲曲長身的神奇動物。《說文》篆文發生訛變,許慎錯析字形爲"从'肉''飛'之形,童省聲"。

飛(部428),音 fēi。春秋金文偏旁作飛(《金文編》760頁),象鳥舒頸展翅飛翔之形。

非(部429),音 fēi。甲骨文金文作非等,象鳥的雙翅,其本義爲飛。後假借爲否定詞①,例如:"庚辰貞:日有異,非(匪)憂唯若。"(《合集》33698)意謂太陽有異常現象,非咎災而唯順善也。《說文》:"非,違也。从飛下翅,取其相背。"徐灝《說文解字注箋》:"从飛下翅,謂取飛字之下體而爲此篆耳。鐘鼎文作非,正合'从飛下翅'之語。小篆變作非。凡鳥飛,翅必

---

① 于省吾:《甲骨文字釋林》,第77—79頁,北京:中華書局,1979年。

相背,故因之爲違背之稱。"據馬衡研究,《說文》篆文"非"字本來也寫作兆,今本作非,爲後人所改①。《說文》講"非"字的字形是"从飛下翅"也說明這一點,因爲只有兆才象篆文"飛"字下部表示翅膀的部分。

卂(部430),音 xùn。

§4.12

乙(部431),音 yà。

不(部432),音 bù。甲骨文作䘕。構形不明。

至(部433),音 zhì。甲骨文作至,以矢射到一個地方來表示"到"的意思,《說文》認爲象"鳥飛從高下至地"是錯誤的。《說文》:"至,到也。"卜辭"至"字訓"到"。例如:"貞,今二月師般至。"(《合集》4225)師般,人名。卜辭貞問師般其人是否在二月能夠到來。

西(部434),音 xī。甲骨文作㫰,疑象鳥巢形。所謂西方即日落的方位。《說文》:"西,鳥在巢上,象形。日在西方而鳥棲,故因以爲東西之西。"卜辭稱:"其逐沓麋自西、東、北,亡𢦏(災)。"(《合集》28789)大意是說,其追逐沓地之麋的路線是否可以從西往東再往北。

鹵(部435),音 lǔ。甲骨文作㽞,象形,象鹽在袋中之形,交叉的"十"象捆紮的繩索,其間數點象鹽粒。卜辭有用其本義者:"壬戌卜:王令弜取鹵。二月。"(《合集》7022+20312,李愛輝綴)弜,人名。鹵,鹽鹵。王令弜徵收鹽鹵。"庚卜:子其見

---

① 馬衡:《談刻印》,《凡將齋金石論叢》,第229頁,北京:中華書局,1977年。

（獻）丁鹵,以。"(《花東》202)

鹽(部436),音yán。食鹽。《說文》說是从"鹵""監"聲的形聲字。《包山楚簡》147號簡文言"煮盬於海",則盬或可能是鹵之繁體,或是未加聲符的鹽字初文。

戶(部437),音hù。甲骨文作 ,象單扇門。从"戶"的字大多與門戶有關,如扉、扇、肩、扁等。卜辭有用其本義者:"己巳卜:其啟𢆷(庭)西戶,祝于妣辛。"(《合集》27555)啟,開啟。卜辭是說把大庭西面的邊門打開以祝祭妣辛。

門(部438),音mén。甲骨文作 ,象雙扇門。卜辭有用其本義者:"□入出門,王惠翌□。"(《合集》30292)"王于南門逆羌。"(《合集》32036)"王于宗門逆羌。"(《合集》32035)《說文》:"逆,迎也。""南門""宗門"當指宗廟之南門。

耳(部439),音ěr。甲骨文作 ,象人耳。卜辭有用其本義者:"癸卜貞:子耳鳴,亡(無)𢦏(害)。"(《花東》53)"貞:疾耳,唯有𢦏(害)。"(《合集》13630)

匜(部440),音yí。甲骨文偏旁作 ,于省吾認為象梳理頭髮的"篦子"之形①。《說文》訓"匜"為頷部(腮幫子)是不對的。但是,《說文》有"笸"字,訓為"取蟣(蝨卵)比(篦)也",保存古訓,猶為可貴。"匜"就是當"篦子"講的"笸"的古字。

手(部441),音shǒu。金文作 ,象正面的手形,上有五指。"又"象手的側面形。

𠭯(部442),音guāi。《說文》:"𠭯,背呂也,象脅肋也。""脊,背呂也,从𠭯从肉。"戰國文字中的"脊"字皆从"肉"从"朿"(詳《戰國文字編》第261頁"脊"字條)。小篆"𠭯"實際是"朿"

---

① 于省吾:《甲骨文字釋林》,第66—67頁,北京:中華書局,1979年。

的訛形。

女（部443），音 nǔ。甲骨文作㞢，象兩手放在膝部而跪坐的女人，今天日本女子在榻榻米上的坐姿，猶存古禮。其後，兩手變爲⺈，身體變爲一豎，整個字形逆時針旋轉 90 度便成了隸書的"女"字。字形演變如下：㞢→中→女。卜辭有用其本義者："呼取（娶）女于林。"（《合集》9741）。

毋（部444），音 wú。《說文》："毋，止之也。"

民（部445），音 mín。甲骨文✦，郭沫若釋作"民"，認爲"古人民盲通訓"，"以敵囚爲民時，乃盲其左目以爲奴徵"。① 卜辭有用其本義者："王伇（役）民。"（《合集》18272）

丿（部446），音 piě。《說文》："丿，右戾也。象左引之形。"

乁（部447），音 yì。《說文》（據《段注》）："乁，抴也，象抴引之形。"

㇏（部448），音 yí。《說文》："㇏，流也。从反乁，讀若移。"

氏（部449），音 shì。甲骨文作⺁（《合集》20006），構形不明。

氐（部450），音 dǐ。

戈（部451），音 gē。甲骨文作𐤕，象商周時代最常用的一種裝有橫刃的兵器。从"戈"的字大多與戰爭等有關。如"戰""戎""成""武"等。卜辭有用其本義者："戈十、弓十。"（《合集》22349）

戉（部452），音 yuè。甲骨文作𐤁，象一種大斧，後來加注意符"金"而成"鉞"。是"鉞"的象形初文。卜辭有用其本義者：

---

① 郭沫若：《甲骨文字研究》，《郭沫若全集·考古編》第一卷，北京：科學出版社，1982 年。

"子其🀄舞戉。"(《花東》206)

我(部453),音 wǒ。甲骨文作𢦏,象一種刃部有鋸齒狀的斧鉞形武器。卜辭有用其本義者:"盟□廿牛,不我。"(《合集》21249)卜辭大意是說,祭祀用的二十頭牛不割開(用全牛)好不好。古代名動不分。"我"是截割的工具,也用它來說明截割的動作。由於第一稱代詞"我"跟那個詞音近,假借"我"來記錄代詞"我"。

亅(部454),音 jué。甲骨文作(。李家浩認爲,(可能是"亅"或"𠄌"字。"亅""𠄌"二字見於《說文》。《說文》:"亅,鉤逆者謂之亅。象形。""𠄌,鉤識也。从反亅。""亅"和"𠄌"本爲一字,後來分化爲兩個字。骨臼刻辭:"帚杞示七屯又一((亅)"。(《合集》17525)"屯""亅"二字是量詞,"屯"指一對;"亅"讀爲"一算爲奇"之"奇"。①

琴(部455),音 qín。《說文》篆文是象形字。後來把篆文改爲"琴",是把表意字字形的一部分改爲形近的聲符"今",使表意字轉化爲形聲字。

乚(部456),音 yǐn。甲骨文偏旁作乚(見《合集》34679"[區]"字),西周金文偏旁作乚(見《近出殷周金文集錄》第1024號"[歸]"字),象曲隅、角落等地方。《說文》:"乚,匿也。象迟曲隱蔽形。讀若隱。""乚"與第458部"匚",在古文字中作

---

① 《著名中青年語言學家自選集·李家浩卷》,第220—221頁,合肥:安徽教育出版社,2002年。

偏旁時,因義近形旁可以換用①。參看第458部"匚"字條。

亡(部457),音 wáng。殷代金文作🖉(《集成》1450),甲骨文作🖉(《英藏》321),从刀,用"⊃"指示鋒芒之所在。亡即鋒芒之"芒"之本字,本義爲鋒刃。假借爲"有亡(無)"之"亡(無)",又借爲逃亡之"亡",簡化爲亾,本義遂湮②。

乚(部458),音 xì。《說文》:"乚,匿也。象迟曲隱蔽形。讀若隱。"又《說文》:"匸,衺徯,有所俠藏也,从乚,上有一覆之。讀與傒同。"知"乚""匸"作爲形旁因爲意義相近可以換用。《說文》"匸"(xì)和"匚"(fāng)是兩個不同的部首。本部上面一橫出頭的"匸",象上面有東西覆蓋著,表示有所隱藏。匿、區、医等字从匸。"匚"(fāng)象方形的盛物器,匡、匣、匠等字从"匚"。《裘錫圭學術文集》(第1卷第555頁)說:"我認爲'匸'當象室屋(象橫剖面,'宀'則象縱剖面)、庭院或其他可以儲物、待(呆)人之處,'乚'是其省形,《說文》對此二字的解釋稍涉虛玄,似有問題。……不過,'乚'除了是'匸'的省形外,也許又可以用來表示可起隱蔽作用的曲隅、角落,所以又有'隱'音,待考。"

匚(部459),音 fāng。甲骨文作🖉 🖉,象一種方形盛物之器。

---

① 古文字合體字中,如果兩個形旁意義相近,即可互相換用,並不因更換形旁而改變本字的意義。關於這個問題,唐蘭說:"凡是研究語言音韻的人,都知道字音是有通轉的,但字形也有通轉,這是以前學者所不知道的。……凡同部(即由一個象形文字裏孳乳出來的)的文字,在偏旁裏可以通用——只要在不失本字特點的時候。例如:大、人、女,全象人形,所以在較早圖形文字常可通用。"(唐蘭:《古文字學導論》,第231—236頁,1934年手寫石印,濟南:齊魯書社,1981年)後來,楊樹達稱之爲"義近形旁任作"(楊樹達:《新識字之由來》,《積微居金文說》增訂本卷首,北京:科學出版社,1959年)。高明《中國古文字學通論》第三章第三節"意義相近的形旁互爲通用"有專論(北京:文物出版社,1987年),可以參看。

② 說詳《裘錫圭學術文集》第3卷,第61—66頁,上海:復旦大學出版社,2012年。

卜辭有用其本義者："貞，二牢于上甲，告我🔲(匚)🔲(逸)。"(《合集》6664)逸，丟失。"我匚逸"即指"我們盛神主的匣子丟失了"。

曲(部460)，音 qū。甲骨文作🔲，象形，跟《說文》"曲"字的古文"🔲"寫法相同，只是框內省去文飾。

甾(部461)，音 zī。甲骨文作🔲。甲骨文🔲字，唐蘭釋爲"璞"字，其構形"象兩手舉辛，撲玉於甾，於山足之意。""甾"象竹藤編的筐簍。甲骨文🔲字，象頭上頂"甾"(筐簍)之形，是負戴之"戴"的初文。上引"璞""戴"中的"甾"均象筐簍之形。

瓦(部462)，音 wǎ。篆文字形象兩片屋瓦覆蓋形。《說文》："瓦，土器已燒之總名。象形。"古代泛指一切陶製品。从"瓦"的字多與陶器有關，如甕、瓶、甌等。

弓(部463)，音 gōng。甲骨文作🔲，象形，第一個字形象上了弦的弓。第二個字形象去掉弦的弓，小篆弓由去掉弦的字形🔲演變而來。卜辭有用其本義者："戊卜：子入二弓。"(《花東》124)卜辭貞卜子是否將二把弓獻給王。

弜(部464)，音 qiǎng。甲骨文作🔲，从二"弓"，讀爲"弼"，是正弓用的器具，《荀子·臣道》注："弼，所以輔正弓弩者也。"後世稱爲檠榜(王國維《觀堂集林》卷六《釋弼》)。

弦(部465)，音 xián。《說文》："弓弦也。从弓，象絲軫之形。"軫，這裏指上緊弦。後來，象絲軫之形的"🔲"改成形近的"玄"，就成了从"弓""玄"聲的形聲字了。

系(部466)，音 xì。

§4.13

糸(部467),音 mì。甲骨文作🅇,象用兩股麻線擰成的條狀物。在較早的古文字裏,"糸"和"絲"是一個字,單複無別。《說文》分化爲兩個字。"糸"旁的字意思多與絲線、紡織等有關。

素(部468),音 sù。

絲(部469),音 sī。甲骨文作🅇🅇,象兩絞絲的樣子。參看第467部"糸"字條。

率(部470),音 shuài。甲骨文作🅇,象絞繩形,外面是麻枲的殘點。

虫(部471),音 huǐ。甲骨文作🅇,象蟲形。《說文》把"虫"念 huǐ,"䖵"念 kūn,"蟲"念 chóng。早在秦漢時代已有人把"虫"當作"蟲"字用了(見秦簡和漢碑等)。所以現在把"虫"當作"蟲"的簡化字,是有很古的根據的。

䖵(部472)音 kūn。甲骨文作🅇🅇。《說文》說"䖵"是昆蟲之"昆"的本字,意思是"蟲類的總稱"。卜辭稱:"䖵虫(害)我。"(《合集》14707)比照"岳虫(害)我"(《合集》14488)看,"䖵"跟自然神有關。卜辭"䖵"字跟《說文》"䖵"字是否同一個字,尚待研究。

蟲(部473),音 chóng。簡化字作"虫"。參看第471部"虫"字條。

風(部474),音 fēng。从虫凡聲。

它(部475),音 tā(舊讀 tuō)。古文字作🅇,象蛇形。"它"是"蛇"的初文。"它"字很早就被借來作指示代詞,所以加注

"虫"旁造了"蛇"字來表示其本義。字形演變如下：⊕→�→它→它。蛇頭變爲"宀"，蛇身變爲"匕"。

龜(部476)，音 guī。甲骨文作🐢，前者象龜的側面形，與《說文》篆文合。後者象龜的正面形，與《說文》古文合。卜辭有用其本義者："有來自南以龜。"(《合集》7076)

黽(部477)，音 měng。商代族名金文作🐸(《集成》4923)，象青蛙之形。《說文》："黽，鼃黽也。""黽"與"龜"寫法不同。龜形有尾而後足短；黽形無尾而後足回折作"⺈"，便於跳躍。

卵(部478)，音 luǎn。

二(部479)，音 èr。

土(部480)，音 tǔ。甲骨文作⍟，象地面上的土堆或土塊之形。"東土受年。○南土受年。○西土受年。○北土受年。"(《合集》36975)

垚(部481)，音 yáo。《說文》："土高也。"土上壘土，其勢必高，因以會高意。

堇(部482)，音 qín。《說文》："堇，黏土也。从土，从黃省。"卜辭稱："西土亡(無)[來]堇。"(《合集》10186)堇字當分析爲从"火"从"莫"，後來"火"訛爲"土"，就演變爲"堇"。"西土無來堇"即"西土無來艱"，艱當災難講。

里(部483)，音 lǐ。《說文》："里，居也。从田从土。""田"和"土"合在一起表示是人所宜居的地方。

田(部484)，音 tián。甲骨文作田，象有縱橫交錯田埂的田地之形。卜辭有用其本義者："乙卯卜貞，呼田于柚，受年。"(《合集》9556)

畕(部485)，音 jiāng。甲骨文作畕(《英藏》744)，用兩塊田緊

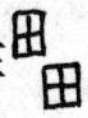

挨著來表示疆界的意思。"畕"是"疆"的古寫。

黃(部486),音 huáng。甲骨文作🈳,唐蘭認爲:"黃字古文象人仰面向天,腹部膨大,是《禮記·檀弓下》'吾欲暴尪而奚若'的'尪'字的本字"。①

男(部487),音 nán。甲骨文作🈳,周代金文或在"力"上加"手"而作🈳,可知"男"字本象用"力"這種農具耕田。農耕是男子之事,故以爲男子之稱。

力(部488),音 lì。《說文》:"力,筋也,象人筋之形。"許慎據已訛的小篆字形爲說,不確。甲骨文作🈳(《甲骨文編》第524頁),象一種掘土用的尖頭農具,下端一橫象踏腳的橫木。以"力"耕作須有力,故引申爲"氣力"。② 卜辭有用其本義者:"戊申卜:日用馬,于之力。〇戊申卜:勿日用馬,于之力。"(《花東》196)"貞:勿于壹力。"(《英藏》751)

劦(部489),音 xié。甲骨文作🈳,象三力("力"象掘土工具)並耕,會同心協力之義。卜辭有用其本義者:"王大令眾人曰協(劦)田,其受年。"(《甲骨拼合集》133)"協"即《說文》"劦"字。"協"之本義爲協力耕田。"受年"即得到好收成。卜辭大意是說:商王大令眾人翻耕土地,爲明年的春播作準備。

§4.14

金(部490),音 jīn。先秦稱銅爲金。

幵(部491),音 jiān。甲骨文有🈳字(《甲骨文編》第4965號),

---

① 故宫博物院編:《唐蘭先生金文論集》,第90頁,北京:紫禁城出版社,1995年。
② 參看徐中舒主編《甲骨文字典》,第1478頁,成都:四川辭書出版社,2006年。

从女从幵,象女人頭上插二"笄",當即"姸"字①。《說文》:"笄,簪也。从竹幵聲。"甲骨文偏旁"幵"作"丅"。"丅"象"笄"字初文。《說文》"幵"字从二"干"(與干戈之"干"本作"丫"者非一字)。幾父壺記受賜之物有"丅"(《集成》9721),疑即笄。"丅"和"幵"的關係,應與"屮"和"艸"的關係一樣,是一字的繁簡兩體。石鼓文在"丅"直畫上增加橫畫以爲裝飾,演變如下:丅丅—幵。

勺(部 492),音 zhuó,又音 sháo。古文字偏旁作(《集成》2763),象勺形,勺子中間的"·"表示舀取之物。

几(部 493),音 jī。甲骨文作。于省吾指出形除去小點後所从之形"象几案形"。②包山簡有用其本義者:"一凭几"(《包山楚簡》圖版一一二·260)。

且(部 494),音 jū,又音 qiě。甲骨文作,象形。王國維《說俎》云"象(俎)自上觀下之形",象正面俯視的長方形俎面之形,其中間二橫爲俎面上的橫格。"且"即"俎"字初文,用爲"祖"是假借。

斤(部 495),音 jīn。"斤"可圖示如,象一種有曲柄的橫刃的伐木工具。"斧"可圖示如,象直柄直刃的伐木工具。甲骨文斤作(《甲骨文編》第 1620 號)。後來,(斤)字象刃部的"乚"角度擴大,便演變成了小篆的寫法。"斤"是伐木工具,因此从"斤"的字多與斧類工具或砍、劈之類行爲有關。如斧、斫、斯、所、新等。廣西木牘遣冊:"大斧二,斤一。"可見"斤"和"斧"是兩種不同的工具。

---

① 裘錫圭:《裘錫圭學術文集》第 3 卷,第 7 頁注 13,上海:復旦大學出版社,2012 年。

② 于省吾:《甲骨文字釋林》,第 23 頁,北京:中華書局,1979 年。

斗(部496),音 dǒu。甲骨文作〇,秦公簋作〇,象有長柄的舀東西的斗勺之形。小篆將勺形部分訛爲〇,柄又穿透其中而成〇,訛變利害,已看不出象斗勺之形。

矛(部497),音 máo。西周金文作〇(《集成》4322),象矛頭形,且右側有系纓的環鈕。

車(部498),音 chē。甲骨文作〇(《花車》416),象一輛單轅車的俯視圖,車上有一轅、一衡、一輿、兩軛、兩輪。西周晚期銅器師同鼎銘文中一作〇,一作車,簡體的"車"僅截取了繁體"車"的車輪部分而已。卜辭有用其本義者:"車二輛。"(《合集》36481)"壬辰卜:子呼射發复取又(有)車,若。"(《花東》416)射發,人名。取,索取。

𠂤(部499),音 duī。甲骨文有兩個"𠂤"字,一個訓爲"小阜"的"𠂤"(古"堆"字),豎筆呈直筆的〇(《甲骨文編》1638號"阜"字條)。另一個爲古"𠂤"(師)字,豎筆呈弧筆的〇(《甲骨文編》1631號"𠂤"字條),卜辭稱:"戊辰卜貞:翌己巳涉〇(𠂤)。"(《合集》5812)𠂤讀爲"師","涉師"即"使師眾涉水"。後來在字形演變過程中二者逐漸混淆,許慎也未能分清。《說文》訓"小阜"的"𠂤"字,篆文與"𠂤(阜)"字近似,均屬象形。孫詒讓在《名原》中說明,這兩個字是豎過來寫的"山""丘"二字①,可從。根據甲骨文中〇爲一字的現象,裘錫圭傾向於把它們都釋爲"小阜"的"𠂤"。② "𠂤"應是阜堆之義。在古代

---

① 參看李孝定《甲骨文字集釋》第14卷,第4120—4121頁;李學勤:《論西周金文的六師、八師》,《華夏考古》1987年第2期。

② 裘錫圭:《裘錫圭學術文集》第1卷,第302頁,上海:復旦大學出版社,2012年。

指稱人工堆築的堂基一類的建築,例如:"于𠂤西酓(飲),王弗[悔]。"(《合集》30284)"𠂤西"應指殿堂之西。卜辭卜問是否要在殿堂之西舉行"飲"這種儀式。

𨸏(部500),音 fù。甲骨文作 𨸏,一說象土山,一說象階梯形。卜辭地名有"翼 ⩙(山)"(《合集》24352、24354、24355),又有"翼 𨸏(𨸏)"(《合集》24356)。可見《說文》說𨸏象"山無石者"的土山是有根據的。卜辭稱:"𰀀 在庭 𨸏(𨸏)。"(《合集》10405)記載王從大庭階梯走下來。從甲骨文看,《說文》"𨸏"部來源有二:一是源于土山形,二是源於階梯形。這是《說文》中常見的同部異源現象。《說文》從"𨸏"的字多與山陵或登高下降有關,如陵(大土山)、險、階(臺階)、陡、陰、陽、阿(大陵)、陂(山坡)、防(隄壩)、除(殿階)等。

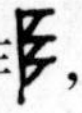

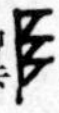

𨺅(部501),音 fù。《說文》:"𨺅,兩𨸏之閒也。从二𨸏。"甲骨文有 𨺅(《合集》24347、24371)字,其偏旁 𨺅 即由正反兩個𨸏字組成。西周金文"陸"字作 𨺅(《金文編》939頁),從"𨺅"與從"𨸏"並無不同。

厽(部502),音 lěi。

四(部503),音 sì。甲骨文作 ☰(《甲骨文編》第1660號)。

宁(部504),音 zhù。甲骨文作 𠁁,象貯藏物品的器具,是"貯"的初文,本義爲積貯、貯存。"佇""苧"等字以它爲聲符。《說文》"寧"的簡化字跟本部首成爲同形字。

叕(部505),音 zhuó。《說文》:"綴聯也。象形。"以六條曲線相綴聯示意。

亞(部506),音 yà。甲骨文作 �,象形。

五(部507),音 wǔ。《說文》"五"字作 ✕ 𠄡,與甲骨文寫法相

合(《合集》28054)。新近出土的《花東》178 片上"五"字的寫法作"〓",首次出現。

六(部508),音 liù。甲骨文作⌒。

七(部509),音 qī。甲骨文作十。

九(部510),音 jiǔ。甲骨文作㇂。古音九在見紐幽部,肘在端紐幽部,二字古韻都屬幽部,上古見、端二母的關係比較密切,所以,古人以肘的象形符號來記錄"九"。

内(部511),又隸定爲厹,音 róu。錢玄同在《答顧頡剛書》中說:"《說文》中从'内'的字,甲骨金文中均不从内,那'象形九聲'而義爲'獸足蹂地'之'内',殆漢人據訛文而杜撰的字。"① 許慎已不明"萬(萬)""禹(禹)"下部所從,於是分離出"内"形以統轄"萬""禹"諸字。從古文字看,"内"不是一個獨立的字,它是截取篆文"萬"(→→萬)、"禹"(→→禹)等字下部而來的。

嘼(部512),音 xiù。甲骨文作⺀⺀,象形。《說文》:"嘼,㹕也。象耳頭足厹地之形。古文嘼,下從厹。"裘錫圭說:"'嘼'在古文字中即'單'字的繁文,《說文》說此字不可信"。② 狩獵的"狩"古作"獸",本从單从犬會意。"嘼"是"从單从犬"之"單"形的繁化,獨立的"嘼"字音義當與"獸"無關。

甲(部513),音 jiǎ。甲骨文作十,《說文》小篆"甲"字中間字形不出頭,訛。

乙(部514),音 yǐ。甲骨文作ㄟ,構形不明。

---

① 轉引自劉釗《古文字構形學》,第24頁,福州,福建人民出版社,2006年。
② 荆門市博物館:《郭店楚墓竹簡》,第169頁,北京:文物出版社,1998年。

丙(部515),音 bǐng。甲骨文作⊠,構形不明。

丁(部516),音 dīng。甲骨文作☐,構形不明。

戊(部517),音 wù。甲骨文作☒,象一種刃呈凹弧形的斧鉞類兵器。戉字原由戊形分化而成。

己(部518),音 jǐ。甲骨文作己,構形不明。

巴(部519),音 bā。甲骨文作☒。

庚(部520),音 gēng。甲骨文作☒(《甲骨文編》第1688號),象一件用繩索掛起來的鐘形樂器的樣子。由此可見,真正的鏞應該和石磬一樣,是懸掛演奏的,其口部應當朝下而不是朝上,商代已經有了這種樂器。宋末戴侗《六書故》根據金文認爲"庚"象"鐘類",並認爲"庸"是"鏞"的初文。這是很精闢的見解。

辛(部521),音 xīn。甲骨文作☒☒。

辡(部522),音 biàn。

壬(部523),音 rén。甲骨文作I(《甲骨文編》第1692號);西周金文作☒,增加了一裝飾性圓點;其後,裝飾性圓點延長成爲秦簡中的王(《雲夢》1101),與小篆構形相近。小篆"壬癸"的"壬"是中間筆畫長,跟第295部"壬"字寫法不同。

癸(部524),音 guǐ。甲骨文作☒,構形不明。

子(部525),音 zǐ。《說文》:"☒(子)……☒,古文子,从巛,象髮也。☒,籒文子,囟有髮,臂脛在几上也。"《說文》"子"字兼錄小篆、古文和籒文。甲骨文"子"作☒☒☒。第一種☒,象嬰兒側面的寫法,爲小篆☒所從出;第二種☒,象囟有髮嬰兒側面的寫法,爲古文☒所從出;第三種☒,象嬰兒正面的寫法,上面是頭髮,中間是腦袋,底下是雙足,爲《說文》籀文所從出。卜辭有用其本義者:"余弗其子婦侄子。"(《合集》21065)卜辭卜問是否以婦侄(人名)所生之子爲子。

了(部526),音 liǎo。

孨(部527),音 zhuǎn。

去(部528),音 tū。甲骨文作󰀀(《合集》27321、27645),象倒"子"形,象嬰兒初生時頭下足上之形,旁邊的小點象產子時的羊水。《說文》篆文作倒寫的"子"(嬰兒)。"毓(育)""棄""流"等字中含有這一偏旁。

丑(部529),音 chǒu。甲骨文作󰀀,構形不明。

寅(部530),音 yín。甲骨文作󰀀,象形。"寅"本自"矢"字分化,卜辭不少"寅"字寫得跟"矢"完全相同,可以爲證。

卯(部531),音 mǎo。甲骨文作󰀀,構形不明。

辰(部532),音 chén。甲骨文作󰀀,象刃的部分跟甲骨文"󰀀(石)"字的初文同形,說明"辰"這種農具本爲石器,是清除草木的一種農具。卜辭有用其本義者:"壬辰卜王,雀至,不其以辰。"(《合補》1645＋2380＋2408,蔣玉斌綴)"辰"多數假借爲干支字。

巳(部533),音 sì。甲骨文作󰀀。朱駿聲《說文通訓定聲》:"巳,似也。象子在包中形,包字从之。孺子爲兒,襁褓爲子,方生順出爲㐬,未生在腹爲巳。""巳"疑即胎兒。參看第344部"包"字條。

午(部534),音 wǔ。甲骨文作󰀀,象杵形。

未(部535),音 wèi。甲骨文作󰀀,象樹木枝葉重疊之形。

申（部536），音 shēn。甲骨文作🗲，象閃電形，其後，中間變爲豎筆，而兩邊的閃電形變爲"ᴇᴣ"即成了小篆"申"。再後兩邊的"ᴇᴣ"連寫即成"申"。"申"字加注形符①"雨"則變爲形聲字"電"。"申"是"電"的初文。"電"字下部由"申"變來。古人見電光閃爍於天，認爲神所顯示，故金文又以"申"爲"神"，"神"爲"申"的孳乳字。《說文》訓"申"爲"神"是對的。"申"多數假借爲干支字。

酉（部537），音 yǒu。甲骨文作酉，象釀酒盛酒的酒尊。以"酉"爲表意偏旁的字，意義大都與酒有關。如醖、酌、醉、酤、酬、酣等。

酋（部538），音 qiú。

戌（部539），音 xū。甲骨文作𢦏（《甲骨文編》第1719號），象刃形平直的斧鉞之類武器，和曲刃的"戉"、齒刃的"我"不同。

亥（部540），音 hài。甲骨文作亥，構形不明。

《說文》540 部首到這裏全部講完了。大家可以用透明紙蒙在《說文解字標目》（圖 24、25、26）上反覆摹寫 540 部首，最好把它背誦下來。背誦的方法是以五個部首爲一句來背誦，如"一上

---

① 甲骨文形聲字大多不是直接用形符和聲符組成的，而是通過在假借字上加注形符等方式而產生的。加注形符的現象有三：第一類是爲明確假借義而加注形符。假借字的廣泛應用，提高了文字記錄語言的效率。但也出現弊端，即一個字可以代表幾個同（近）音的詞。爲了避免混淆，就在假借字上加注形旁來區別其不同用法。例如，先假借象形字"隹"（鳥）爲虛詞用。後在假借字"隹"上加注形符"口"分化出虛詞"唯"。第二類是爲明確本義而加注形符。例如，甲骨文"各"作𠙵，古人穴居，字形以趾向坎穴表示來到。後爲了明確"各"的本義而加注形符"彳"作𢓜（《合集》31164）。第三類是爲明確引申義而加注形符。例如，𢼄字，象用"又"（手）開"戶"（門），後爲明確引申義"雲開日出"而加注形符"日"而構成形聲字"啓"。

示三王""玉玨气士丨"……之所以要背誦540部首,理由有兩點:

第一,540部首多爲基本字符。小篆的數量雖多,但都是由這些基本字符構成的。牢記這些基本字符是今後分析漢字結構所必須要掌握的基礎,也是學習漢字構造的一種"執簡馭繁"的好方法。

第二,目前很多字書的編撰是依照《說文》540部順序編排的。例如《甲骨文編》《金文編》《漢語古文字字形表》等。所以應該熟記540部首的次序。

下面,談談與部首有關的幾個問題。

《說文》部首是從小篆出發,開創字典部首檢字法的先河,但後世楷書的結構已發生很大變化,以小篆爲基礎所立的部首,已不適用於楷書。明人梅膺祚所編的《字彙》,在一定程度上擺脫了六書的體系,根據楷書的形體,從檢字法的角度,把《說文》的540部合併爲214部,在歸部上作了頗大的調整,好些地方把《說文》部首的辨別詞義的作用扔掉了①。例如"舅"字從男臼聲。《說文》在男部,《字彙》在臼部。當然像這樣的情況,在全書中是不多的。作爲字典來看,《字彙》具有很大的進步性。第一,大大地減少了部首。第二,部首的排列順序以筆畫多少爲序,這種檢字法適應了楷書的特點,檢索方便。它是檢字法的一個躍進。後來,《康熙字典》沿用了《字彙》214部首的檢字法②,

---

① 梅膺祚並非不懂"六書"的人,他在《字彙凡例》中說:"偏旁艸入艸,月入月,無疑矣。至'薎'從丫也,而附於艸(《說文·丫部》:'丫,羊角也。'《說文·首部》:'薎,勞目無精也。从首,人老則薎然也,从戍。'《首部》:'首,目不正也。从丫从目。');'朝'从舟也,而附於月(《說文·倝部》:'𠦝(朝),旦也。从倝舟聲。')。揆之於義,殊涉乖謬。蓋論其形,不論其義也。"可見他爲了壓縮部首的數量,有意把一些部首加以合併。

② 《康熙字典》採用了《字彙》的214部檢字法,形成近代至現代比較統一的部首查字法,影響很大,臺灣地區至今仍沿用214部。內地爲適應漢字簡化的需要,《新華字典》刪減歸併爲189部,《漢語大字典》《漢語大詞典》改爲200部。

將《說文》540部精簡爲214部，如《說文》"又""叒""叕""⼜""⺊"五部併入《康熙字典》"又"部。又如《說文》"隹""奞""雈""雔""雥"五部併入《康熙字典》"隹"部。又如《說文》"目""䀠""䀙""䀹""眉""盾""瞿""䀼"八部併入《康熙字典》"目"部。《康熙字典》還撤銷了《說文》空立的部首①。例如四、五、六、七、甲、丙、庚、壬、癸、戌、亥等，按照其字形筆畫作了新的編排。《康熙字典》有214個部首，其中208個採用《說文》原有部首；還新建了6個部首，即"亠"部、"弋"部、"父"部、"无"部、"爿"部、"艮"部。《說文》的540部首大多併入208部首，只有少數併入了新建部首。如《說文》的"亦""交"併入"亠"部。《康熙字典》的部首淵源有自，由《說文》部首發展而來，通過比較《說文》部首與《康熙字典》部首的分佈情況，可以看到部首的沿革。

漢字有兩種不同性質的部首：一種是文字學原則的部首

---

① 《說文》各部收字極不平衡，多的有四百餘字，如：《說文·水部》有468字，《說文·艸部》有445字，《說文·木部》有421字。少至兩三字，如《說文·蓐部》只有2字；《說文·雔部》只有3字。此外據統計，《說文》空立的部首共有36部，全錄於下：(1)三(《說文》9頁下)。(2)凵(《說文》35頁下)。(3)匸(《說文》104頁下)。(4)久(《說文》114頁上)。(5)才(《說文》126頁下)。(6)毛(《說文》127頁下)。(7)丞(《說文》128頁上)。(8)克(《說文》143頁下)。(9)彔(《說文》144頁上)。(10)㞑(《說文》149頁下)。(11)丏(《說文》184頁上)。(12)兜(《說文》198頁下)。(13)易(《說文》198頁下)。(14)㕚(《說文》196頁下)。(15)莧(《說文》203頁下)。(16)能(《說文》207頁上)。(17)巜(《說文》239頁下)。(18)燕(《說文》245頁下)。(19)率(《說文》278頁下)。(20)它(《說文》285頁上)。(21)开(《說文》299頁上)。(22)四(《說文》307頁上)。(23)五(《說文》307頁下)。(24)六(《說文》307頁下)。(25)七(《說文》307頁下)。(26)甲(《說文》308頁下)。(27)丙(《說文》308頁下)。(28)丁(《說文》308頁下)。(29)庚(《說文》309頁上)。(30)壬(《說文》309頁下)。(31)癸(《說文》309頁下)。(32)寅(《說文》310頁下)。(33)卯(《說文》311頁上)。(34)未(《說文》311頁上)。(35)戌(《說文》314頁上)。(36)亥(《說文》314頁上)。《說文》爲何設立空立部首呢？有學者推測其原因是：第一，這些部首既沒有所從屬的字，按其形體又不能把它們歸入別部；第二，沒有別的字以"△"爲部首，爲什麼也要來一句"凡某之屬皆从某"呢？我們想，一則部首的體例如此；二則，若新造的同部首的字就歸入此部，給新字留有空位。

(簡稱"文字學部首"),如《說文》;另一種是檢字法原則的部首(簡稱"檢字法部首"),如《字彙》《康熙字典》。《康熙字典》的前身是《字彙》,其部首從檢字方便出發,據形定部,只注重於部首的字形對從屬字有統轄作用,而不像《說文》要求部首在字形、字義上都能統轄從屬字,因此,可稱爲檢字法原則的部首。如:"悶"字,心是意符,門是聲符。《說文》歸入心部,是按文字學原則,表示悶指心中不舒暢;現代字典如《新華字典》歸入門部,則是爲了檢字方便。《說文》部首按其性質說,屬於意義部首。如果是部首字,其下照例有這樣一句話"凡某之屬皆从某"。這句話按我們的理解就是:此部首的屬字從字形的構造上看,都包含這個部首;從字義上看,也都與這個部首的字義有關,二者缺一不可。而部屬字下都有"从某"這樣的話,前後呼應。"从"指形體上和意義上的從屬關係。"凡某之屬皆从某"這一術語說明該字就是部首,在它下面統率著一群字形和字義範疇都與之相關的字。

《說文》確定部首的原則主要是根據本義。依本義確定部首,部首的位置往往變化不定,使用起來相當不便。如:"役、徒、街、衛、衡"五字,《說文》又分別見於五個不同的部首中。《說文》查字十分不便,連精通《說文》的徐鉉在《說文解字篆韻譜·序》裏也說:"偏旁奧秘,不可意知,尋求一字,往往終卷。"文字學部首要求部首在字形和字義上都能統轄從屬字,其缺點是查字不便,但是其優點在於解決字義(本義)和字形之間的關係,有助於讀懂古書。檢字法部首是據"形"定部,而不是據"義"定部。其優點是查字方便。檢字法部首僅按照字形結構,取其相同部分作爲查字依據,其相同部分稱爲部首。例如:"役、徒、街、衛、衡"五字,《新華字典》全歸入"彳"部。

《說文》部屬字的歸部,大體由其所從的意符來決定。王筠說:"許君之列文也,形聲字必隸所从之形,以義爲主也。會意字雖兩从,而意必有主從,則必入主意一部,此通例也。"(《說文釋例》卷九,第205頁,中華書局,1987年)這是說,形聲字是根據它的意符來確定所歸之部,會意字的偏旁雖然都是表示意義的,但有主從之別,則根據其主要意符來確定所歸之部。舉例來說,"相"字是個會意字,由"木"和"目"組成,按後世字典是列入木部。《說文》列入目部。《說文·目部》(72頁下):"相,省視也。從目從木。""相"的本義是"察看、觀察"之義。今有"相面"等詞,即保留古義。"目"是主要意符,故《說文》收入"目"部。但是,如果會意字的偏旁沒有主從之別,確定其所歸之部就很難把握了。比方"鳴""吠"二字同例,但《說文》"鳴"入鳥部,而"吠"入口部。

　　《說文》還有一字歸入兩部的重出現象。例如:"吁"字既歸入《說文·口部》(33頁下),又歸入《說文·亏部》(101頁下)。"敖"字既歸入《說文·放部》(84頁下),又歸入《說文·出部》(127頁上)。

　　部首在從甲骨文演變爲小篆的漫長過程中,有生有死,有分化有合併,情況非常複雜。有的部首是"一脈單傳",屬於"一對一"的演變關係,不會發生訛混。如"山""水""艸""木"之部。但是,有的部首是"二對一"(包括"三對一"或"四對一")的對應關係。如"壴(鼓)"和"(尌)"的省形"壹"訛混爲《說文》的"壴"部。參看第四章第160部。

　　《說文》漏收了部分偏旁部首字,例如:丬①、由②、免、粤、羋、兯等字。《段注》(787頁上)說:"今有由聲、丬聲、免聲而無正篆。"裘錫圭說:

　　　　《說文》漏收不少字,還往往由於漏收了某個字而對以
　　　　這個字爲偏旁的字作出錯誤的分析。甲骨文能糾正不少這

----

① 《說文》有从"丬"聲的字。例如:壯(《說文·士部》14頁下)、狀(《說文·犬部》204頁下)、妝(《說文·女部》263頁下)、牆(《說文·嗇部》111頁下)。

② 《說文》有从"由"聲的字。例如:宙(《說文·宀部》151頁下)、袖(《說文·衣部》171頁上)、油(《說文·水部》226頁下)。

一類的錯誤。例如《說文》有"解""觲"二字而沒有"羋"字,所以認爲"解"是由"羊""牛""角"三字組成的會意字,"觲"的右旁是"解"的省略之形,起表示字音的作用。《說文》新附字有"騂",字形分析方法同"觲"。甲骨卜辭中"羋"字屢見,可證"解""觲""騂"都是以"羋"字爲偏旁的形聲字。《說文》沒有"豈"字,所以把"敳"字分析爲由"人"字、"攴"字和"豈"的省略之形組成,但是"豈"字下又說"豈"由"豆"字和"敳"的省略之形組成(此處"敳"字,今本《說文》作"微",據段玉裁《說文解字注》改正),一書之中自相矛盾。甲骨文有"豈"字,可證"敳"字由"豈""攴"二字組成,與"豈"字並無關係。《說文》沒有"斿"字,所以把"游"字分析爲由"㫃""汓"("泅"的異體)二字組成,甲骨文有"斿"字,可證"游"字實由"水""斿"二字組成。限於文章篇幅,不能多舉例子。①

參考文獻

林義光:《文源》,北京:中國大學石印本,1920年,線裝,全3冊。
約齋(傅東華筆名):《字源》,上海:東方書店,1954年;上海書店,1986年。
李學勤主編:《字源》,全三冊,天津古籍出版社,2012年。
于省吾:《甲骨文字釋林》,北京:中華書局,1979年。
孫海波:《甲骨文編》,北京:中華書局,1965年。
劉釗、洪颺、張新俊:《新甲骨文編》,福州:福建人民出版社,2009年。
李宗焜:《甲骨文字編》,全4冊,北京:中華書局,2012年。

---

① 裘錫圭:《殷墟甲骨文在文字學上的重要性》,原載韓國中國古文字學會編《古文字學論集》第一輯《甲骨學特集》(東文選出版社,1995年);後收入《裘錫圭學術文集》第1卷,第389頁,上海:復旦大學出版社,2012年。

李孝定:《甲骨文字集釋》,臺北:歷史語言研究所,1965 年。
于省吾主編:《甲骨文字詁林》,全 4 冊,北京:中華書局,1996 年。
高明:《古文字類編》,北京:中華書局,1980 年。
徐中舒主編:《漢語古文字字形表》,成都:四川人民出版社,1981 年。
黃天樹:《〈說文解字〉部首與甲骨文》,原載《語言》第 3 卷,北京:首都師範大學出版社,2002 年;《〈說文解字〉部首與甲骨文(續一)》,原載《語言》第 4 卷,北京:首都師範大學出版社,2003 年;《〈說文解字〉部首與甲骨文(續二)》,原載《語言》第 5 卷,北京:首都師範大學出版社,2005 年。後皆收入《黃天樹古文字論集》,北京:學苑出版社,2006 年。
季旭昇:《說文新證》,臺北:藝文印書館,2004 年;福州:福建人民出版社,2010 年。
黃德寬主編:《古文字譜系疏證》,北京:商務印書館,2007 年。
林澐:《林澐學術文集》,北京:中國大百科全書出版社,1998 年。

練　習

* 一、查閱下列各字在《說文》第一篇中所屬的部首,並分析其結構

1. 理　　2. 祭　　3. 琢　　4. 玅　　5. 落　　6. 班　　7. 壯
8. 氛　　9. 璧　　10. 苑　　11. 春　　12. 苗　　13. 芬　　14. 葬
15. 每　　16. 册　　17. 裸　　18. 折　　19. 珊　　20. 莫　　21. 媘
22. 芰　　23. 薅　　24. 齋　　25. 祟　　26. 葩　　27. 靈　　28. 祝
29. 祓　　30. 碧

* 二、查閱下列各字在《說文》第二篇中所屬的部首,並分析其結構

1. 公　　2. 問　　3. 犀　　4. 衢　　5. 召　　6. 徒　　7. 徙
8. 含　　9. 街　　10. 叛　　11. 造　　12. 適　　13. 速　　14. 和
15. 牟　　16. 遞　　17. 龢　　18. 牽　　19. 趯　　20. 歲　　21. 齔
22. 扁　　23. 登　　24. 喪　　25. 跂　　26. 分　　27. 吸　　28. 牢

29. 哉　30. 哀

*三、查閱下列各字在《說文》第三篇中所屬的部首，並分析其結構

1. 戴　2. 丞　3. 取　4. 叉　5. 奉　6. 訊　7. 囂
8. 鬧　9. 弄　10. 戒　11. 兵　12. 學　13. 將　14. 寺
15. 譽　16. 爲　17. 韶　18. 臧　19. 妾　20. 執　21. 肅
22. 導　23. 友　24. 叟　25. 叢　26. 煮　27. 及　28. 訪
29. 秉　30. 善　31. 攻　32. 筆　33. 膳　34. 牧　35. 敗
36. 羹　37. 寇　38. 彗　39. 興　40. 變

*四、查閱下列各字在《說文》第四篇中所屬的部首，並分析其結構

1. 鳳　2. 切　3. 畢　4. 雀　5. 乖　6. 初　7. 删
8. 羸　9. 鴻　10. 解　11. 瞻　12. 翅　13. 翡　14. 券
15. 育　16. 別　17. 尋　18. 睾　19. 隼　20. 眷　21. 肴
22. 省　23. 睡　24. 集　25. 看　26. 相　27. 爭　28. 棄
29. 糞　30. 受

*五、查閱下列各字在《說文》第五篇中所屬的部首，並分析其結構

1. 典　2. 簸　3. 巨　4. 節　5. 彭　6. 式　7. 甜
8. 嘗　9. 即　10. 既　11. 亭　12. 豔　13. 嘉　14. 虐
15. 阱　16. 奠　17. 饗　18. 盜　19. 益　20. 麴　21. 麩
22. 巧　23. 盛　24. 缺　25. 馨　26. 市　27. 算　28. 糴
29. 養　30. 盡　31. 盆　32. 羲　33. 短　34. 韃　35. 韜
36. 曷　37. 餘　38. 夏　39. 猒　40. 策

*六、查閱下列各字在《說文》第六篇中所屬的部首，並分析其結構

1. 椅　2. 柿　3. 休　4. 賜　5. 囚　6. 郃　7. 鄧
8. 邯　9. 麓　10. 糶　11. 園　12. 都　13. 楚　14. 賴
15. 賣　16. 朱　17. 貪　18. 貿　19. 邱　20. 索　21. 本
22. 末　23. 采　24. 巷　25. 果　26. 梳　27. 櫛　28. 械
29. 贈　30. 財　31. 貨　32. 資　33. 賄　34. 貴　35. 賤
36. 買　37. 柔　38. 析　39. 橐　40. 扈

*七、查閱下列各字在《說文》第七篇中所屬的部首，並分析其結構

1. 黏　2. 棗　3. 虜　4. 皎　5. 棘　6. 錦　7. 馥

8. 臽　9. 舂　10. 精　11. 星　12. 舀　13. 寬　14. 夙
15. 繭　16. 寶　17. 旋　18. 幣　19. 旱　20. 昃　21. 穎
22. 夜　23. 胄　24. 痹　25. 瘦　26. 突　27. 瘥　28. 冒
29. 痕　30. 病　31. 施　32. 暫　33. 宗　34. 冠　35. 寒
36. 罩　37. 罟　38. 宿　39. 冕　40. 裔　41. 飾　42. 瓣
43. 實　44. 穿　45. 療　46. 空　47. 窺　48. 寠　49. 盟
50. 寐

*八、查閱下列各字在《說文》第八篇中所屬的部首，並分析其結構

1. 歔　2. 弇　3. 吹　4. 屬　5. 歐　6. 屈　7. 伐
8. 歌　9. 仇　10. 企　11. 表　12. 裹　13. 袤　14. 裁
15. 裹　16. 考　17. 兜　18. 頎　19. 匙　20. 虛　21. 覽
22. 孝　23. 盜　24. 羨　25. 歆　26. 聚　27. 佳　28. 展
29. 雜　30. 付　31. 冀　32. 袖　33. 袞　34. 欷　35. 歡
36. 欣　37. 歙　38. 觀　39. 覬　40. 覯　41. 覘　42. 視
43. 覺　44. 咎　45. 裸　46. 歃　47. 屠　48. 尻　49. 覦
50. 臀

*九、查閱下列各字在《說文》第九篇中所屬的部首，並分析其結構

1. 頂　2. 項　3. 顧　4. 豪　5. 豺　6. 卻　7. 修
8. 頓　9. 彰　10. 研　11. 髮　12. 斐　13. 廚　14. 岳
15. 豹　16. 磬　17. 島　18. 岱　19. 篆　20. 巍　21. 岡
22. 府　23. 庖　24. 庫　25. 廣　26. 殿　27. 廟　28. 蜎
29. 髭　30. 豫　31. 厲　32. 廟　33. 魔　34. 崖　35. 岸
36. 豩　37. 毳　38. 卷　39. 砭　40. 廙

*十、查閱下列各字在《說文》第十篇中所屬的部首，並分析其結構

1. 點　2. 災　3. 臭　4. 熒　5. 鼠　6. 執　7. 慮
8. 燼　9. 尬　10. 炭　11. 奕　12. 獄　13. 獨　14. 羔
15. 感　16. 忝　17. 惡　18. 狀　19. 騰　20. 馭　21. 法
22. 煎　23. 犯　24. 急　25. 赭　26. 灰　27. 冤　28. 奔
29. 逸　30. 鼢

*十一、查閱下列各字在《說文》第十一篇中所屬的部首,並分析其結構

1. 鄰　2. 泝　3. 泂　4. 沫　5. 氾　6. 汜　7. 溧
8. 湯　9. 豁　10. 涉　11. 靠　12. 凋　13. 原　14. 泗
15. 鯨　16. 州　17. 脈　18. 瀆　19. 鱖　20. 滌

*十二、查閱下列各字在《說文》第十二篇中所屬的部首,並分析其結構

1. 閉　2. 開　3. 攜　4. 閒　5. 扃　6. 扉　7. 瓮
8. 臺　9. 匿　10. 拜　11. 妄　12. 到　13. 聒　14. 戎
15. 賊　16. 戌　17. 承　18. 孫　19. 匠　20. 柩　21. 發
22. 張　23. 婪　24. 掌　25. 畚　26. 聽　27. 闇　28. 臻
29. 匣　30. 義

*十三、查閱下列各字在《說文》第十三篇中所屬的部首,並分析其結構

1. 舅　2. 坳　3. 券　4. 給　5. 級　6. 閩　7. 甥
8. 編　9. 野　10. 務　11. 細　12. 雖　13. 募　14. 垂
15. 勸　16. 在　17. 彎　18. 蠱　19. 絭　20. 強　21. 基
22. 紅　23. 紫　24. 堊　25. 埃　26. 竺　27. 蠱　28. 蜜
29. 蚤　30. 蚊

*十四、查閱下列各字在《說文》第十四篇中所屬的部首,並分析其結構

1. 綴　2. 防　3. 陟　4. 疏　5. 孟　6. 字　7. 羞
8. 階　9. 斧　10. 軔　11. 輦　12. 轂　13. 陰　14. 轟
15. 銜　16. 季　17. 斫　18. 處　19. 斟　20. 毓　21. 酖
22. 軌　23. 料　24. 魁　25. 存　26. 辜　27. 興　28. 子
29. 凭　30. 鉈

十五、名詞解釋

1. 漢語大字典　2. 字彙　3. 康熙字典　4. 漢語大詞典
5. 空立部首　6. 文字學部首　7. 檢字法部首

*十六、什麼是部首?寫出下列各組字在《說文》中屬於哪部,分析其結構,並說明《說文》與《新華字典》等的部首制有何不同

1. 頓、穎、潁、類、顧、叟
2. 役、徒、衙、街、衡、很

3. 問、悶、聞、閩、閏、閨
4. 竺、筆、篡、篤、簸、策
5. 盤、盂、孟、盜、監、盟
6. 義、羨、羲、美、兼、羞

十七、給下列《說文》常用部首注音並釋義

隹　疒　匸　廾　疋　鬲　酉　宀　戈　斤
彳　攴　殳　欠　甘　屮　卩　糸　示　行
黽　龠　黹　缶　夂　彡　臼　尢　冃　爪

＊十八、寫出下列各字在《說文》中的部首及該部首的意義

	部首	部首意義		部首	部首意義
齋			羅		
考			旌		
牲			煎		
怕			扇		
慕			陰		
脂			郎		
錢			寬		
逃			痕		
歐			衢		
刻			棄		
醉			朗		
翩			衰		
幣			書		
受			敗		
赭			徑		
闊			雖		

部　首	部首意義	部　首	部首意義
冡		錦	
肴		屬	
冠		孳	
爲		牘	

*十九、《說文》是我國最早的一部通過分析字形來確定本義的著作，對瞭解古代漢語的詞義很有幫助。查閱《說文》，分析下加橫線字的字形結構並解釋詞義

1. 求全責備。
2. 多行不義必自斃。(《左傳·隱公元年》)
3. 數石之重，中人弗勝。(《論貴粟疏》)
4. 晉人執虞公。(《左傳·僖公五年》)
5. 池塘生春草，園柳變鳴禽。(謝靈運《登池上樓》)
6. 王訪於箕子。(《尚書·洪範》)
7. 於予與何誅。(《論語·公冶長》)
8. 公覺，召桑田巫，巫言如夢。(《左傳·晉侯夢大厲》)
9. 雲鬢半偏新睡覺，花冠不整下堂來。(《長恨歌》)
10. 臧孫斬鹿門之關以出奔邾。(《左傳·襄公二十三年》)
11. 挾太山以超北海。(《孟子·梁惠王上》)
12. 秋陽以暴之。(《孟子·滕文公上》)
13. 小大之獄，雖不能察，必以情。(《左傳·莊公十年》)
14. 弟子曰："是黑牛也而白題。"(《韓非子·解老》)
15. 堂高數仞，榱題數尺。(《孟子·盡心下》)
16. 陟彼高岡，我馬玄黃。(《詩經·豳風·七月》)
17. 不幸而有疾，不能造朝。(《孟子·公孫丑下》)
18. 王乃使玉人理其璞。(《韓非子·和氏》)
19. 是猶使處女嬰寶珠。(《荀子·富國》)
20. 不替孟明。(《左傳·僖公三十三年》)

21. 墓門有棘,斧以斯之。(《詩經·陳風·墓門》)
22. 子南知之,執戈逐之。及衝,擊之以戈。(《左傳·昭公元年》)
23. 橫術何廣廣兮,固知國中之無人。(《漢書·燕剌王旦傳》)
24. 衛獻公出奔,反于衛,及郊,將班邑於從者而後入。(《禮記·檀弓》)
25. 延年母從東海來,欲從延年臘,到洛陽,適見報囚。(《漢書·嚴延年傳》)
26. 於是爲長安君約車百乘,質于齊,齊兵乃出。(《戰國策·趙策》)
27. 舍車而徒。(《周易·賁卦》)
28. 夫鳥飛千仞之上,獸走叢薄之中。(《淮南子·俶貞訓》)
29. 晏子爲齊相,出,其御之妻從門閒而窺其夫。(《史記·管晏列傳》)
30. 其實如蘭,服之不字。(《山海經·中山經》)
31. 又不能字人之孤而殺之。(《左傳·成公十一年》)
32. 婦人疏字者子活,數乳者子死。(《論衡·氣壽》)
33. 彼懼而奔鄭,緬然引領南望,曰:"庶幾赦吾罪。"(《國語·楚語上》)
34. 孝公既見衛鞅,語事良久,孝公時時睡,弗聽。(《史記·商君列傳》)
35. 吏卒皆山東之人,日夜企而望歸。(《漢書·高帝紀上》)
36. 漢王方踞床洗,而召布入見。(《漢書·韓信傳》)
37. 堂上不糞,則郊草不芸。(《荀子·強國》)
38. 案灌夫項,令謝。(《史記·魏其武安侯列傳》)
39. 見兔而顧犬,未爲晚也,亡羊而補牢,未爲遲也。(《戰國策·楚策四》)
40. 振長策而御宇內。(《過秦論》)
41. 古人有言曰:人無于水監,當於民監。(《尚書·酒誥》)
42. 百畝之田,勿奪其時,數口之家可以無飢矣。(《孟子·梁惠王上》)
43. 人之有能有爲,使羞其行,而邦其昌。(《尚書·洪範》)
44. 可薦于鬼神,可羞于王公。(《左傳·隱公三年》)
45. 吾與汝畢力平險。(《列子·愚公移山》)
46. 巨防容螻而漂邑殺人。(《呂氏春秋·慎小》)
47. 自行束脩以上,吾未嘗不誨焉。(《論語·述而》)
48. 見過不更,聞諫愈甚謂之很。(《莊子·漁父》)
49. 沫血飲泣。

50. 赴湯蹈火。
51. 不刊之論。
52. 草菅人命。
53. 厲兵秣馬。
54. 耄耋之年。
55. 恬不知恥。
56. 義憤填膺。
57. 暴殄天物。
58. 曲高和寡。
59. 櫛風沐雨。
60. 以莛撞鐘。

第五章　隸　變

所謂"隸變",即從戰國中晚期開始,秦篆經由古隸演變爲今隸(八分)①。"隸變"一詞,最早見於唐玄度的《九經字樣》。書中多次用到"隸變"一詞,如:

　　季年　上《說文》,从禾从千聲;下經典相承隸變。
　　覃覃　音譚,上《說文》;下隸變。

北宋徐鉉校訂《說文》時,也使用了"隸變"(又叫"變隸")一詞,例如:

　　丘,《說文·丘部》(169頁上):"今隸變作丘。"
　　尾,《說文·尾部》(175頁下):"今隸變作尾。"
　　亏,《說文·亏部》(101頁下):"今變隸作于。"
　　网,《說文·网部》(157頁上):"今經典變隸作罔。"

"隸變"即"變成隸書",指由篆文演變爲隸書。

縱觀漢字形體演進的歷史,大致可以分成兩大階段,即古文字階段的"篆體"和今文字(隸楷)階段的"隸體"。前一階段從

---

①　隸書是由秦篆簡化演變而成的一種字體,始於戰國中晚期,普遍使用於漢魏。早期的隸書在字形構造上保留的秦篆形跡較多。後來筆畫中寫出了波磔,通常把具備波磔(磔指捺一類筆勢)這些特點的隸書稱爲漢隸(也稱八分)。漢隸形成之前的隸書稱爲秦隸(也稱古隸)。

商代開始到秦代結束（前 3 世紀晚期），後一階段從漢代開始一直延續到現代。先秦的篆體演變到隸體的軌跡如何呢？郭沫若曾做過精闢的論述。他說：

> 在字的結構上，初期的隸書和小篆沒有多大的差別，只是在用筆上有所不同。例如，變圓形爲方形，變弧線爲直線，這就是最大的區別。畫弧線沒有畫直線快，畫圓形沒有畫方形省。因爲要寫規整的篆書必須圓整周到，筆畫平均。要做到這樣，每下一筆反復迴旋數次，方能得到圓整，而使筆畫粗細一律，這就不能不耗費時間了。改弧線爲直線，一筆直下，速度加快是容易瞭解的。變圓形爲方形，表面上筆畫加多了，事實上是速度加快了。要把圓形畫得圓整，必須使筆來回往復，那決不是兩三筆的問題了。此外，當然還有些不同的因素，如省繁就簡，變連爲斷，變多點爲一畫，變多畫爲數點，筆畫可以有粗細，部首可以有混同。……這樣寫字的速度便自然加快了。①

郭沫若把篆體和隸體的不同大致都歸納出來了。在漢字字體演變史上，隸變是一次重大的變革。《說文・敘》說："秦始皇帝初兼天下，……官獄職務繁，初有隸書。"這段話給人的印象是隸變是在秦代短暫的十幾年中完成的。到了 20 世紀 70 年代以後，隨著大量秦至漢初的簡牘帛書材料的出土，爲漢字由"篆體"演變爲"隸體"的過程提供了豐富的資料，使學者認識到舊說隸書始於秦代的說法與事實不符。隸變不可能在秦代短暫的十幾年中完成，而是從戰國中晚期開始到漢武帝，經秦篆而古隸，古隸而今隸（八分），逐漸完成"隸變"這一過程。這一過程

---

① 郭沫若：《古代文字之辯證的發展》，《考古》1972 年第 3 期。

前後長達 100 多年①。"隸變"前後漢字的性質並未改變,仍屬於意音文字,只不過其字符由象形的"篆體"變爲不象形的"隸體",形符逐漸被意符所取代。

在整個古文字階段裏,漢字的象形程度在不斷降低,古文字所使用的字符,本來象形程度很高。篆文是古文字的殿軍,仍保存"隨體詰詘"的象形味道,就是說,可以通過字形結構的分析解釋它的字理。在從篆文演變爲隸書的過程裏,字符的寫法發生了巨大的變化。古人爲了書寫方便,把曲筆爲主的篆書逐漸改爲直筆爲主的隸書。隸變使漢字的外貌發生了極大的變化,對漢字的結構也產生了很大的影響。隸變的結果,使篆文變成用點、橫、豎、撇、捺等基本筆畫組成的符號,定型了此後近兩千年的方塊字。

隸變不僅關係到書寫風格,而且也關係到漢字的結構。所以,瞭解隸變對漢字結構的影響,對正確地分析漢字的結構很有幫助。因此有必要把隸變比較具體地介紹一下。隸書對篆文字形的改造主要表現在以下四個方面②:

第一、隸拆

所謂"隸拆",是指在隸變過程中,拆散篆體,改曲爲直,以便書寫。從商代的甲骨文到小篆,漢字的象形程度在不斷降低,但是象形的原則始終沒有真正拋棄。隸書不再顧及象形原則,拆散篆體,把"隨體詰詘"的曲線拆散爲直線,以便書寫。例如:隸書改篆文的⿱爲"衣",把象上衣形的外框分解爲"丶、一、丿、乚、㇀、丶"六筆。隸書改篆文的⿱爲"心",把象心臟的外框分解爲"丿、乚、丶、丶"四筆。改篆文的⿱爲"交",把象頭部和左手臂、右手臂省併爲一,身軀和交叉的雙腿分解爲"丿、丶、丿、

---

① 裘錫圭:《從馬王堆一號漢墓"遣册"談關於古隸的一些問題》,原載《考古》1974 年第 1 期;後收入《裘錫圭學術文集》第 4 卷,上海:復旦大學出版社,2012 年。

② 參看裘錫圭《文字學概要》(第 82—85 頁,北京:商務印書館,1988 年)一書的第五章第三節"隸書對篆文字形的改造"。

乀",共六筆。隸書改篆文的㔾爲"它",把蛇頭變爲"宀",蛇身變爲"匕",分解爲"丶、丿、㇀、㇏、乚"五筆。這是隸書改造篆文最重要的方法。

第二、隸省

所謂"隸省"是指在隸變過程中,隸書常常把篆文的兩筆省併爲一筆,或是直截了當地省去篆文的部分形體,減少筆畫,方便書寫。例如:

"大"字篆文作🔒,隸變作"大"(《說文·大部》213 頁上)。篆文"兩臂"省併爲一筆"一"。"木"字篆文作🔒,隸變作"木"(《說文·木部》114 頁下),篆文把象樹枝的兩筆省併爲一筆"一",把象樹根的兩筆寫成一撇一捺。省併通常同時起改曲筆爲直筆的作用。

"雷"字篆文作🔒,隸變省作"雷"(《說文·雨部》241 頁上)。

"霍"字篆文作🔒,隸變省作"霍"(《說文·雔部》79 頁上)。

"屈"字篆文作🔒,隸變省作"屈"(《說文·尾部》175 頁下)。

"尿"字篆文作🔒,隸變省作"尿"(《說文·尾部》175 頁下)。

"香"字篆文作🔒,隸變省作"香"(《說文·香部》147 頁上)。

"書"字篆文作🔒,隸變省作"書"(《說文·聿部》65 頁下)。

第三、隸分

在篆文裏,單字與這個單字作偏旁時的寫法是相同的。例如,單字"🔒(心)"與"🔒(念)""🔒(快)""🔒(恭)"中的偏旁"🔒(心)"的寫法是相同的。因此,篆文偏旁清晰可辨,字理明確可說。隸變之後,爲了在方塊字的範圍內合理搭配偏旁,於是,同一個偏旁往往發生變形,如"🔒(心)",在左旁的作"忄",

在下邊的作"心""小",這種現象叫做"隸分"①(又叫"偏旁變形")。現舉例如下:

"手"字篆文作⍦,隸變作"手"(《說文·手部》250 頁下)。

"掌"字篆文作⍦,隸變作"掌"(《說文·手部》250 頁下)。

"拇"字篆文作⍦,隸變作"拇"(《說文·手部》250 頁下)。

"承"字篆文作⍦,隸變作"承"(《說文·手部》(253 頁上)。

"奉"字篆文作⍦,隸變作"奉"(《說文·廾部》(59 頁上)。

"看"字篆文作⍦,隸變作"看"(《說文·目部》(72 頁下)。

手字及從手之字在隸變過程中,變爲"手""扌""丰""キ""手"不同的寫法。

"肉"字篆文作⍦,隸變作"肉"(《說文·肉部》87 頁上)。

"腐"字篆文作⍦,隸變作"腐"(《說文·肉部》90 頁下)。

"肌"字篆文作⍦,隸變作"肌"(《說文·肉部》87 頁上)。

"肓"字篆文作⍦,隸變作"肓"(《說文·肉部》87 頁上)。

"祭"字篆文作⍦,隸變作"祭"(《說文·示部》8 頁上)。

肉字及從肉之字在隸變過程中,變爲"肉""月""夕"不同的寫法。

"网"字篆文作⍦,隸變作"网"(《說文·网部》157 頁上)。

"罟"字篆文作⍦,隸變作"罟"(《說文·网部》157 頁下)。

"岡"字篆文作⍦,隸變作"岡"(《說文·山部》190 頁下)。

"罕"字篆文作⍦,隸變作"罕"(《說文·网部》157 頁上)。

---

① 杜鎮球:《篆書各字隸合爲一字篆書一字隸分爲數字舉例》,《考古學社社刊》第 2 期,1935 年。

网字及从网之字在隸變過程中，變爲"网""罒""𦉰""冖"不同的寫法。

"又"字篆文作㇇，隸變作"又"（《說文·又部》64頁上）。

"秉"字篆文作秉，隸變作"秉"（《說文·又部》64頁下）。

"友"字篆文作友，隸變作"友"（《說文·又部》65頁上）。

"父"字篆文作父，隸變作"父"（《說文·又部》64頁上）。

又字及从又之字在隸變過程中，變爲"又""彐""ナ""父"不同的寫法。

"人"字篆文作人，隸變作"人"（《說文·人部》161頁下）。

"仕"字篆文作仕，隸變作"仕"（《說文·人部》161頁下）。

"及"字篆文作及，隸變作"及"（《說文·又部》64頁下）。

"急"字篆文作急，隸變作"急"（《說文·心部》219頁下）。

"卧"字篆文作卧，隸變作"卧"（《說文·卧部》169頁下）。

人字及从人之字在隸變過程中，變爲"人""亻""𠆢""𠂉""卜"不同的寫法。

"火"字篆文作火，隸變作"火"（《說文·火部》207頁上）。

"灸"字篆文作灸，隸變作"灸"（《說文·火部》209頁上）。

"赤"字篆文作赤，隸變作"赤"（《說文·赤部》212頁下）。

"熬"字篆文作熬，隸變作"熬"（《說文·火部》208頁下）。

"尉"字篆文作尉，隸變作"尉"（《說文·火部》208頁下）。

"黑"字篆文作黑，隸變作"黑"（《說文·黑部》211頁上）。

"光"字篆文作光，隸變作"光"（《說文·火部》210頁上）。

火字及从火之字在隸變過程中，變爲"火""⺌""灬""小""土""业"不同的寫法。

"弈"字篆文作▨,隸變作"弈"(《說文·廾部》59頁下)。

"奐"字篆文作▨,隸變作"奐"(《說文·廾部》59頁上)。

"興"字篆文作▨,隸變作"興"(《說文·舁部》59頁下)。

"丞"字篆文作▨,隸變作"丞"(《說文·廾部》59頁上)。

廾字及從廾之字在隸變過程中,變爲"廾""大""六""水"不同的寫法。

第四、隸合

所謂"隸合"①(又叫"偏旁混同"),是指在篆文裏原來不同的幾個偏旁,隸變之後,變成相同的形體,致使偏旁混同。現舉例如下:

"寒"字篆文作▨,隸變作"寒"(《說文·宀部》151頁下)。

"塞"字篆文作▨,隸變作"塞"(《說文·土部》288頁上)。

"寒"字所從的"▨(茻)","塞"字所從的"▨(𢍁)",都混同爲"共"。

▨——章(《說文·言部》111頁上)

▨——敦(《說文·攴部》68頁下)

▨——淳(《說文·水部》237頁上)

▨——醇(《說文·酉部》312頁上)

▨——錞(《說文·金部》297頁下)

▨——郭(《說文·邑部》136頁上)

▨——椁(《說文·木部》125頁下)

上舉敦、淳、醇、錞所從的偏旁"𦎫"(音 chún),隸變被省爲

---

① 杜鎮球:《篆書各字隸合爲一字篆書一字隸分爲數字舉例》,《考古學社社刊》第2期,1935年。

"亯",跟从"亯"的"郭""椁"的偏旁混同,都變爲"享"。

𡄇——昏(《說文·口部》34 頁下)

𧥛——話(《說文·言部》53 頁上)

𠛬——刮(《說文·刀部》92 頁上)

𣴎——活(《說文·水部》229 頁下)

𢬸——括(《說文·手部》255 頁下)

𦕈——聒(《說文·耳部》250 頁上)

𨓈——适(《說文·辵部》40 頁上)

舌——舌(《說文·舌部》49 頁下)

𠙻——甜(《說文·甘部》100 頁上)

𨦷——銛(《說文·金部》295 頁下)

上舉話、刮、活、括、聒、适(南宮适之"适")所從的偏旁"𠯑"(音 kuò),隸變都被改爲"舌",跟本來從"舌"的"甜""銛"混同。

𧶠——賣(《說文·貝部》131 頁上)

𣽤——瀆(《說文·水部》232 頁下)

𧭇——讀(《說文·言部》51 頁下)

𪏮——黷(《說文·黑部》211 頁下)

犢——犢(《說文·牛部》29 頁上)

續——續(《說文·糸部》272 頁上)

牘——牘(《說文·片部》143 頁下)

𧷡——賣(《說文·出部》127 頁上)

上舉《說文·貝部》(131 頁上)"从貝𧶠聲"的"𧶠(賣)"(yù)以及以它作爲聲旁的"瀆、讀、黷、犢、續、牘"諸字,隸變作

"賣",跟《說文·出部》(127頁上)從"出"從"買"的"𧸖(賣)"(音 mài)字混同。

𠔉——券(《說文·力部》292頁下)

𠜊——券(《說文·刀部》92頁下)

𢎘——卷(《說文·卩部》187頁上)

𢑏——拳(《說文·手部》251頁上)

𥄮——眷(《說文·目部》72頁下)

朕——勝(《說文·力部》292頁上)

朕——騰(《說文·馬部》201頁下)

朕——滕(《說文·水部》230頁上)

朕——謄(《說文·言部》54頁上)

《說文·廾部》(59頁上):"𠔏,搏飯也。从廾釆聲。讀若書卷。"𠔏字隸變作"关",是組成券、券、卷、拳、眷字的聲符,與"朕"字所从的"㕣"非一字。上舉"券、券、卷、拳、眷"所从聲符"关"(《說文》作"𠔏"),跟"勝、騰、滕、謄"所从聲符"朕"的右旁"㕣"(《說文》失收),隸變後都混同為"关"。

肝——肝(《說文·肉部》87頁上)

胡——胡(《說文·肉部》89頁上)

朕——朕(《說文·舟部》176頁上)

服——服(《說文·舟部》176頁上)

青——青(《說文·青部》106頁上)

冑——冑(《說文·冃部》157頁上)

上舉"肝、胡"所从的"肉"旁、"朕、服"所从的"舟"旁、"青"所从的"丹"旁以及"甲冑"之"冑"所从的"冃"旁,隸變後都混同爲"月"。

☐——春(《說文·臼部》148 頁下)

☐——奉(《說文·廾部》59 頁上)

☐——奏(《說文·夲部》215 頁上)

☐——泰(《說文·水部》237 頁上)

☐——萅(《說文·艸部》27 頁上)

上舉"春、奉、奏、泰、萅"上部偏旁隸變後都混同爲"龹"。

☐——奕(《說文·大部》215 頁下)

☐——奐(《說文·廾部》59 頁上)

☐——樊(《說文·𠬞部》59 頁下)

☐——奠(《說文·丌部》99 頁下)

☐——莫(《說文·茻部》27 頁下)

上舉"奕、奐、樊、奠、莫"諸字所從的下部偏旁,隸變後都混同爲"大"。

隸書對篆文字形的改造(隸變)主要表現在上述四個方面。爲了提高書寫的速度,在隸變的過程中,簡化字形,破壞一部分漢字的結構是值得的。例如:香字,《說文·香部》(147 頁上)說"从黍从甘",是一個會意字;又如:書字,《說文·聿部》(65 頁下)說"从聿者聲",是一個形聲字。但是隸變以後,香字、書字的構造遭到破壞。裘錫圭說:

> 簡化字形的重要性在古代和現代是有所不同的。古人爲了把象形的古文字簡化成隸書而破壞了一部分漢字的結構,是不得已的,也是值得的。今天,在比隸書更便於書寫的楷書早已形成的情況下,僅僅爲了減少一些筆畫而去破壞某個字的結構,或打亂某一組字的系統性(如讓有些從

"盧"聲的字从"户"),這樣做究竟是不是必要,是不是值得,就大可懷疑了。有人援引隸書改造古文字的例子,作爲這類簡化的歷史依據。這是不合適的。在不太遠的將來,隨著電腦和複印機等設備的普及,書寫文字的負擔肯定會大大減輕。今後的漢字整理工作,究竟應該把重點放在簡化上,還是放在文字結構的合理化上,這恐怕是一個需要認真考慮的問題(引者按:當然是後者)。①

　　蔣善國在《漢字形體學》一書裏明確指出,隸變是漢字發展史上的質變②。這一觀點影響很大。如果僅從漢字形體的表面現象看,其字形的確發生了翻天覆地的變化。但是,如果從字符的角度看,由於字理遭到破壞,只是增加了記號而已。裘錫圭說:

　　　　漢字在象形程度較高的早期階段(大體上可以說是西周以前的階段),基本上是使用意符和音符(嚴格說應該稱爲借音符)的一種文字體系;後來隨著字形、字義等方面的變化,逐漸演變成爲使用意符(主要是義符)、音符和記號的一種文字體系(隸書的形成可以看作這種演變完成的標誌)。如果一定要爲這兩個階段的漢字分別安上名稱的話,前者似乎可以稱爲意符音符文字,或者像有些文字學者那樣把它簡稱爲意音文字;後者似乎可以稱爲意符音符記號文字。考慮到後一階段的漢字裏的記號幾乎都由意符和音符變來,以及大部分字仍然由意符、音符構成等情況,也可以稱它爲後期意符音符文字或後期意音文字。③

---

① 裘錫圭:《談談漢字整理工作中可以參考的某些歷史經驗》,原載《語文建設》1987年第2期;後收入《裘錫圭學術文集》第4卷,第100頁,上海:復旦大學出版社,2012年。
② 蔣善國:《漢字形體學》,北京:文字改革出版社,1959年。
③ 裘錫圭:《漢字的性質》,原載《中國語文》1985年第1期;後收入《裘錫圭學術文集》第4卷,第55頁,上海:復旦大學出版社,2012年。

參考文獻

楊振淑:《隸變考》,《女師學院期刊》第 1 卷第 2 期,第 1—43 頁,1933 年。

杜鎮球:《篆書各字隸合爲一字篆書一字隸分爲數字舉例》,《考古學社社刊》第 2 期,第 29—33 頁,1935 年。

蔣善國:《漢字形體學》,第 175—291 頁,北京:文字改革出版社,1959 年。

蔣善國:《漢字的組成和性質》,北京:文字改革出版社,1960 年。

蔣維崧:《由隸變問題談到漢字研究的途徑和方法》,《山東大學學報》1963 年第 3 期,第 1—20 頁。

裘錫圭:《從馬王堆一號漢墓"遣冊"談關於古隸的一些問題》,《考古》1974 年第 1 期;後收入《裘錫圭學術文集》第 4 卷,上海:復旦大學出版社,2012 年。

裘錫圭:《文字學概要》,第 82—85 頁,北京:商務印書館,1988 年。

趙平安:《隸變研究》,保定:河北大學出版社,1993 年。

漢語大字典字形組編:《秦漢魏晉篆隸字形表》,成都:四川辭書出版社,1985 年。

練　　習

一、名詞解釋

　　1. 隸變　　2. 隸分　　3. 訛變　　4. 隸合

二、隸書對篆文字形的改造主要表現在哪些方面?

＊三、由於隸變原因,有些形聲字的聲旁遭到破壞。注明下列形聲字中的聲符

　　1. 泰　　2. 賊　　3. 隆　　4. 責　　5. 在
　　6. 布　　7. 那　　8. 聅　　9. 志　　10. 寺

11. 細　12. 書　13. 更　14. 龜　15. 稚
16. 殿　17. 括　18. 青　19. 春　20. 年

* 四、注明下列會意字隸變之前的偏旁結構
1. 竝　2. 香　3. 兼　4. 夙
5. 尿　6. 表　7. 尾　8. 寒
9. 糞　10. 賣　11. 暴　12. 春

第六章 版 本

§6.1

　　唐代以前還沒有雕版印刷術①，書籍大都是寫本。所謂寫本，狹義專指唐代或唐以前由手寫成書的本子。寫本就是鈔本，傳抄的次數越多，錯誤也會越多，校勘就顯得更爲重要。唐代以後，雕版盛行，寫本逐漸亡佚，版本也就隨之而泛指不同的刻本了。所謂版本，指一部書在傳抄、刊刻過程中所形成的不同本子。研究版本的特徵和差異，鑒別其真僞和優劣，即稱版本學。我們在這裏只討論《說文》的版本問題。

　　漢安帝建光元年（公元121年），許沖把《說文》獻給朝廷。此後，《說文》一書就開始廣泛流傳起來。東漢末年，《說文》就爲學者所重視。鄭玄注《周禮·考工記》《儀禮·既夕禮》《禮記·雜記》，應劭作《風俗通》，都引用過《說文》。由魏晉至隋唐一直

---

① 印刷術是我國發明的，開始發明的是唐代的雕版印刷（活字印刷是北宋畢昇發明的）。所謂雕版，是指用木板雕刻文字，使成爲印刷用的底版。選定木料，按書式鋸成版片後，要放在水裏浸上個把月。浸後再把它刨光，陰乾，然後才能貼"寫樣"。貼"寫樣"即把在紙上寫好的文字反貼到版片上，這樣刻出來的是反字，印出來的才是正字。用以上辦法來印書就叫做雕版印刷。一塊雕版可印上千部書，比起"寫本"來是一個飛躍式的進步。

有人傳習《說文》。《經籍志》是歷代的圖書目錄,是瞭解古籍的重要渠道。《隋書·經籍志》《舊唐書·經籍志》《新唐書·經籍志》均有記載《說文》的情況,可以參看。

§6.2

到了唐代,《說文》有許多寫本,當時"傳寫《說文》者,皆非其人,故錯亂遺脫,不可盡究。"(見宋徐鉉《上〈說文〉表》)李陽冰是唐代著名書法家①。他所寫的篆書,在唐代極負盛名,凡豐碑大碣,多請李陽冰爲之篆額。他在唐代宗大曆年間(766—779)曾對《說文》作了整理、刊定工作。宋代徐鉉在《上〈說文〉表》中說:

> 唐大厤(曆)中,李陽冰篆跡殊絕,獨冠古今,自云:"斯翁之後,直至小生。"此言爲不妄矣。於是刊定《說文》,修正筆法,學者師慕,篆籀中興。然頗排斥許氏,自爲臆說。夫以師心之見,破先儒之祖述,豈聖人之意乎?今之爲字學者,亦多從陽冰之新義,所謂貴耳賤目也。②

《說文》原書十五篇,李陽冰認爲其篇帙繁重,乃改分爲三十卷。根據大徐本和小徐本所引李陽冰刊定本的部分內容,可以大略知道,他主要做了以下三個方面的工作③:

第一、論定筆法

第二、別立新解

---

① 李陽冰,字少溫,趙郡(今河北趙縣)人,唐代文字學家、篆書家。乾元時爲縉雲縣令,官至將作監。工篆書,得法於秦嶧山刻石,後來學篆者多宗之。曾刊定《說文》。

② 《說文解字》,第 320 頁,中華書局影印陳昌治一篆一行本,1963 年。

③ 參看周祖謨《李陽冰篆書考》,《問學集》下冊,第 809—817 頁,北京:中華書局,1981 年。

第三、刊定形聲

第一個工作是"論定筆法"。《說文》以後,隸楷行草盛行,籀篆之學日見式微。唐代李陽冰針對《說文》小篆在傳抄過程中失真的狀況,對其筆法加以說明。例如"王"與"玉"字篆體易混,《說文》(9頁下)"王"字條下大徐注裏引李陽冰話說:"李陽冰曰:中畫近上,王者則天之義。"在《說文》(10頁上)"玉"字條下大徐注裏引李陽冰話說:"陽冰曰:三畫正均,如貫玉也。"這樣,就說清楚二者的區別了。

第二個工作是"別立新解"。李陽冰以秦刻石等爲依據,對許慎的某些解說敢於提出一些新說。李陽冰的新解大都保存在徐鍇的《說文解字繫傳·袪妄》中。例如:《繫傳·袪妄》(321頁上)"欠"字條說:"陽冰云'上象人開口'。"《繫傳·袪妄》(320頁下)"木"字條說:"陽冰云'象木之形'。"《繫傳·袪妄》(319頁下)"龠"字條說:"陽冰云'品象眾竅,蓋集眾管如冊之形而置竅爾'。"上述這些新解比許慎的講法合理。例如"欠"字,甲骨文作 ,象人張口出氣。《說文》"欠"字篆文上部從"气",與秦漢金石文字裏的篆文不合,可能是後人改動的。李氏根據秦刻石把篆文 改作 ,是正確的。又如"木"字,甲骨文作 ,上象枝條,下象樹根,李氏"象木之形"的說法是對的。又如"龠"字,甲骨文作 (《合集》4720),上面是倒寫的"口"字,下面的 象用竹管編成的樂器,整個字形象用嘴巴吹奏樂器之形。李氏新解,也是正確的。《繫傳·袪妄》所録李陽冰的新解50多條,徐鍇全部斥爲妄語,是不公正的。《說文·子部》(309頁下)"子"字條下,大徐注引李陽冰曰:"子在繈褓中,足併也。"許慎心知"子"字之形而不明言,李陽冰一語道破,所說極是。

第三個工作是"刊定形聲"。李陽冰對許慎所分析的形符(意符)、聲符或有不同看法,也予以刊定。例如:《說文·心部》

(221頁下):"忍,怒也。从心,刀聲,讀若額。"大徐注云:"李陽冰曰:'刀非聲,當从刈省。'"又如:《說文·魚部》(243頁上):"鱀,魚也。从魚,罧聲。"大徐注云:"李陽冰曰:當从羈省。"

李陽冰刊定《說文》的詳細情況,今已不得而知,但從徐鍇《說文解字繫傳·祛妄》中可窺其一斑。李陽冰是根據秦刻石篆文來改動《說文》篆文的,如"欠"字,《說文》作 而秦刻石作 ,才改作 。所以,龍宇純說:"一般以爲古文字研究始於宋代,於今看來,李氏實已導夫先路,在文字學史上的地位,實應重新予以評價。"①但是,李陽冰的有些說法亦不可取,例如:《說文·竹部》(99頁上)"笑"字下云:"此字本闕(指許慎漏收)。臣鉉等案:孫愐《唐韻》引《說文》云'喜也。从竹从犬。'而不述其義。今俗皆从'犬'。又案:李陽冰刊定《說文》:从竹从夭,義云:'竹得風,其體夭屈,如人之笑',未知其審。"李陽冰刊定《說文》"笑"字"从竹从夭",誤。從西漢初年出土的馬王堆帛書、竹簡,一直到東漢的熹平石經,"笑"字的寫法都是"从艸,从犬"。在漢代,竹、艸混用,所以《說文》"从竹从犬"是對的。"樊"字最早見於《楚帛書》(255頁),字作 ,上從"艸",下從"犬"(曾侯乙編鐘銘文"獸"字"犬"旁作 可證)。朱德熙認爲是"莽"字而省去下部"艸"旁。又如:《說文·豸部》(197頁下):"豸,獸長脊行豸豸然,欲有所司殺形。"字形上部象獸頭,下部象獸身,象長脊猛獸之形。徐鍇《繫傳·祛妄》(321頁)"豸"字條說:"陽冰云:'从肉、力。'臣鍇以爲此象長脊。陽冰以爲猛獸,妄云肉力,且無足之蟲亦謂之豸,豈是力乎?"徐鍇的批評是對的。

李陽冰刊定《說文》的概況,參看王初慶《試由〈說文繫傳·祛妄〉蠡測李陽冰之〈說文〉刊本》(載《輔仁國文學報》8,1992年)。

---

① 龍宇純:《中國文字學》,第414頁,臺北:五四書店,1996年。

§6.3

《說文》的原本早已亡佚。現在所能看到最早的本子是唐寫本：

木部殘卷(圖5)

口部殘頁(圖6)

第一種是唐寫本木部殘卷①，共6頁，存188字，將近《說文》全書的五十分之一。木部殘卷原爲清朝安徽黟縣縣令張仁法所藏。同治初年，他轉贈給著名藏書家莫友芝。莫氏於同治三年即依原本摹寫，並著《唐寫本說文解字木部箋異》一卷，刻版行世。光緒末年歸端方，清亡後爲景樸孫所得，1926年歸日本人内藤湖南，現藏於日本大阪的杏雨書屋②。周祖謨《問學集》下冊第726頁之後附有唐寫本木部殘卷的黑白照片(圖5)。第二種是口部殘頁，是唐代時日本人的摹本，現藏日本，僅存一頁，存6行12字。摹本見《問學集》下冊第724頁(圖6)。

木部殘卷卷末有宋人米友仁跋，定爲唐代寫本。莫友芝等人根據殘卷文字避唐德宗李适和穆宗李恆名諱，認爲殘卷是穆宗以後的人抄寫的。穆宗在位於公元821—824年，也就是說木部殘卷是中唐時的寫本。李陽冰刊定《說文》的時間在大曆(766—779)年間，要早於木部殘卷抄寫的年代。木部殘卷會不會是根據李陽冰刊定的本子抄寫的呢？周祖謨曾對這個問題作

---

① 莫友芝：《唐寫本說文解字木部箋異》，《叢書集成初編》本，第21—23頁，上海：商務印書館，1936年。

② 傅增湘：《藏園群書經眼錄》第一冊，第128頁，北京：中華書局，1983年。嚴紹璗：《跬步齋日本訪書雜誌——恭仁山莊"四寶"與杏雨書屋》，《書品》1987年第1期，第54—57頁；嚴紹璗：《漢籍在日本的流布研究》"杏雨書屋與恭仁山莊本漢籍"一節，第296—298頁，南京：江蘇古籍出版社，1992年。

過研究,認爲木部殘卷不是李陽冰刊定的本子①。李家浩得出跟周祖謨相反的結論。他認爲"木部殘卷是根據李陽冰刊定本抄寫的,其篆文保存了一些李氏改寫後的字形。因此,木部殘卷對於研究李陽冰刊定本《說文》,無疑是十分重要的資料。"②

§6.4

今天我們所能看到的《說文》全本有兩種:南唐徐鍇的《說文解字繫傳》和北宋徐鉉等人校定的《說文解字》。

徐鍇(920—974),字楚金,廣陵(今江蘇揚州)人。五代南唐文字學家。他是徐鉉的弟弟,人稱"小徐",仕於南唐,官至內史舍人,精通文字訓詁之學,著有《說文解字繫傳》一書,世稱"小徐本"。其事蹟見《宋史·文苑傳》《南唐書》。徐氏兄弟倆,合稱"大小二徐"。兄弟倆原先都在南唐做官。南唐滅亡前弟弟徐鍇去世(或說死在宋太祖開寶七年),爲南唐人。哥哥徐鉉後歸宋,爲宋人。徐鍇所作《說文解字繫傳》一書,是自漢魏以後最早的一部《說文解字》注本。小徐本之所以名爲繫傳,則是取法於易傳。徐鍇因尊崇許慎,把《說文》視爲"經",而自謙所作之訓釋爲"傳",猶《詩經》之有毛傳。《說文解字繫傳》共40卷:

  1—30 卷　　　　通釋
  31—32 卷　　　　部敘
  33—35 卷　　　　通論
  36 卷　　　　　　祛妄

---

① 周祖謨:《唐本說文與說文舊音》,《問學集》下册,第725—727頁,北京:中華書局,1981年。

② 李家浩:《唐寫本〈說文解字〉木部殘卷爲李陽冰刊定本考》,《文史》2003年第1輯。

37 卷	類聚
38 卷	錯綜
39 卷	疑義
40 卷	系述

第 1 至 30 卷"通釋"是全書的重心，每個正篆下先錄許書原文，次錄"臣鍇曰""臣鍇案"進行詮釋闡發，疏證古義。一般引"小徐本"即指"通釋"。後 10 卷是徐鍇自己的著作。第 31 至 32 卷爲"部敘"，專講 540 部首排序的道理。第 33 至 35 卷爲"通論"，闡發文字結構的意義。第 36 卷爲"袪妄"，批駁李陽冰的"新說"。第 37 卷爲"類聚"，取同類名物的字說明其取象。第 38 卷爲"錯綜"，從人事推闡古人造字的意旨。第 39 卷爲"疑義"，論列《說文》所闕之字和字體跟小篆不合者。第 40 卷爲《系述》，說明各篇著述的宗旨。

徐鉉（917—992），字鼎臣，廣陵人，五代末宋初文字學家。他是徐鍇的哥哥，人稱"大徐"。早年仕吳，爲校書郎。南唐滅吳之後，又仕南唐，官至吏部尚書。南唐亡，後歸宋，官至散騎常侍。他精於文字學，善學李斯小篆。其事蹟見《宋史·文苑傳》。徐鉉等人奉詔校訂的《說文》，世稱"大徐本"。

宋太宗雍熙三年（986），徐鉉奉皇帝的命令與句中正、葛湍、王惟恭等學者共同校訂《說文》。校定工作偏重於《說文》本身的校勘整理，力圖恢復《說文》的本來面目。校定工作主要有以下幾方面：

第一、改易分卷

許書原爲十五篇。徐鉉以其篇帙繁重，分每篇爲上、下兩卷。例如：把《說文》第一篇的"一、上、示、三、王、玉、玨、气、士、丨"10 個部首分爲"一上"；把"屮、艸、蓐、茻"分爲"一下"。這樣一來《說文》便成爲三十卷①。

第二、增加標目

古人著書,皆列《敘目》於書末,如司馬遷《太史公自序》即置於《史記》之末。六朝時范曄著《後漢書》才開了列目錄於卷首的先例。徐鉉按宋代體例,將原在第十五篇《敘目》中所列540部另移一份於卷首,用作目錄;又在每個篆字之下加注楷書及反切②,甚便讀者。

第三、增加反切

《說文》之時,尚無反切。《說文》注音大多採用直音法等。這類注音方法不夠確切,要唸出一個字的正確讀音,困難較多。徐鉉用孫愐《唐韻》的反切給《說文》每個字頭加上反切以注音,使讀者能對《說文》每個字唸出正確的讀音。如今,《唐韻》早已失傳,大徐本卻爲我們保存了研究中古音的珍貴資料。

第四、補綴闕漏

《說文》全書由許慎一人寫成,創業維艱,不可能沒有遺漏和缺陷。徐鉉等人在校定的過程中,看到"有許慎注義序例中所載而諸部不見者,審知漏落,悉從補錄",總共增補了19個正篆字頭(見《說文》第321頁)。例如,許慎在《說文·敘》裏寫有"幼子承詔"一語,但《說文》正篆字頭不列"詔"字。徐鉉在《說文·言部》(52頁下)裏增補"詔"字,並加上解說"詔,告也。从言从召,召亦聲"。又如許慎在《說文·言部》(51頁下)裏對"詩"字的解釋是:"詩,志也",但《說文》不列"志"字。徐鉉就在《說文·心部》(217頁上)裏增補"志"一條,並加注釋:"志,

---

① 有人認爲,改《說文》十五篇爲三十卷,實爲唐代李陽冰。
② 反切是中國古代給漢字注音的一種方法。反切注音法大約起於漢末,最初叫做"反",又叫做"翻"。唐人忌諱"反"字,又改爲"切"字。這些都是名稱的不同,其實都是"拼音"的意思。反切的方法是用兩個字拼出一個音來。如:"蕲,模朗切","隹,職追切"。其方法是:取上字之聲母和下字之韻母及聲調,聲母和韻母合在一起,拼出被切字的讀音。古代沒有拼音字母,反切上下字就當拼音字母來使用。

意也。从心之聲。"這些都不是許慎的原文,但徐鉉有補闕之功。

第五、增加"新附字"

宋太宗在命令徐鉉等人校定《說文》時,提出了補充新字的要求。這些新字大致包括兩個方面:一是先秦古書中出現過而《說文》不載者,即所謂"經典相承傳寫"的字;一是在許慎以後至北宋初年期間新產生的字,即所謂"時俗要用"的字。徐鉉承詔後,就對這兩方面的文字進行收集,作爲"新附字"附在《說文》各部之後。例如:

《說文·示部》(9頁下)末所附"禰、祧、祆、祚"4字是新附字。

《說文·牛部》(30頁上)末所附"犍、犝"2字是新附字。

《說文·竹部》(99頁上)末所附"笑、簃、筠、笏、篚、篙"6字是新附字。

《說文·月部》(141頁下)末所附"朦、朧"2字是新附字。

《說文·女部》(265頁上)末所附"嬙、妲、嬌、嬋、娟、嫠、妒"7字是新附字。

《說文·土部》(290頁上)末所附"塗、塡、埏、塲、境、塾、墾、塘、坳、壒、墜、塔、坊"13字是新附字。

《說文·金部》(299頁上)末所附"鏪、銘、鎖、鈿、釧、釵、鈀"7字是新附字。

徐鉉對上舉新附字——按許慎的體例作了形、音、義的解釋。爲了避免新附字與許慎的原文相混,徐鉉把蒐集到的402個新附字分別插入各部正文之後。這樣,既爲《說文》增添了新字,又不破壞許書原貌,在治學和實用上都得到了妥善的解決,也便於學者查考。

第六、增加注釋

"許慎注解,詞簡義奧,不可周知。陽冰之後,諸儒箋述有可取者,亦從附益;猶有未盡,則臣等粗爲訓釋,以成一家之書。"這是徐鉉對《說文》所作的重要貢獻之一。許慎的說解有不明確或不完整的,徐鉉等都在許慎原文的後面,用雙行小字加上補釋或辨說,並寫上"臣鉉曰""臣鉉等曰"爲別。這就是所謂"大徐注"(下引"大徐注",用小號字體)。大徐注内容豐富,舉例如下:

或引用小徐本①:

《說文·炎部》(210 頁下):"粦……徐鍇曰:案《博物志》:戰鬭死亡之處,有人馬血積中爲粦,著地入艸木,如霜露不可見。有觸者,著人體後有光,拂拭即散無數,又有吒聲如驚豆。舛者,人足也,言光行著人。"

《說文·木部》(121 頁下):"牀……徐鍇曰:《左傳》:'薳子馮詐病,掘地,下冰而牀焉。'至於恭坐則席也,故從爿。爿則疒之省,象人裹身有所倚箸。至於牆、壯、戕、狀之屬,並當从牀省聲。李陽冰言:木右爲片,左爲爿,音牆。且《說文》無爿字,其書亦異,故知其妄。"

《說文·戈部》(266 頁下):"戔……徐鍇曰:兵多則殘也,故从二戈。"②

《說文·門部》(248 頁下):"閒……徐鍇曰:夫門夜閉,閉而見月光,是有閒隟也。"

《說文·冊部》(48 頁下):"嗣……徐鍇曰:冊必於廟,史讀其冊,故从口。"

或補訓釋:

《說文·示部》(7 頁下):"祜,上諱③。臣鉉等曰:此漢安帝名也。福也,當从示,古聲。"

---

① 小徐本成書在大徐本之前,故多爲大徐所引用。

② 甲骨文"戔"字作𢦏,象兩戈相向之形。前人或以"戔"爲"殘"的初文,是可信的。後來,爲了便於書寫,這個字改寫成兩戈都朝一個方向的"戔"字,本義遂晦。

③ "祜"字因遇當朝皇帝名而避諱,許慎但書"上諱"而不加訓釋。"大徐注"補上訓釋。

或剔重複：

《說文·欠部》(179頁上)："吹……臣鉉等案：口部已有吹、噓，此重出。"

《說文·欠部》(179頁下)："嘯……臣鉉等案：口部此籀文嘯字，此重出。"

《說文·亏部》(101頁下)："吁……臣鉉等案：口部有吁，此重出。"

《說文·心部》(217頁上)："愷……臣鉉等曰：豈部已有，此重出。"

或明形體：

《說文·血部》(105頁上)："衁……臣鉉等曰：'大'象蓋覆之形。"

《說文·須部》(184頁下)："須……臣鉉等曰：此本須鬚之須。頁，首也。彡，毛飾也。借爲所須之須。俗書从水，非是。"

《說文·立部》(216頁上)："立……臣鉉等曰：大，人也；一，地也。會意。"

《說文·羊部》(78頁下)："羣……臣鉉等曰：羊性好羣，故从羊。"

《說文·人部》(164頁下)："付……臣鉉等曰：寸，手也。"

《說文·𠬪部》(84頁下)："爭……臣鉉等曰：厂，音曳。𠬪，二手也。而曳之，爭之道也。"

《說文·能部》(207頁上)："能……臣鉉等曰：㠯非聲，疑皆象形。"

《說文·甾部》(203頁下)："甾……臣鉉等曰：首，徒結切，非聲，疑象形。"

或述流變：

《說文·人部》(163頁下)："何……臣鉉等曰：儋何即負

何也。借爲誰何之何,今俗別作擔荷,非是。"

《說文·艸部》(25 頁下):"苣……臣鉉等曰:今俗別作炬,非是。"

或注"未詳":

《說文·艸部》(15 頁上):"莊……臣鉉等曰:此漢明帝名也。从艸从壯,未詳。"

"大徐注"也有望文生義,牽強附會的。例如:

《說文·巾部》(159 頁下):"席……臣鉉等曰:席以待賓客之禮,賓客非一人,故从庶。"①

徐鉉等校訂的《說文》完成以後,書成奏上,宋太宗看了校訂本書稿後,十分滿意,詔令國子監雕版印行,用廣流布。此書世稱"大徐本"。大徐本的特點是偏重於《說文》本身的校勘整理,力圖恢復其本來的面目。

《說文》傳至五代宋初,訛奪已甚。由於徐鉉、徐鍇對《說文》的精心校訂,才給我們留下兩部完整可讀的大徐本和小徐本,二徐不愧爲許氏功臣。

小徐本除《四部叢刊》影印述古堂鈔本外,傳世以清代道光年間祁寯藻刻本爲最佳。這個刻本據清代顧千里所藏的影宋鈔本和汪士鐘所藏宋槧殘本校勘而成,遠勝它本,所以中華書局於1987年據此影印出版。

大徐本最早者爲明毛氏汲古閣翻刻宋本,分初印本與剜改本兩種。清嘉慶十四年(1809),孫星衍又據宋本重刻,是爲平津館本。孫本世稱精善,但密行小字,連貫而下,不便閱讀。同治十二

---

① 大徐注對"席"字的解釋,純屬望文生義,牽強附會。古文字"席""庶"的字形結構皆从"石"聲,二字所从之"厂"皆"石"之變形。分別參看《林澐學術文集》,第8—9頁,北京:中國大百科全書出版社,1998年;于省吾《甲骨文字釋林·釋庶》,第431—435頁,北京:中華書局,1979年。

年(1873),廣東番禺陳昌治據孫星衍本改刻爲一篆一行本,以許書原文爲大字,徐鉉校注爲雙行小字,每部後的新附字則低一格,眉目至爲清朗。1963年中華書局以陳昌治本爲底本,併兩頁爲一頁縮印,又於每篆之首標舉楷書,出版《說文解字》影印本。新的影印本書末附"檢字",較便查閱。"檢字"分爲三個部分:

第一部分,檢部首字(書末第1—4頁)。將《說文》540部按筆畫數由少到多的順序排列,每字下標明在書中的頁數。

第二部分,檢正文字頭、重文和新附字(書末第4—60頁)。將《說文》正文字頭、重文和新附字按筆畫數由少到多的順序排列,每字下標明在書中的頁數。

第三部分,檢別體字(書末第60—62頁)。將別體字按筆畫數由少到多的順序排列,每字下標明在書中的頁數。

我們平常使用大徐本和小徐本時,需要注意以下三方面:

第一、字次方面

《說文》每一部首所收之字是"以類相從"的,即把詞義相近的字排列在一起。這種"以類相從"的體例可以幫助記憶,便於檢索。例如《說文·木部》(114頁下—125頁下)字的排列:大致是先列樹木的名稱,次列樹木各部位名稱,再列描述樹木形態的字,最後列木製品的字。今本《說文》中有些意義不同的字排在一類中,可能是大、小徐擅改的。茲以"桱"字爲例來談談字次問題。大徐本"桱"字列在"桯"字和"牀"字之間:

《說文·木部》(121頁下):"桯,牀前几。从木呈聲。"

《說文·木部》(121頁下):"桱,桱桯也。東方謂之蕩。从木巠聲。"

《說文·木部》(121頁下):"牀,安身之坐者。从木爿聲。"

從表面看,"桱"字似按字義排列,其實是有問題的。從這裏並不能瞭解什麼是"桱桯"。段玉裁正因不瞭解"桱桯"的含義,所以逕自刪去"桱"字,謂"桱,桯也",把"桱"當作"桯(牀前几)"的同義詞來解釋。但是在唐寫本木部殘本裏,"桱"字卻列在"櫑"字和"椑"字之間:

《說文·木部》:"櫑,龜目酒罇……从木畾,畾亦聲。"
《說文·木部》:"桱,桱桯也。東方謂之蕩。从木巠聲。"
《說文·木部》:"椑,圜榼也。从木卑聲。"

日本人空海(774—835)編撰的字書《萬象名義》"桱"字也不列於臥具"桯"字和"牀"字之間,而列在酒具"櫑"字和"椑"字之間。《萬象名義》雖是日本人所編撰的字書,卻是依據南朝梁顧野王《玉篇》撰寫的。而《玉篇》又多依《說文》之字次排列。足證《說文》古本"桱"字確與"櫑""椑"爲一類;而"桱"之訓,也應該是一種酒器。1962年,北京大學歷史系研究生沈元寫了一篇《急就篇研究》①。他在這篇文章裏指出"桱桯"是一種酒器,如:《居延漢簡甲編》(第1572號)有一片記載將軍的器物,內有"桱程二"。西漢史游編寫的《急就篇》(皇象本)中亦有此詞:"酤酒釀醪稽䅯程"。此詞在《韓詩外傳》(第十卷第十六章)中作"經程",其文曰:"齊桓公置酒,令諸大夫曰:'後者飲一經程。'管仲後,當飲一經程。"沈元指出,"桱桯""䅯程""經程"爲一詞異體,無疑應訓爲酒器。上引《說文·木部》(121頁下):"桱,桱桯也。東方謂之蕩。"周祖謨認爲《說文》"桱"字說解中的"蕩"字,據日本空海編寫的《萬象名義》本應作"筹",十分正確②。《說文·竹部》(97頁上)訓"筹"爲"大竹筒(筩)"。這一意義得到出土考古資料的印證。湖北雲夢睡虎地一號秦墓木牘所記隨葬物中有"竹筹四"。"桱桯"又稱爲"筹",說明原始的"桱桯"應是盛酒的大竹筒,即"斷闊節大竹所爲之酒器"。"蕩"

---

① 沈元:《急就篇研究》,《歷史研究》1962年第3期。
② 周祖謨:《問學集》下冊,第729頁,北京:中華書局,1966年。

是東方的方言,指"桱桯"。而且《說文·金部》(294頁下)有"鋞"字,訓爲"溫器也,圜直上。从金巠聲"。今出土有此類器物,正如《說文》所說的"圜直上",是說其器身作直上直下的圓筒形。大概"鋞"主要是用來溫酒或盛酒的。"鋞"和"桱桯"之間,在形制上其實也並無截然不可逾越的界限。"鋞"和"桱桯"這兩個名稱在語言上無疑有內在的聯繫。由竹器"桱桯"演化而成銅器稱爲"鋞"。今本《說文》把"桱"字列在"桯"字和"牀"字之間,說明大小徐本已不知道"桱桯"一詞是什麼意思。段玉裁也未搞清楚。現在,通過沈元、周祖謨、裘錫圭考證,可以肯定"桱"字是酒器,應次於酒具"樐"字和"椑"字之間。大小徐本把"桱"字列在"桯"字和"牀"字之間,以爲是臥具,誤①。

第二、篆文方面

祁寯藻刻本的小徐本確實很好,但是有一個缺點,就是把宋代《四部叢刊》影印的《說文解字繫傳》的影宋鈔本裏的篆字改了,不如《四部叢刊》篆字近古了。舉例來說:

《四部叢刊》本　　　清祁寯藻刻本　　　大徐本

𠦪　小篆作𠦪　　　小篆作𠦪　　　　小篆作𠦪

《說文》所收篆文,因歷經傳抄、翻刻,在我們今天能看到的各種版本中,同一字的字形或有不同。有的不同對理解該字的構造關係不大,不必深究。有的不同卻相當重要,例如上舉"𠦪"字,小徐本及大徐本(113頁上)的正篆均作𠦪。《四部叢刊》影印的徐鍇《說文解字繫傳》作𠦪,裘錫圭根據作𠦪這一字形,找出了甲骨文未確識的"𠦪(蚩)"字和"𠦪"字的字形聯繫,以詳盡的論證說明甲骨文"蚩"字,其實就是《說文》"𠦪"字,改釋作傷害之"害"的

---

① 裘錫圭:《鋞與桱桯》,《文物》1987年第9期;後收入《裘錫圭學術文集》第6卷,第4—11頁,上海:復旦大學出版社,2012年。

本字①。只看過大徐本或祁寯藻刻本的小徐本的人，就不可能發現這種聯繫。所以看祁寯藻的小徐本時，最好再參看《四部叢刊》影印的《說文解字繫傳》的影宋鈔本。

第三、說解方面

用唐寫本或者用古書轉引《說文》的資料等同大、小徐本對照，可以發現大、小徐本在說解方面有漏字、訛誤、增字現象。現分述於下：

（一）漏字

《說文·言部》（54頁下）："諵，加也。"小徐本也是"加也"。而《玉篇》"諵"下引《說文》是"加言也"。玄應《一切經音義》（卷十一、十五、十七）和慧琳《一切經音義》（卷五十一、五十八、八十九）引《說文》，都是"諵，加言也"。今本漏"言"字。

清人俞樾在《古書疑義舉例》中說："古書遇重字，多省不寫，但於本字下作'='劃識之。"（卷一·12）由古文字重字一律加"="的事實推測，當時的古書也應該如此。《說文》漏字主要是漏掉重文號。例如：

握，木帳（帳）也。从木屋＝亦聲。
（唐寫本《說文·木部》）

握，木帳也。从木屋聲。
（大徐本《說文·木部》121頁下）

械，＝窬，褻器也。从木戚聲。
（唐寫本《說文·木部》）

械，械窬，褻器也。从木戚聲。
（大徐本《說文·木部》121頁下）

上引"握"字，唐寫本作"从木屋＝亦聲"，大徐本作"从木屋聲"。

---

① 裘錫圭：《釋"虫"》，原載《古文字學論集》（香港中文大學，1983年）；後收入《裘錫圭學術文集》第1卷，第206—211頁，上海：復旦大學出版社，2012年。

由此可以推知，可能抄寫時，先把"从木屋＝亦聲"中的"＝"號抄掉，成了"从木屋亦聲"。其後，覺得這句話不通，再刪去"亦"字，就成了大徐本中的"从木屋聲"。唐寫本木部殘卷，爲校勘《說文》提供了重要的依據，在一定程度上展示了《說文》原貌。莫友芝非常珍視它，將研究所得撰爲《唐寫本說文解字木部箋異》一卷。上引"樕"字，《箋異》云："樕，'＝'疊篆'樕'字。按：此知傳本解說首字同篆者，率以'＝'書之。如：'巂周''離黃'，各本失'巂'、失'離'之類，段氏寀補者甚衆，殆以是歟？"莫氏懷疑傳本《說文》"巂周""離黃"失"巂""離"之類與首字同篆者用省書符號有關，甚是。

　　《說文》每條說解之前的小篆字頭是訓釋的對象。如：《說文·玉部》（13頁下）："琅，琅玕，似珠者。从玉良聲。"小篆"琅"是字頭，"琅玕"是"琅"與"玕"組成的連綿詞，這個連綿詞表示象蚌珠一樣的美石。"似珠者"是訓釋"琅玕"的，而不是訓釋"琅"的。但是，大徐本字頭底下連綿詞的第一個字，如果和篆文字頭是重字，往往被省略。我們理解時，應該"篆解連讀爲句"。也就是說，應該補出這個被省略的與篆文重複的字。

　　清代學者錢大昕在《十駕齋養新錄》（卷四）"《說文》連上篆字爲句"條中提出："許君因文解義，或當疊正文者，即承上篆文連讀。"這就是所謂"篆解連讀"的文例。"篆"指每個篆文字頭，是被注釋的對象。"解"指解說中的第一個字。《說文》有的篆文要跟解說中的第一個字合起來連讀，作爲被注釋的詞語，即所謂"篆解連讀"。例如：

　　　　離，黃倉庚也。

（《說文·隹部》76頁下）

"離，黃倉庚也"應該讀成"離黃，倉庚也"。"離黃"是一種鳥名，就是"倉庚"。"倉庚"即黃鸝。《詩經·豳風·七月》:"春日載陽,有鳴倉庚。"《毛傳》:"倉庚,離黃也。"《集傳》:"倉庚,黃鸝也。""離"不能解釋爲"黃色的倉庚鳥"。"離"和"黃"應連在一起讀,是倉庚的別名,它跟"倉庚"一樣都是連綿字,不能拆開解釋。錢氏還舉了一些例子。例如:

昧,爽旦明也。从日未聲。

(《說文·日部》137 頁下)

《書·牧誓》:"時甲子昧爽,王朝至於商郊牧野,乃誓。""昧爽"在旦明之前。昧者,未也。爽者,明也。昧爽之義即天色未明之時。所以,"昧,爽旦明也"應該讀成"昧爽,旦明也"。

肸,響布也。从十从肖。

(《說文·十部》50 頁下)

"肸,響布也"應讀成"肸響,布也"。"肸響"是連綿字,是散佈傳播的意思。

湫,隘下也。

(《說文·水部》235 頁上)

"湫隘"連用已見於《左傳·昭公三年》,文曰:"子之宅近市,湫隘囂塵,不可以居。""湫隘"是低下窄小之地。所以,"湫,隘下也"應讀爲"湫隘,下也"。

曑,商星也。从晶㐱聲。

(《說文·晶部》141 頁上)

"曑(參)"和"商",是兩個不同的星宿名稱,參星昇,商星落,永遠不會同時出現在天空。古人常用來比喻相隔遙遠而不能見面。杜甫的詩《贈衛八處士》云:"人生不相見,動如參與商",是說朋友分別之後像參星和商星一樣不能相見。若將《說文》"參"的注釋讀爲"參,商星也",則違反了天文常識。顧炎武在

《日知錄》中曾批評許慎訓"參"爲"商星"是不懂天文。上述情況,清人錢大昕提出"篆解連讀",被譽爲《說文》體例的"一大發明",後人多信從其說①。錢氏認爲許慎是爲了節省筆墨,省去一個"參"字。從古文字資料中重文常用"="號代替,以及唐寫本《說文》中重文亦用"="號代替看,錢說誤。實際上是後人傳寫《說文》時,訛脫"="之讀,即把重文號抄掉了。

(二)訛誤

《說文》裏有些字的注解是以《漢律》爲根據的,《漢律》因襲《秦律》的地方很多,所以可以根據1975年湖北雲夢睡虎地出土的《秦律》來糾正今本《說文》的一些錯誤。例如《說文·米部》(147頁上):

  粲,稻重一秅,爲粟二十斗,爲米十斗曰毇,爲米六斗太半斗曰粲。

又《說文·麥部》(112頁上):

  麫,麥覈屑也。十斤爲三斗。

睡虎地出土的《秦律·倉律》裏有與上引《說文》有關的一條律文:

  稻禾一石,爲粟二十斗,舂爲米十斗;十斗粲,毀(毇)米六斗大半斗。麥十斗,爲麫三斗。②

根據這條律文,"麫"字注解裏的"斤"字應改爲"斗"。③

---

① 參看姚孝遂《許慎與〈說文解字〉》,第14頁,北京:中華書局,1983年。
② 睡虎地秦墓竹簡整理小組:《睡虎地秦墓竹簡》,第44—45頁,北京:文物出版社,1978年。
③ 裘錫圭:《考古發現的秦漢文字資料對於校讀古籍的重要性》,原載《中國社會科學》1980年第5期;後收入《裘錫圭學術文集》第4卷,第360—361頁,上海:復旦大學出版社,2012年。

(三)增字

《說文》有增字的地方。例如:

> 斤,斫木也。象形。
>
> (大徐本《說文·斤部》299 頁下)

> 斤,斫木斧也。象形。
>
> (小徐本《說文·斤部》271 頁下)

今天很多講古漢語的字典,把"斤"解釋爲"斧",其實是錯了。廣西木牘遣冊上記有:"大斧二,斤一。"可見"斤"和"斧"是兩種不同的工具。"斧"的形狀作 𠂈,直柄直刃,用力方向呈直線。"斤"的形狀作 𠂆,曲柄橫刃,用力方向呈弧線。王筠《說文句讀》說:"斤之刃橫,斧之刃縱。"可從。《莊子·徐無鬼》:"郢人堊慢其鼻端,若蠅翼,使匠石斵之。匠石運斤成風,聽而斵之,盡堊而鼻不傷。"運斤成風的"斤"刃部是橫刃,運行的軌跡是弧形的,才能做到"盡堊而鼻不傷"。《文選》馬融《長笛賦》李善注和玄應《一切經音義》引《說文》"斤"字條時都沒有"斧"字,段玉裁依小徐本改作"斤,斫木斧也",認爲有"斧"字,不對。一般認爲小徐的學問好,因學問好而隨意增字,實誤。

§6.5

宋徐鉉《上〈說文〉表》

銀青光祿大夫守右散騎常侍上柱國東海縣開國子食邑五百户臣徐鉉、奉直郎守祕書省著作郎直史館臣句中正、翰林書學臣葛湍、臣王惟恭等,奉詔校定許慎《說文》十四篇,并《序目》一篇,凡萬六百餘字,聖人之旨蓋云備矣。稽夫八卦既畫,萬象既分,則文字爲之大輅,載籍①爲之六轡,先王教化所以行於百代及物之功,與造化均,不可忽也。雖復五帝之後,改易殊體②,六國之世,文字異形,然猶存篆籀之迹,不失形類之本。及暴秦苛政,散隸聿興,便於末俗,人競師法,古文既絕,譌僞日滋。至漢宣帝時,始命諸儒修倉頡之法,亦不能復故。光武時,馬援上疏,論文字之譌謬,其言詳矣。及和帝時,申命賈逵修理舊文,於是許慎采史籀、李斯、楊雄之書,博訪通人,考之於逵,作《說文解字》。至安帝十五年,始奏上之。而隸書行之已久,習之益工,加以行、草、八分,紛然閒出,返以篆籀爲奇怪之迹,不復經心。至於六籍舊文,相承傳寫,多求便俗,漸失本原。《爾雅》所載艸木魚鳥之名,肆意增益,不可觀矣。諸儒傳釋,亦非精究小學之徒,莫能矯正。唐大曆中,李陽冰篆迹殊絕,獨冠古今。自云:"斯翁之後,直至小生。"此言爲不妄矣。於是刊定《說文》,修正筆法。學者師慕,篆籀中興③。然頗排斥許氏,自爲臆說④。夫以師心之見,破先儒之祖述,豈聖人之意乎?今之爲字學者,亦多從陽冰之新義,所謂貴耳賤目⑤也。自唐末喪亂,經籍道息。皇宋膺運,二聖⑥繼明。人文國典,粲然光被。興崇學校,登進羣才。以爲文字者六藝之本,固當率由古法。乃詔取許慎《說文解字》,精加詳校,垂憲百代。臣等愚陋,敢竭所聞。蓋篆書堙替,爲日已久。凡傳寫《說文》者,皆非其人。故錯亂遺脫,不可盡究。今以集書正副本及羣臣家藏者,備加詳考。有許慎注義序例中所載而諸部不見者,審知漏落,悉從補錄。復有經典相承傳寫,及時俗要用而《說文》不載者,承詔皆附益之,以廣篆籀之

---

① 載籍,書籍。
② 改易,改變。殊體,不同的字體。
③ 中興,跟"中落"相對,指在衰敗過程中再次興旺起來。
④ 臆說,憑主觀想象的說法。
⑤ 貴耳賤目,相信傳聞,卻不相信親眼看到的事實。
⑥ 二聖,指宋太祖趙匡胤和宋太宗趙光義。

路,亦皆形聲相從,不違六書之義者。其閒《說文》具有正體,而時俗譌變者,則具於注中。其有義理乖舛、違戾六書者,竝序列於後,俾夫學者無或致疑。大抵此書務援古以正今,不徇今而違古。若乃高文大冊,則宜以篆籀著之金石;至於常行簡牘,則艸隸足矣。又許慎注解,詞簡義奧,不可周知。陽冰之後,諸儒箋述有可取者,亦從附益;猶有未盡,則臣等粗爲訓釋,以成一家之書。《說文》之時,未有反切,後人附益,互有異同,孫愐《唐韻》,行之已久,今竝以孫愐音切爲定,庶夫學者有所適從。食時而成,既異淮南之敏;縣金於市,曾非呂氏之精。塵瀆聖明,若臨冰谷。謹上。

新修字義
左文一十九,《說文》闕載,注義及序例偏旁有之,今竝錄於諸部:
詔　志　件　借　魋　綦　別　觷　醊　赳
顀　璵　癉　樾　緻　笑　迀　睕　峯
左文二十八,俗書譌謬,不合六書之體:
壹　字書所無,不知所從,無以下筆。《易》云:"定天下之壹壹。"當作娓。
个　亦不見義,無以下筆。明堂左右个者,明堂旁室也。當作介。
暮　本作莫。日在茻中也。
熟　本作孰。享芽,以手進之。
捧　本作奉。从廾,从手,丰聲。經典皆如此。
遬　本作敎。从出,从放。
徘佪　本作裴回。寬衣也。取其裴回之狀。
迴　本作回。象回轉之形。
腰　本只作要。《說文》象形。借爲玄要之要。後人加肉。
嗚　本只作烏,烏,盱呼也。以其名自呼。故曰烏呼。後人加口。

慾　《說文》欲字注云："貪欲也。"此後人加心。

揀　本只作柬。《說文》从束八，八，柬之也。後人加手。

俸　本只作奉。古爲之奉祿，後人加人。

自㬎已下一十二字，後人妄加偏旁，失六書之義。

鞦韆　案詞人高無際作《鞦韆賦》，序云："漢武帝後庭之戲也。"本云千秋，祝壽之詞也。語譌轉爲秋千。後人不本其意，乃造此字。非皮革所爲，非車馬之用，不合从革。

影　案影者，光景之類也。合通用景。非毛髮藻飾之事，不當从彡。

斌　本作彬或份，文質備也。从文配武，過爲鄙淺。復有从斌从貝者，音頵，亦於義無取。

悅　經典只作說。

蓺　本只作埶。後人加艸、云，義無所取。

著　本作箸。《說文》陟慮切，注云："飯敧也。"借爲住箸之箸。後人从艸。

墅　經典只用野。野亦音常句切。

蓑　蓑字本作蘇禾切。从衣，象形。借爲衰朽之衰。

賾　《周易疏義》云："深也。"案此亦假借之字，當通用嘖。

黌　學堂也。从學省，黃聲。《說文》無學部。

翵　充耳也。从纊省，主聲。《說文》無纊部。

矗　直皃。經史所無。《說文》無直部。

此三字皆無部類可附。

麌　《說文》噳字注云："麋鹿羣口相聚也。"《詩》："麀鹿麌麌"，當用噳字。

池　池沼之池，當用沱。沱，江之別流也。

篆文筆迹相承小異：

⺎⺎　⺎本作⺄。⺎本从二，从古文及，左旁不當引筆下垂。
　　　蓋前作筆勢如此，後代因而不改。

䇂　《說文》不从人，直作㠯。

𣘻　左旁枼从辛从木，《說文》不省。此二字李斯刻石文如
　　此，後人因之。

𠱏　从辛，从口。中畫不當上曲，亦李斯刻石如此，上曲則
　　字形茂美，人皆效之。

丂　《說文》作丂，象二屬之形。李斯筆迹小變，不言爲異。

兂　《說文》作兂，亦李斯小變其勢。李陽冰乃云：“从開口
　　形。”亦爲臆說。

朿　《說文》从屮而垂下，於相出入也。从入。此字从屮下
　　垂，當只作朿，蓋相承多一畫。

肉　如六切。《說文》本作肉，後人相承作肉，與月字相類。

𩫖　《說文》作𩫖。止史籀筆迹小異，非別體。

橆　此本蕃廡之廡，李斯借爲有無之無。後人尚其簡便，故
　　皆从之。有無字本从亡，李陽冰乃云不當加亡。且蕃
　　廡字从大，从卌，數之積也。从林，亦蕃多之義。若不
　　加亡，何以得爲有無之無？

畐　或作畐，亦止於筆迹小異。

𩰲　《說文》作𩰲，李斯筆迹小異。

銀青光祿大夫守右散騎常侍上柱國東海縣開國子食邑五百戶臣徐鉉等，伏奉聖旨校定許慎《說文解字》一部。伏以振發人

文,興崇古道。考遺編於魯壁①,緝蠹簡於羽陵②。載穆皇風,允符昌運。伏惟應運統天,睿文英武,大聖至明廣孝皇帝陛下,凝神繫表,降鑒機先,聖靡不通,思無不及。以爲經籍既正,憲章具明。非文字無以見聖人之心,非篆籀無以究文字之義。眷茲譌俗,深惻皇慈。爰命討論,以垂程式。將懲宿弊,宜屬通儒。臣等寔媿謏聞,猥承乏使,徒窮懵學,豈副宸謨③? 塵瀆冕疏,冰炭交集。其書十五卷,以編袟繁重,每卷各分上下,共三十卷。謹詣東上閤門進上,謹進。雍熙三年十一月　日。翰林書學臣王惟恭、臣葛湍等狀進,奉直郎守祕書省著作郎直史館臣句中正,銀青光祿大夫守右散騎常侍上柱國東海縣開國子食邑五百戶臣徐鉉。

　　中書門下牒徐鉉等新校定《說文解字》。

　　牒奉敕:許慎《說文》起於東漢。歷代傳寫,譌謬實多。六書之蹤,無所取法。若不重加刊正,漸恐失其原流。爰命儒學之臣,共詳篆籀之跡。右散騎常侍徐鉉等,深明舊史,多識前言,果能商榷是非,補正闕漏。書成上奏,克副朕心。宜遣雕鐫,用廣流布。自我朝之垂範,俾永世以作程。其書宜付史館,仍令國子監雕爲印版,依九經書例,許人納紙墨價錢收贖。兼委徐鉉等點檢書寫雕造,無令差錯,致誤後人。牒至準敕,故牒。雍熙三年十一月　日牒。給事中參知政事辛仲甫、給事中參知政事呂蒙正、中書侍郎兼工部尚書平章事李昉。

---

　　① 《書·序》:"至魯共王好治宮室,壞孔子舊宅,以廣其居,於壁中得先人所藏古文虞、夏、商、周之書及傳《論語》《孝經》,皆科斗文字。"後以"魯壁"指孔子故宅藏有古文經傳的牆壁。科斗文,即戰國東方六國的簡冊文字。因用毛筆書寫,頭粗尾細,形似蝌蚪而得名。

　　② 羽陵,古地名。《穆天子傳》卷五:"仲秋甲戌,天子東游,次於雀梁,曝蠹書於羽陵。"郭璞注:"謂暴書中蠹蟲,因云蠹書也。"後以"羽陵"爲貯藏古代秘笈之處。

　　③ 宸謨,帝王的謀略。

參考文獻

徐鍇:《說文解字繫傳》(影印本),北京:中華書局,1987年。

周祖謨:《唐本說文與說文舊音》,《問學集》下冊,北京:中華書局,1966年。

周祖謨:《說文解字之宋刻本》,《問學集》下冊,北京:中華書局,1966年。

周祖謨:《李陽冰篆書考》,《問學集》下冊,北京:中華書局,1966年。

周祖謨:《徐鍇的說文學》,《問學集》下冊,北京:中華書局,1966年。

李宗焜:《李陽冰篆學探原》,《歷史語言研究所集刊》,第73本第4分,臺北:歷史語言研究所,2002年。

李家浩:《唐寫本〈說文解字〉木部殘卷爲李陽冰刊定本考》,《文史》2003年第1輯。

嚴紹璗:《跬步齋日本訪書雜誌——恭仁山莊"四寶"與"杏雨書屋"》,《書品》1987年第1期。

嚴紹璗:《漢籍在日本的流布研究》,南京:江蘇古籍出版社,1992年。

裘錫圭:《鋞與桱桯》,《文物》1987年第9期。

吳文祺、張世祿主編:徐鉉《校刊〈說文解字〉序》,《中國歷代語言學論文選注》,上海教育出版社,1986年。

顧漢松:《評〈說文〉大徐注》,《上海師範大學學報》1985年第4期。

趙麗明:《清代關於大徐本說文的版本校勘》,《說文解字研究》第1輯,開封:河南大學出版社,1991年。

黃永年:《古籍版本學》,南京:江蘇教育出版社,2005年。

練　　習

一、名詞解釋

　　1. 大徐本　2. 小徐本　3. 徐鉉　4. 徐鍇　5. 版本
　　6. 新附字　7. 大徐注　8. 寫本　9. 刻本　10. 李陽冰

二、簡單介紹《說文解字繫傳》的內容

＊三、給下列各字中的大徐注加上標點

　　1. 舜　2. 㐺　3. 每　4. 莧　5. 草
　　6. 何　7. 須　8. 笑　9. 子　10. 付
　　11. 立　12. 戔　13. 閒　14. 徑　15. 羣
　　16. 獻　17. 王　18. 玉　19. 能　20. 委
　　21. 足　22. 壬　23. 吹　24. 臭

＊四、給下列《段注》加上標點（《說文》原文下加橫線，以別於《段注》）

　　獘頓仆也人部曰仆者頓也謂前覆也人前仆若頓首然故曰頓仆从犬敝聲毗祭切十五部春秋傳曰與犬犬獘僖四年左傳文引此證从犬之意也獘本因犬仆製字叚借爲凡仆之偁俗又引申爲利弊字遂改其字作弊訓困也惡也此與改獘爲獘正同斃獘或从死經書頓仆皆作此字如左傳獘於車中與一人俱斃是也今左傳犬獘亦作犬斃蓋許時經書斃多作獘

第七章　體　例

　　體例是一部著作表述的格式或條例。古人著書,都有一定的體例。但是正文之外,並不別撰《凡例》。許慎對於《說文》的體例只是在敘文中約略提到,並沒有一一列出其編寫的條例。清人胡秉虔說:"讀古人書,須先明其體例。"瞭解一部著作的體例,對於使用該書是很有幫助的。《說文》的體例前人多有所分析歸納。段玉裁在《說文解字注》的注文中爲許氏作了一些凡例,這對《說文》的讀者是有很大幫助的。

§7.1

　　談談部首排列的體例。許慎是根據小篆來排列540部的。許慎排列部首的體例有二,第一是"據形系聯",即根據小篆形體相近的原則來編排部首的前後次序。

　　一
　　二（古文上字,蒙一而次之）
　　示（蒙二而次之也）
　　三（蒙示有三垂,而以三次之）
　　王（蒙三而次之）
　　玉（亦蒙三而次之）

玨（蒙玉而次之）

气（文象形，而次此者，爲其列多不過三）

士（蒙上以一貫三。次之以十合一）

丨（王玉中皆有丨以貫之，故次之以丨）

屮（蒙引而上行之丨也）

艸（蒙屮而次之）

蓐（蒙艸而次之）

茻（蒙艸而次之）

以上是《說文》第一篇的部首（括弧内的文字是段玉裁的說明，見《段注》第 765—766 頁）。《段注》（1 頁下）："凡部之先後，以形之相近爲次。""蒙"，"承繼"之義。"次"，"依次接替"之義。

尺（不蒙上）

匕（倒尺而次之）

巾（反尺而次之）

从（並尺而次之）

𠘧（反从而次之）

北（二尺相背而次之）

以上是《說文》第八篇的部分部首。"不蒙上"，就是不承繼上面的字形，由"人"部單立作字頭。把"人"形上下顛倒，就是"變化"的"匕"。把人形左向改爲右向，就成爲"匕"。兩人相隨，成爲"跟從"的"从"。把"从"字左向改爲右向，就成了"排比"的"比"。兩個人背靠背，成了"乖背"的"北"。這些部首次第的排列，全都根據"人"形的變化連類而及。這就是"據形系聯"，就是依據小篆自身形體結構的特點，把形近的部首排在一起。關於《說文》部首"據形系聯"的論述,可參看清代段玉裁的《說文解字注》第765—781頁。

第二是"以類相從"。《說文》部首排序主要是"據形系聯",但是有小部分部首無形可系聯的,許慎就按"以類相從"的方法加以編排,即把意思相關的字排在一起。例如《說文》第十四篇:

甲、乙、丙、丁、戊、己、巴(似己而次之)、庚、辛、辡(蒙辛而次之)、壬、癸、子、了(蒙子而次之)、孨(蒙子而次之)、厶(蒙子而次之)、丑、寅、卯、辰、巳、午、未、申、酉、酋(蒙酉而次之)、戌、亥

從"甲"至"亥"皆是干支類,是"以類相從"的,主要是把字義相關的字排在一起。中間插入"巴""辡""了""孨""厶""酋"諸字,又是"據形系聯"的。

此外,《說文》部首編排是"始一終亥"。所謂"始一終亥",就是根據漢代陰陽五行家"萬物生於一,畢終於亥"的說法,以"一"部開始,以"亥"部結束來排列部首。

§7.2

談談各部列字的體例。《說文》每一個部首中的部屬字的排列不是雜亂無章的,而是有一定的體例。前人對此作過歸納,現綜述如下。

第一是"以類相從"。

每部中的部屬字的排列方式是"以類相從,不相雜越",即把意義相關的字排列在一起。這是爲了便於檢索,同時也便於研究詞義。例如:

《說文·木部》共收421字。其列字的體例是:其一,列出樹名:從114頁下欄"木"字開始一直到118頁上欄"樹"字爲止,共148字皆爲各種樹木的名稱。其二,列出樹木各部位的名稱:

118頁下欄的"本""柢""朱""根""株""末""樱""果""樸""权""枝""朴""條""枚""桀"共15字為樹木各個部位的名稱。其三,列出描述樹木形態的字。從118頁下欄"橐"字開始一直到119頁下欄"杳"字為止,共41字皆為描述樹木形態的字。其四,列出木製品。從120頁上欄"樐"字開始到125頁下欄"棐"字為止,共217字皆為木製品的字。木製品的字裏面再分成小類。如建築類、臥具類、梳具類、農具類、餐具類、織具類、把柄類、樂器類、牒書類、刑具類、葬具類等等。

《說文·女部》共收238字。其列字的體例是:其一,列出表示姓氏的字(258頁下);其二,列出表示婚姻、懷孕的字(259頁上);其三,列出表示女性親屬稱謂的字(259頁下);其四,列出表示女子身份地位的字(260頁上);其五,列出表示女子人名用字的字(260頁);其六,列出形容女子體態狀貌的字(261頁上至262頁下);其七,從"妍"以下列出"壞字眼"(263頁上至265頁上),"壞字眼"都從"女",反映了古代歧視女性的思想意識。

《四上·羽部》(74頁下至75頁下)共收34字。其列字的體例是:先列羽毛顏色不同的各種鳥名,次列各部位羽毛的名稱,再列表示飛的各種樣子的字,最後列出羽製品的字。

《說文·老部》(173頁下)共收10字。其列字的體例是:先列表示年齡大小的字"老""耋""耄""耆",次列表示老人特徵的字"耇""耋""耇",再列表示長壽的字"壽""考",最後列表示尊老的"孝"字。

第二是"上諱居首"。

"凡上諱皆在首,以尊君也。"在《說文》中,為避諱,凡東漢皇帝的名字,必列所屬部首的首位,不加解說,僅書"上諱"二字。全書只涉及以下五個字:

《說文·禾部》(144頁上):"秀,上諱。"徐鉉曰:"漢光武帝名也。徐鍇曰:禾實也。有實之象,下垂也。"

《說文·艸部》(15頁上):"莊,上諱。"徐鉉曰:"此漢明帝名也。从艸,从壯,未詳。"

《說文·火部》(207頁上):"炟,上諱。"徐鉉曰:"漢章帝名也。《唐韻》曰:火起也。从火旦聲。"

《說文·戈部》(266頁上):"肇,上諱。"徐鉉曰:"後漢和帝名也。案李舟《切韻》云:擊也。从戈肁聲。"

《說文·示部》(7頁下):"祜,上諱。"徐鉉曰:"此漢安帝名也。福也。當从示,古聲。"

第三是"先褒後貶"。

一部之內,先列褒義字,後列貶義字。例如:

《說文·示部》(7頁至9頁)先列"禮、禧、禛、祿、祳、福"等意思"吉祥"的褒義字,後列"祲、禍、祟"等意思"凶邪"的貶義字。

《說文·言部》(51頁至57頁)先列"語""誨""諄"等褒義字,後列"讒"(流言)、"譋"(抵賴)、"諜"(軍中反間)等貶義字。

第四是"疊文居末"。

與部首字形體重疊的字叫做"疊文"。王筠說:"疊部首爲字者,必在部末,'耳'部'聑''聶'是也。"(王筠《說文釋例》卷九《列文次弟》)。"疊文"或疊二文,或疊三文。先看疊二文者。例如:

《說文·生部》(127頁下)的"甡"字列在"生"部之末。

《說文·至部》(247頁上)的"臸"字列在"至"部之末。

《說文·卩部》(187頁上)的"卯"字列在"卩"部之末。

《說文·瓜部》(149頁下)的"瓡"字列在"瓜"部之末。

《說文·貝部》(131頁上)的"賏"字列在"貝"部之末。

《說文·戈部》(266頁下)的"戔"字列在"戈"部之末。

《說文·斤部》(300頁上)的"所"字列在"斤"部之末。
《說文·豕部》(197頁上)的"豩"字列在"豕"部之末。
《說文·夫部》(216頁上)的"㚒"字列在"夫"部之末。

再看疊三文者。例如：

《說文·車部》(303頁下)的"轟"字列在"車"部之末。
《說文·兔部》(203頁下)的"毚"字列在"兔"部之末。
《說文·犬部》(206頁上)的"猋"字列在"犬"部之末。
《說文·石部》(195頁下)的"磊"字列在"石"部之末。
《說文·耳部》(250頁下)的"聶"字列在"耳"部之末。
《說文·白部》(161頁上)的"皛"字列在"白"部之末。
《說文·馬部》(202頁上)的"驫"字列在"馬"部之末。
《說文·言部》(57頁下)的"譶"字列在"言"部之末。

如果疊文部首可以統轄文字，那麼，許慎就用該疊文作部首。如玉部後有玨部，因隸屬"玨"之字有班和瑴。"玨"字下段注說："因有班瑴字，故玨專列一部，不則綴於玉部末矣。凡《說文》通例如此。"

第五是"反文居末"。

與部首字的篆文形體相反的字叫做"反文"。王筠《說文釋例》卷九《列文次弟》："與部首反對者，必在部末。"即與部首字形體相反的皆列於該部之末。例如：

《說文·彳部》(43頁下)的"亍"字列在"彳"部之末。
《說文·夂部》(114頁上)的"𡕾"字列在"夂"部之末。
《說文·正部》(39頁上)的"乏"字列在"正"部之末。
《說文·邑部》(136頁下)的"邑"字列在"邑"部之末。
《說文·止部》(38頁上)的"𣥂"字列在"止"部之末。

凡《說文》"反某爲某"之類，如"反正爲乏""反邑爲邑""反彳爲亍"等等，多不可據。甲骨文的字形往往正反無別。如

"彳"和"亍"作爲表意偏旁使用時均爲"行"字之省,本爲一字,到《説文》裏分爲二字。有的字實際上只作爲表意偏旁使用,並不能獨立成字。例如:《説文》説"屮"从反"止","屮"只出現在"步"字的下面、見於"登""發"等字的左上角,只作偏旁使用。

§7.3

談談説解的體例。《説文》以小篆爲字頭,逐一對其形音義進行説解。其説解體例是:先列篆文字頭,次釋其本義,再解剖其字形結構,注明讀音。如有異説或異體,則再加以申説,有時徵用文獻材料或通人之説加以證明。如有不清楚的地方,則注之以"闕",闕而不論。以上是説解的一般體例。下面,依"釋字義""解字形""注字音""闕疑"的順序,談談《説文》的説解體例。

首先,談談"釋字義"。
《説文》解釋字義的方法有三:形訓、聲訓和義訓。
第一、形訓
《説文》是形訓的經典著作。許慎力圖闡明每一個篆文爲什麽要那樣寫,找出其本義,使這個本義能切合其構形。形訓是因形索義。因此,必須以沒有訛變的古字形作爲形訓的根據。古文字學家唐蘭、于省吾、裘錫圭等,用沒有訛變的甲骨金文講形訓,往往"厥意可得而説",取得不少學術界公認的成果。同時,也糾正了一些《説文》形訓的錯誤。許慎《説文》所據小篆的字形是正確的,其形訓就往往是正確的;如果所據小篆的字形是訛形,其形訓就往往講錯了。例如,"度"字,《説文·又部》(65頁上):"度,法制也。从又,庶省聲。"從甲骨文"度"作 (《屯南》4178)看,可知"度"字所从的"庶"是"石"的譌形。古音度在定紐鐸部,石在禪紐鐸部,故"度"字从又,石聲。又如,"庶"字,《說文·广部》(193 頁上):"庶,屋下衆也。从广炗,炗古文光字。"甲骨文作⿸,从火,石聲。小篆"石"字也譌變爲庐,所以許慎《說文》根據譌變後的字形,割裂"庶"字上邊的"广"解爲屋形,又把膡下的炗說成是古文光字,從而把从火石聲的形聲字曲解爲从广炗的會意字。(參看于省吾《甲骨文字釋林·釋庶》)由此可見,形訓應根據甲骨金文的正確字形和辭例來討論其構形理據。如果根據譌形來形訓,就會鬧出笑話。此外,必須注意字形所表示的意義往往要比本義狹窄。這種"形局義通"的現象,前人早已指出來了。清代學者陳澧在《東塾讀書記》"小學"條裏,曾指出有的表意字"字義不專屬一物,而字形則畫一物"。例如,"受"字,甲骨文作⿰,从爰从舟,舟亦聲。我們不能因爲"受"字从"舟",就說"受"的本義是授受舟船,它的本義不會這樣狹窄。《段注》(1 頁上):"以字形爲書,俾學者因形以考音與義,實始於許,功莫大焉。"

　　形訓即用分析文字形體的方法來解釋字義。下列《說文》形訓的例子都是可信的。

　　　《說文·皿部》(104 頁上):"皿,飯食之用器也。象形。"

　　　《說文·儿部》(176 頁下):"兒,孺子也。从儿,象小兒頭囟未合。"

　　　《說文·木部》(118 頁下):"果,木實也。从木,象果形在木之上。"

　　　《說文·艸部》(23 頁上):"苗,艸生於田者。从艸从田。"

第二、聲訓

聲訓又稱音訓,是用同(近)音的字來解釋字義,這是古人推求語源的一種方法。聲訓起源很早,漢末劉熙作《釋名》一書,專門用"聲訓"解說詞義,探索語源。如《釋名》:"衣,依也。人所依以蔽寒暑也。"用"依靠"的"依"這個同音字去解釋"衣"的字義。許慎《說文》雖是形書,但據黃侃的統計,其中義訓只佔十之二三,而聲訓則佔十之七八(參見黃焯《文字聲韻訓詁筆記》)。許慎也採用聲訓,下面舉例來看。

《說文·一部》(7頁上):"天,顛也。"
《說文·竹部》(96頁下):"箅,蔽也。所以蔽甑底。"
《說文·土部》(286頁上):"土,地之吐生物者也。"
《說文·尾部》(175頁下):"尾,微也。"
《說文·戶部》(247頁下):"房,室在旁也。"
《說文·宀部》(150頁上):"室,實也。"
《說文·戶部》(247頁下):"戶,護也。"
《說文·門部》(247頁下):"門,聞也。"
《說文·木部》(125頁下):"棺,關也。所以掩尸。"
《說文·羊部》(78頁上):"羊,祥也。"
《說文·示部》(8頁下):"祼,灌祭也。"
《說文·衣部》(170頁上):"衣,依也。"
《說文·土部》(288頁上):"城,以盛民也。"
《說文·巾部》(159頁上):"帳,張也。"
《說文·女部》(259頁上):"媒,謀也,謀合二姓也。"
《說文·女部》(260頁上):"婢,女之卑者也。"
《說文·人部》(162頁上):"仲,中也。"
《說文·玉部》(12頁上):"璊,玉䞓色也。从玉㒼聲。禾之赤苗謂之虋,言璊玉色如之。"

上引最後一例用"虋"(mén)來解釋"璊"(mén)。許慎認爲"虋"與"璊"有語源關係。"璊"的玉色與指禾苗顏色的"虋"一樣。《說文·艸部》(15頁下):"虋,赤苗嘉穀也。"《說文·毛部》(174頁上):"氈(mén),以毳爲繝,色如虋,故謂之氈。虋,禾之赤苗也。从毛兩聲。"可見玉中之璊,繝中之氈,草中之虋,因其顏色相同而名同一源,聲皆相同。毛氈顏色與禾之赤苗的顏色差不多,從語源角度講,可能是同源詞。

第三、義訓

義訓即用適當的詞來解釋詞義。義訓可以分爲以下幾種方式:

其一,直訓,即直接用同義詞或近義詞解釋被釋字。例如:

《說文·口部》(33頁上):"吉,善也。"
《說文·手部》(252頁上):"把,握也。"
《說文·攴部》(67頁下):"整,齊也。"
《說文·盾部》(74頁上):"瞂,盾也。"
《說文·韋部》(113頁下):"韤,足衣也。"
《說文·衣部》(173頁上):"衰,艸雨衣。秦謂之萆。"
《說文·艸部》(15頁下):"萁,豆莖也。"
《說文·系部》(270頁下):"孫,子之子曰孫。"
《說文·艸部》(24頁上):"藥,治病艸。"
《說文·皿部》(104頁下):"盈,滿器也。"
《說文·男部》(291頁下):"舅,母之兄弟爲舅。"
《說文·百部》(74頁下):"百,十十也。"
《說文·十部》(50頁下):"千,十百也。"
《說文·艸部》(23頁下):"苑,所以養禽獸也。"
《說文·金部》(295頁下):"針,所以縫也。"
《說文·革部》(62頁上):"韇,所以戢弓矢。"
《說文·缶部》(109頁上):"缶,瓦器,所以盛漿。"
《說文·口部》(129頁下):"圃,所以樹果也。"

《說文·聿部》(65頁上):"聿,所以書也。"
《說文·口部》(30頁下):"口,人所以言食也。"
《說文·石部》(195頁下):"碓,所以舂也。"
《說文·木部》(121頁下):"梳,所以理髮也。"
《說文·斤部》(299頁下):"斧,所以斫也。"
《說文·火部》(208頁上):"燋,所以然持火也。"

其二,互訓,即用同義詞相互注釋。互訓有"同部互訓"和"異部互訓"兩種。先看"同部互訓"的例子:

《說文·辵部》(41頁下):"追,逐也。""逐,追也。"
《說文·人部》(164頁上):"倚,依也。""依,倚也。"
《說文·艸部》(17頁下):"茅,菅也。""菅,茅也。"
《說文·口部》(34頁上):"呻,吟也。""吟,呻也。"
《說文·口部》(31頁下):"嘘,吹也。""吹,嘘也。"
《說文·頁部》(181頁下):"顛,頂也。""頂,顛也。"
《說文·刀部》(91頁下):"切,刌也。""刌,切也。"

再看"異部互訓"的例子:

《說文·殺部》(66頁下):"殺,戮也。"
《說文·戈部》(266頁下):"戮,殺也。"

《說文·宀部》(151頁上):"寶,珍也。"
《說文·玉部》(12頁上):"珍,寶也。"

互訓的目的在使人明瞭被訓詞的意義。因此,互訓二詞應有一方是人所習知的。如果兩方都是冷僻字的話,就達不到互訓的目的。

其三,遞訓,幾個同(近)義詞輾轉訓釋。例如:

《說文·示部》(7頁下):"祉,福也。""福,祐也。""祐,助也。"

《說文·口部》(30頁下):"喉,咽也。""咽,嗌也。""嗌,咽也。"

《說文·心部》(221頁下):"恚,恨也。""恨,怨也。""怨,恚也。"

遞訓也見於《爾雅》,如《爾雅·釋魚》:"蠑螈,蜥蜴;蜥蜴,蝘蜓;蝘蜓,守宮也。"這種釋義方式,甲字訓乙字,乙字訓丙字,往往愈訓愈遠,實用價值不高。

其四,同訓,用一個常用詞來解釋許多同(近)義詞。《爾雅》就是採取這種訓釋體例,把許多同義詞放在一起,成爲一組,然後加以解釋。如:《爾雅·釋詁》:"初、哉、首、基、肇、祖、元……,始也。"《說文》雖然沒有把意義相同或相近的詞聚集在一起,但用同一詞分別訓釋不同的詞的情況很多,這種訓釋方法叫"同訓"。例如:

《說文·玉部》(12頁上):"琢,治玉也。"
《說文·玉部》(12頁上):"彫,治玉也。"
《說文·玉部》(12頁上):"理,治玉也。"

《說文·辵部》(41頁下)"逋,亡也。"
《說文·辵部》(41頁下)"遺,亡也。"
《說文·辵部》(41頁下)"遂,亡也。"
《說文·辵部》(41頁下)"逃,亡也。"

《說文·手部》(251頁下):"排,擠也。"
《說文·手部》(251頁下):"抵,擠也。"
《說文·手部》(251頁下):"摧,擠也。"

《說文·心部》(222頁上):"憯,痛也。"
《說文·心部》(222頁上):"悽,痛也。"
《說文·心部》(222頁上):"恫,痛也。"
《說文·心部》(222頁上):"悲,痛也。"

《說文·心部》(222頁上):"惻,痛也。"
《說文·心部》(222頁上):"惜,痛也。"
《說文·心部》(222頁上):"悠,痛也。"
《說文·心部》(222頁上):"慇,痛也。"

其五,用今語釋古語。古語即先秦語言,今語即漢代的語言。例如:

《說文·尗部》(149頁上):"尗,豆也。"
《說文·舟部》(176頁上):"舟,船也。"

"尗""舟"是古語,"豆""船"是今語。《段注》:"古人言舟,漢人言船。"

其六,用通語釋方言。"通語"是對"方言"來說的,即不是地方之言。例如:

《說文·土部》(289頁下):"圮,東楚謂橋爲圮。"
《說文·艸部》(16頁上):"䒳,齊謂芋爲䒳。"
《說文·言部》(54頁上):"詑,沇州謂欺曰詑。"
《說文·食部》(108頁下):"餽,吳人謂祭曰餽。"
《說文·黑部》(211頁上):"黸,齊謂黑爲黸。"
《說文·心部》(219頁上):"憮,愛也。韓、鄭曰憮。"
《說文·辵部》(39頁下):"徂,往也。从辵,且聲。徂,齊語。"
《說文·辵部》(39頁下):"適,之也。从辵,啻聲。適,宋魯語。"

第一例中的橋是通語,圮是東楚方言。東楚地方把橋叫做圮。第二例中的芋是通語。䒳是齊地方言。齊地把芋叫做䒳。第三例中的欺是通語,詑是沇州方言。第四例中的祭是通語,餽是吳地方言。

其七,用通語釋外族語。《說文》記漢語以外的外族語,如東夷、朝鮮、匈奴等異方之語。例如：

《說文·口部》(31頁下)："呬,東夷謂息爲呬。从口,四聲。"

《說文·金部》(294頁下)："錪,朝鮮謂釜曰錪。"

息是通語,呬是東夷語。釜是通語,錪是朝鮮語。

其八,採用描繪的方法來標明義界,給人一個鮮明生動的形象。例如：

《說文·犬部》(206頁上)："狼,似犬,銳頭,白頰,高前,廣後。"

《說文·虫部》(281頁上)："蟰,蟰蛸,長股者。"

《說文·鹿部》(203頁上)："麝,如小麋,臍有香。"

《說文·魚部》(244頁下)："鮫,海魚。皮可飾刀。"①

《說文·鼠部》(206頁下)："鼬,如鼠,赤黃色,尾大,食鼠者。"②

《說文·馬部》(202頁上)："驢,似馬,長耳。"

《說文·豸部》(198頁上)："豹,似虎,圜文。"

《說文·燕部》(245頁下)："燕,玄鳥也。籋口,布翅,枝尾,象形。"

《說文·鹿部》(202頁下)："麒,仁獸也。麋身,牛尾,一角。"

《說文·魚部》(244頁下)："鱷(鯨),海大魚也。"

《說文·炎部》(210頁下)："粦,兵死及牛馬之血爲粦。粦,鬼火也。"

隨著科學的發展,古人說鯨是"海大魚",非是。其實鯨並非魚

---

① 唐蘭說:鮫魚即今鯊魚。一直到近代也還用鯊魚皮來飾刀劍鞘,是很貴重的裝飾品。

② 《段注》:"今之黃鼠狼也。"

類,而是一種體形龐大的水棲哺乳動物。獜,今作磷。浮游在野地的、夜間發光的游離磷質,古人認爲是"鬼火"。今把它看做一種自然現象,消除了陰森的鬼氣。

其九,謰語,又叫"聯綿字"。兩個字聯綴在一起不能分開來講的雙音節詞。多數具有雙聲疊韻的關係。如"參差""窈窕"之類。《說文》"凡連綿字不可分釋"。"凡合二字成文,如瑾瑜、玫瑰之類,其義既舉於上字,則下字例不復舉"。例如:

  《說文·虫部》(283頁上):"蝃,蝃蝀,虹也。从虫帶聲。"

  《說文·虫部》(283頁上):"蝀,蝃蝀也。从虫東聲。"

  《說文·虫部》(282頁下):"蝙,蝙蝠也。从虫扁聲。"

  《說文·虫部》(282頁下):"蝠,蝙蝠,服翼也。从虫畐聲。"

  《說文·鳥部》(82頁上):"鸚,鸚䴉,能言鳥也。从鳥嬰聲。"

  《說文·鳥部》(82頁上):"䴉,鸚䴉也。从鳥母聲。"

  《說文·玉部》(10頁上):"璠,璵璠,魯之寶玉。从玉番聲。"

  《說文·玉部》(10頁上):"璵,璵璠也。从玉與聲。"

  《說文·玉部》(13頁上):"玓,玓瓅,明珠色。从玉勺聲。"

  《說文·玉部》(13頁上):"瓅,玓瓅,从玉樂聲。"

《說文·玉部》(13頁下):"琅,琅玕,似珠者。从玉良聲。"

《說文·玉部》(13頁下):"玕,琅玕也。从玉干聲。"

《說文·竹部》(96頁上):"籧,籧篨,粗竹席也。从竹遽聲。"

《說文·竹部》(96頁上):"篨,籧篨也。从竹除聲。"

聯綿詞排列在一起,只解釋開頭一個字和後面的字成詞的意義。後一個字則只舉出它的雙音詞而已,不再釋義。也有先講意思,再引出聯綿字的。例如:

《說文·尢部》(214頁下):"尩,尩尵不能行,爲人所引曰尩尵。从尢从爪,是聲。"

《說文·尢部》(214頁下):"尵,尩尵也。从尢,从爪,𥯗聲。"

如聯綿詞有一個字可以單用,《說文》則另外單獨解釋。例如:

《說文·木部》(119頁上):"枎,枎疏,四布也。"

《說文·㐬部》(310頁下):"疏,通也。从㐬,从疋,疋亦聲。"

枎(扶)疏,枝葉茂盛分披的樣子。因爲"疏"字可以單獨用,故不作聯綿字解釋。

其十,旁解。陸宗達說:"《說文解字》解釋字義、字形,不僅在本篆的說解裏加以說明,有時在另一個篆文的說解裏也涉及到該篆文,往往對該篆文的形體或字義作出不同的說解。我們稱這種解釋爲'旁見的說解'。這是研究《說文》的重要材料,曾爲前人所重視。"[1]"旁見的說解"可簡稱爲"旁解",即旁見於他

---

[1] 陸宗達:《說文解字通論》,第138頁,北京出版社,1981年。

字之下的說解。這是許慎在《說文》中對漢字進行解說時所採用的形式之一。《說文》"旁解"之所以重要,是因爲《說文》有的正篆下解釋有誤,而旁解非常精闢,涉及字的本義、引申義和假借義。例如:

  《說文·申部》(311頁下):"申,神也。"
  《說文·虫部》(282頁下):"虹……蚺,籀文虹从申。申,電也。"
  《說文·午部》(311頁上):"午,啎也。"
  《說文·臼部》(148頁下):"舂,擣粟也。从廾持杵臨臼上。午,杵省也。"
  《說文·豐部》(103頁上):"豔,好而長也。从豐,豐,大也。盍聲。《春秋傳》曰:'美而豔。'"
  《說文·虎部》(103頁下):"虦,虎竊毛謂之虦苗(貓)。从虎戔聲。竊,淺也。"

《說文》說解體例,通常先列出正篆,然後釋義、析形,這可稱爲"本篆說解"。《說文》在"本篆說解"中,有時對其偏旁進行說解,這可稱爲"旁解"。上引第一例"申,神也"是"本篆說解"。第二例"申"的說解不在其本篆中,而見於"虹"字中。而且《說文》把"申"的本義解釋爲"神"是錯的。其實,"申"的本義是"電","神"是其引申義。參看第四章"部首"中的第536部"申"字條。這是旁解涉及其本義的例子。上引第三例"午,啎也"是"本篆說解"。第四例"午"的說解不在其本篆之下,而見於"舂"字中。而且《說文》把"午"的本義解釋爲"啎"是錯的。其實,"午"的本義是"杵","啎"(啎逆)是假借義。這也是旁解涉及其本義的例子。上引第五例"豐"的本義是《說文·豐部》(103頁上)"豆之豐滿者",而引申義"大"放在"豔"字的解釋中。"豐"的旁解"大"是引申義。上引第六例"竊",《說文·米部》(148頁上)說是"盜自中出曰竊。"《說文》以解釋字的本義爲主,其引申義、假借義有时見於"旁解"中,"竊"的本義是偷竊,訓"淺"是其假借義。

在此,附帶談談"釋義術語"。要想讀懂《說文》的說解,應該對其說解術語有一個瞭解。下面,介紹幾個較爲常見的說解術語。

一是"曰、爲、謂之"。這三個術語的格式是"……曰(爲、謂之)某",被釋的詞"某"總是放在"曰""爲""謂之"的後面。這三個術語的作用相同,不僅用來釋義,連用對舉時,則有辨析同(近)義詞差別的作用。可譯作"……叫做某"。例如:

《說文·言部》(52頁上):"謀,慮難曰謀。"
《說文·言部》(52頁上):"訪,泛謀曰訪。"
《說文·木部》(118頁下):"本,木下曰本。"
《說文·木部》(118頁下):"末,木上曰末。"
《說文·川部》(239頁下):"州,水中可居者曰州。"

以上釋義術語的格式是"……曰某"。

《說文·水部》(230頁上):"瀾,大波爲瀾。"
《說文·水部》(230頁上):"淪,小波爲淪。"
《說文·馬部》(200頁上):"驕,馬高六尺爲驕。"
《說文·音部》(58頁上):"竟,樂曲盡爲竟。"
《說文·水部》(232頁下):"湄,水艸交爲湄。"
《說文·邑部》(132頁上):"郊,距國百里爲郊。"
《說文·食部》(108頁上):"饑,穀不孰爲饑。"
《說文·食部》(108頁上):"饉,蔬不孰爲饉。"

以上釋義術語的格式是"……爲某"。

《說文·風部》(284頁下):"飆,北風謂之飆。"
《說文·行部》(44頁下):"衢,四達謂之衢。"
《說文·聿部》(65頁下):"筆,秦謂之筆。"

《說文·水部》(230頁上):"灂,江水大波謂之灂。"
《說文·釆部》(28頁下):"番,獸足謂之番。"

以上釋義術語的格式是"……謂之某"。

解說某字時,又連及說解與之相關的字。這有助於同義詞辨析。例如:

《說文·艸部》(23頁下):"落,凡艸曰零,木曰落。"
《說文·乙部》(246頁下):"乳,人及鳥生子曰乳,獸曰產。"
《說文·艸部》(15頁上):"蓏,在木曰果,在地曰蓏。"
《說文·穴部》(152頁下):"窠,空也。穴中曰窠,樹上曰巢。"
《說文·竹部》(97頁下):"籚,……方曰筐,圜(圓)曰籚。"
《說文·巫部》(100頁上):"覡,……在男曰覡,在女曰巫。"
《說文·辵部》(40頁上):"逆,……關東曰逆,關西曰迎。"
《說文·角部》(94頁下):"觴,觶實曰觴,虛曰觶。"
《說文·阜部》(306頁下):"隍,城池也。有水曰池,無水曰隍。"
《說文·衣部》(170頁下):"袤,……南北曰袤,東西曰廣。"
《說文·車部》(303頁上):"輪,有輻曰輪,無輻曰輇。"
《說文·馬部》(199頁上):"駒,馬二歲曰駒,三歲曰駣。"

以上釋義術語的格式是"……曰某,……曰某"。

《說文·木部》(125頁下):"械,……有盛爲械,無盛爲器。"
　　《說文·玉部》(11頁上):"璋,剡上爲圭,半圭爲璋。"
　　《說文·馬部》(200頁上):"馬七尺爲騋,八尺爲龍。"
　　《說文·禾部》(144頁上):"稼,禾之秀實爲稼,莖節爲禾。"

以上釋義術語的格式是"……爲某,……爲某"。

　　《說文·虫部》(281頁上):"蝸,秦晉謂之蝸,楚謂之蚊。"
　　《說文·蟲部》(284頁上):"蟲,有足謂之蟲,無足謂之豸。"
　　《說文·木部》(121頁上):"杇,所以塗也。秦謂之杇,關東謂之櫌。"

以上釋義術語的格式是"……謂之某,……謂之某"。

　　二是"猶"。這個術語的格式作"某猶某也"。被釋詞放在前面。用"猶"時,往往是用近義詞作注。可譯作"等於說""如同"。例如:

　　《說文·言部》(51頁下):"讎,猶譍也。从言雔聲。"
　　《說文·珏部》(100頁上):"窶,室也。从珏从廾,室宀中,珏猶齊也。"
　　《說文·八部》(28頁下):"公,平分也。从八从厶,八猶背(背離)也。韓非曰:'背厶爲公。'"

　　三是"皃"。"皃"即"貌"字。這個術語的格式是"某,某某皃"。一般用在動詞或形容詞的後面,說明被釋詞具有某種狀貌。可譯作"……的樣子"。

　　《說文·木部》(119頁上):"招,樹搖皃。"

《說文·木部》(119頁下):"槮,木長皃。"
《說文·艸部》(27頁上):"茸,艸茸茸皃。"
《說文·艸部》(26頁下):"葆,艸盛皃。"
《說文·艸部》(23頁上):"薈,艸多皃。"
《說文·足部》(48頁上):"跌,馬行皃。"
《說文·羽部》(75頁下):"翋,飛皃。"
《說文·日部》(138頁上):"旭,日旦出皃。"
《說文·水部》(229頁下):"瀏,流清皃。"
《說文·水部》(230頁下):"泓,下深皃。"
《說文·水部》(230頁上):"泛,浮皃。"
《說文·女部》(261頁下):"媱,曲肩行皃。"

四是"之爲言"。此術語的格式作"某之爲言某也",多用來表示聲訓。它的作用是用一個音義相通的詞來注解被釋詞,目的是說明被釋詞的語源。例如:

《說文·卤部》(143頁上):"粟,嘉穀實也。从卤从米。孔子曰:'粟之爲言續也。'"

《說文·犬部》(205頁下):"狄,赤狄,本犬種。狄之爲言淫辟也。"

五是"謂……曰……、謂……爲……、名……曰……、名……爲……"。這四個訓釋術語的作用相同,一般是用通語來解釋方言等。被釋的詞"某"總是放在後面。可譯作"……叫……作某""把……叫做某"。例如:

《說文·竹部》(95頁上):"箁,楚謂竹皮曰箁。"
《說文·弟部》(113頁下):"羛,周人謂兄曰羛。"
《說文·口部》(30頁下):"咺,朝鮮謂兒泣不止曰咺。"
《說文·食部》(108頁下):"餽,吳人謂祭曰餽。"

《說文·水部》(236 頁上):"泔,周謂潘曰泔。"
《說文·糸部》(273 頁下):"綾,東齊謂布帛之細曰綾。"

以上釋義術語的格式是"謂……曰……"。

《說文·口部》(31 頁下):"吶,東夷謂息爲吶。"
《說文·黑部》(211 頁上):"黸,齊謂黑爲黸。"
《說文·雨部》(241 頁上):"霣,雨也。齊人謂靁爲霣。"
《說文·黑部》(211 頁下):"黔,黎也。从黑今聲。秦謂民爲黔首。"
《說文·土部》(288 頁下):"埂,秦謂坑爲埂。"

以上釋義術語的格式是"謂……爲……"。

《說文·鬲部》(62 頁下):"䰞,秦名土釜曰䰞。"
《說文·氏部》(265 頁下):"巴蜀山名岸脅之旁箸欲落墥者曰氏。"①
《說文·門部》(247 頁下):"閶,……楚人名門曰閶闔。"

以上釋義術語的格式是"名……曰……"。

《說文·舟部》(176 頁上):"舳,……《漢律》名船方長爲舳艫。"

以上釋義術語的格式是"名……爲……"。

六是"屬、別"。《說文》"用共名釋私名"即指出某一事物所屬的類別。例如:

《說文·隹部》(76 頁下):"雁,鳥也。"

---

① 《段注》作"巴蜀名山岸脅之㫄箸欲落墥者曰氏"。

《說文·木部》(118頁上):"松,木也。"
《說文·魚部》(243頁上):"鱧,魚也。"
《說文·木部》(114頁下):"杏,果也。"
《說文·疒部》(154頁上):"癇,病也。"
《說文·戉部》(267頁上):"戚,戉也。"

共名是大範圍的名字,私名是小範圍的名字。以共名釋私名,很不明確,故又有"屬""別"之分。表示事物的類別,爲了強調事物之間的共同性,就說某爲某之屬;爲了強調事物之間的區別,就說某爲某之別。《說文》用"屬"和"別"表示事物的種類。例如:

《說文·木部》(114頁下):"橙,橘屬。"
《說文·豸部》(198頁上):"貂,鼠屬。"
《說文·豸部》(198頁上):"豺,狼屬。"
《說文·艸部》(21頁上):"蔓,葛屬。"
《說文·鬲部》(62頁下):"䰙,鍑屬。"
《說文·鬲部》(62頁下):"鬳,鬲屬。"
《說文·鹿部》(202頁下):"麎,鹿屬。"
《說文·鳥部》(79頁下):"鴿,鳩屬。"
《說文·黍部》(146頁下):"黍,禾屬而黏者也。"
《說文·禾部》(144頁下):"秔,稻屬。"
《說文·禾部》(144頁下):"稗,禾別也。"

"屬"表示事物的種類。如"麎,鹿屬",是說麎是屬於鹿一類的動物。"別"用於強調事物之間的區別。如"稗,禾別也",是說稗子雖似禾但跟禾有區別,是禾類的一種雜草。

七是"一曰、一云、或曰、或說"。這是許慎用來介紹不同說法的術語。《段注》"祝"字條下說:"凡義有兩歧者,出'一曰'之例。"又說:"凡'一曰',有言義者,有言形者,有言聲者。"言及

意義者,例如:

《說文·可部》(101頁上):"奇,異也。一曰:不耦。"

《說文·角部》(94頁上):"解,判也。……一曰:解廌,獸也。"

《說文·玉部》(12頁上):"琱,治玉也。一曰:石似玉。"

《說文·糸部》(274頁下):"紐,系也。一曰:結而可解。"

《說文·足部》(46頁下):"踵,追也。一曰:往來皃。"

《說文·刀部》(91頁上):"削,鞞也。一曰:析也。"

《說文·囗部》(129頁上):"囿,苑有垣也。……一曰:禽獸曰囿。"

《說文·水部》(235頁上):"汙,薉也。一曰小池爲汙。一曰:涂也。"

也有言及字形分析的。例如:

《說文·示部》(8頁下):"祝,祭主贊詞者。从示从人口。一曰:从兌省。《易》曰:'兌,爲口爲巫。'"

《說文·卜部》(69頁下):"貞,卜問也。从卜,貝以爲贄。一曰:鼎省聲,京房所說。"

《說文·丘部》(169頁上):"丘,土之高也,非人所爲也。从北从一。一,地也。人居在丘南,故从北。中邦之居,在崐崘東南。一曰:四方高中央下爲丘。象形。"

也有言及讀音分析的。例如:

《說文·頁部》(183頁下):"煩,熱頭痛也。从頁从火。一曰:焚省聲。"

《說文·片部》(143頁下):"牏,築牆短版也。从片俞聲。讀若俞。一曰:若紐。"

以上釋義術語的格式是"一曰"。

《說文·示部》(7頁下):"祥,福也。从示羊聲。一云:善。"

《說文·水部》(235頁上):"汔,水涸也。或曰:泣下。"

《說文·貝部》(130頁上):"賏,資也。从貝爲聲。或曰:此古文貨字。讀若貴。"

《說文·力部》(292頁下):"劫,人欲去以力脅止曰劫。或曰:以力止去曰劫。"

《說文·玉部》(12頁下):"玖,石之次玉黑色者。从玉久聲。《詩》曰:'貽我佩玖。'讀若芑。或曰:若人句脊之句。"

《說文·我部》(267頁上):"我,施身自謂也。或說:我,頃頓也。"

以上釋義術語的格式是"一云""或曰""或說"。

其次,談談"解字形"。

有人曾對《說文》六書所佔比例作過統計:"《說文》的9353個字裏面,有7697個形聲字"(佔82.29%),"會意字有1167個"(佔12.48%),"象形字只有364個"(佔3.89%),而指事字更少,"有125個"(佔1.34%)①。下面依指事、象形、會意、形聲的次序介紹《說文》分析字形結構的用語。

第一、指事字

指事字是在象形字的形符上加指事符號以示意。指事字的

---

① 引號中數字摘自杜定友《談"六書"問題》第11、16、17、18頁,上海:東方書店,1956年。

數量很少,說解字形的術語很不統一。大致有以下幾類:

《說文·丄部》(7頁上):"丄,高也。此古文上,指事也。"

《說文·丄部》(7頁下):"丅,底也。指事。"

許慎明確標明"指事"的字只有上舉"上""下"二字。

《說文·刃部》(93頁上):"刃,刀堅也。象刀有刃之形。"

《說文·亦部》(213頁下):"亦,人之臂亦也。从大,象兩亦之形。"

上舉指事字的術語爲"象某某之形""从某,象某某之形"。

《說文·木部》(118頁下):"末,木上曰末。从木,一在其上。"

《說文·木部》(118頁下):"朱,赤心木。松柏屬。从木,一在其中。"

《說文·木部》(118頁下):"本,木下曰本。从木,一在其下。"

上舉指事字的術語爲"从某,一在其上(中、下)"。

第二、象形字

《說文·女部》(258頁下):"女,婦人也。象形。"

《說文·气部》(14頁下):"气,雲气也。象形。"

《說文·羽部》(74頁下):"羽,鳥長毛也。象形。"

《說文·朿部》(143頁上):"朿,木芒也。象形。"

上舉象形字解說字形的術語爲"象形"。

《說文·自部》(74頁上):"自,鼻也。象鼻形。"

《說文·米部》(147頁上):"米,粟實也。象禾實之形。"

《說文·牙部》(45頁下):"牙,牡(壯)齒也。象上下相錯之形。"

《說文·馬部》(199頁上):"馬,怒也。武也。象馬頭髦尾四足之形。"

上舉象形字的術語爲"象某形""象某某之形"。

《說文·木部》(118頁下):"果,木實也。从木,象果形在木之上。"

《說文·兒部》(177頁上):"兒,頌(容)儀也。从人,白象人面形。"

《說文·先部》(177頁上):"先,首筓也。从人,匕象簪形。"

上舉象形字的術語爲"从某,象某形"。這種象形字所象之物很難單獨畫出來,如"果"字,爲表示"果"連帶畫出"木"(樹木)。

《說文·鬲部》(62頁上):"鬲,鼎屬,……象腹交文,三足。"

《說文·戈部》(266頁上):"戈,平頭戟也。从弋,一橫之,象形。"

《說文·壺部》(214頁下):"壺,昆吾圜器也。象形,从大,象其蓋也。"

《說文·儿部》(176頁下):"兒,孺子也。从儿,象小兒頭囟未合。"

上舉象形字在分析其結構的同時,或對其結構略加說明,或對所象之物的局部一一加以說明。

第三、會意字

所謂會意字即用"會意"的方式記錄口語,由兩個以上意符合成來表示抽象的概念。例如日月爲"明"。會意字解說字形的用語有以下幾類：

《說文·木部》(125 頁上)："析,破木也。一曰:折也。从木从斤。"

《說文·門部》(248 頁下)："間,隙(隙)也。从門从月。"

《說文·香部》(147 頁上)："香,芳也。从黍从甘。"

《說文·又部》(64 頁下)："及,逮也。从又从人。"

《說文·木部》(124 頁下)："采,捋取也。从木从爪。"

《說文·犬部》(205 頁下)："臭,……从犬从自。"

《說文·阜部》(305 頁上)："陟,登也。从阜从步。"

《說文·幺部》(83 頁下)："幼,少也。从幺从力。"①

《說文·口部》(34 頁下)："吠,犬鳴也。从犬口。"

《說文·白部》(148 頁下)："舀,抒臼也。从爪臼。"

《說文·犬部》(204 頁上)："臭,犬視皃。从犬目。"

上舉會意字的術語爲"从某从某"或"从某某"。

《說文·男部》(291 頁下)："男,丈夫也。从田从力,言用力於田也。"

《說文·車部》(303 頁下)："輂,挽車也。从車从夫,在車前引之。"

《說文·刀部》(91 頁上)："初,始也。从刀从衣,裁衣之始也。"

《說文·冊部》(48 頁下)："扁,署也。从户冊。户冊者,署門户之文也。"

---

① 幺,《說文·幺部》："小也。"義與少同。幺、力等於說少力。此與上下結構的"劣"略同。

上舉會意字的術語既用"從某從某"或"從某某"來分析字形結構,又說明字形結構所表示的意義。

《說文·木部》(125頁下):"休,息止也。从人依木。"
《說文·又部》(64頁下):"秉,禾束也。从又持禾。"
《說文·戈部》(266頁上):"戍,守邊也。从人持戈。"
《說文·艸部》(25頁下):"折,斷也。从斤斷艸。"
《說文·示部》(8頁上):"祭,祭祀也。从示,以手持肉。"

上舉會意字用述說方式分析其字形結構。

《說文·白部》(148頁下):"𦣝,小阱也。从人在臼上。"
《說文·木部》(119頁下):"杲,明也。从日在木上。"
《說文·口部》(129頁下):"囚,繫也。从人在口中。"
《說文·茻部》(27頁下):"莫,日且冥也。从日在茻中。"
《說文·口部》(129頁上):"囷,廩之圜者。从禾在口中。"
《說文·穴部》(153頁上):"突,犬從穴中暫出也。从犬在穴中。"
《說文·門部》(249頁上):"閃,窺頭門中也。从人在門中。"
《說文·木部》(119頁下):"杳,冥也。从日在木下。"
《說文·門部》(248頁下):"閑,闌也。从門中有木。"

會意字中,凡利用字形内部偏旁之間的相互位置關係以顯示意義者,一般用上述"从某在某上(中、下)"或"从某中有某"等術語來說明其結構。

《說文·赤部》(213頁上):"赫,火赤皃。从二赤。"

《說文·石部》(195頁下):"磊,眾石也。从三石。"
《說文·艸部》(27頁下):"芔,眾艸也。从四屮。"
《說文·朿部》(143頁上):"棘,小棗叢生者。从並朿。"
《說文·朿部》(143頁上):"棗,羊棗也。从重朿。"
《說文·炎部》(210頁下):"炎,火光上也。从重火。"

上舉會意字的術語爲"从二(三、四)某"或"从並(重)某"。這種由兩個或兩個以上相同偏旁構成的字,從商代甲骨文到現行漢字中一直存在著。這類字大多屬於會意字。古今學者對這類字有"重體""複體""同體""同符合體字"等不同的叫法①。

《說文·日部》(139頁上):"曓(暴),晞也。从日从出从収从米。"
《說文·几部》(299頁下):"凭,依几也。从几从任。"
《說文·力部》(292頁下):"劣,弱也。从力少。"
《說文·是部》(39頁上):"尟,是少也……从是少。"
《說文·隹部》(76頁上):"雀,依人小鳥也。从小隹。"
《說文·冊部》(48頁下):"扁,署也。从戶冊。戶冊者,署門戶之文也。"

上舉即所謂"偏旁連讀成語"的會意字,是會合偏旁的字義來表現合體字的意義。這種字數量不多。例如:"不正爲歪"的"歪"字,是由兩個可以連讀成語的字構成的。上舉"曓"字,《段注》:"日出而竦手舉米曬之,合四字會意。"上舉"凭"字,《段注》改爲'从任、几',並謂"任几猶言倚几也"。

---

① 參看陳偉武《同符合體字探微》,《中山大學學報》1997年第4期。

《說文·廾部》(59頁下):"具,共置也。从廾从貝省。古以貝爲貨。"

《說文·鹿部》(203頁上):"麂,牝鹿也。从鹿从牝省。"

《說文·老部》(173頁下):"耋,年八十曰耋。从老省从至。"

《說文·老部》(173頁下):"孝,善事父母者。从老省从子。子承老也。"

上舉是會意字中的省形字,省略會意字形符的一部分筆畫。會意字中的省形字數量比較少。在《說文》的說解中一般用"从某从某省"等術語來標明。

第四、形聲字

形聲字形旁和聲旁位置的配置方式大略有以下八種類型:

第一種是"左形右聲"　軔(从車刃聲)、餞(从食戔聲)
第二種是"右形左聲"　妝(从女爿聲)、醜(从鬼酉聲)
第三種是"上形下聲"　罟(从网古聲)、麓(从林鹿聲)
第四種是"下形上聲"　堊(从土亞聲)、急(从心及聲)
第五種是"聲佔一角"　徒(从辵土聲)、旗(从㫃其聲)
第六種是"形佔一角"　轂(从車㱿聲)、匙(从匕是聲)
第七種是"形外聲內"　衷(从衣公聲)、衢(从行瞿聲)
第八種是"聲外形內"　悶(从心門聲)、瓣(从瓜辡聲)

《說文》分析形聲字的字形結構有一套解說的用語。大致有以下幾類:

《說文·攴部》(69頁上):"敲,橫擿也。从攴高聲。"

《說文·竹部》(95頁下):"笨,竹裏也。从竹本聲。"

《說文·日部》(138頁下):"晚,莫也。从日免聲。"

《說文·牙部》(45頁下):"㘬,齒蠹也。从牙禹聲。"

《說文·阜部》(304 頁下):"陰,闇也。水之南、山之北也。从阜侌聲。"

《說文·阜部》(304 頁下):"陽,高明也。从阜昜聲。"

《說文·肉部》(89 頁上):"胡,牛顄垂也。从肉古聲。"

《說文·言部》(57 頁下):"譯,傳譯四夷之言者。从言睪聲。"

《說文·土部》(287 頁下):"壎,樂器也。以土爲之,六孔。从土熏聲。"

《說文·足部》(47 頁下):"跣,足親地也。从足先聲。"

《說文·糸部》(274 頁上):"紅,帛赤白色。从糸工聲。"

《說文·馬部》(201 頁下):"駰,驛傳也。从馬日聲。"

《說文·言部》(51 頁上):"談,語也。从言炎聲。"

形聲字用"从某某聲"的方式來說解,這是通例。"从某"表示這是意符,跟字義有聯繫,如"松"是一種樹木,所以从"木";"鄧"是古諸侯國名、都邑名,所以从"邑"。"某聲"表示這是聲符,被解說的字和它同音或者音近。此外,許慎在《說文》裏對形聲字的構造又有一些補充說明,創立"亦聲""省聲""省形""多形""多聲",這應當是形聲字的"變例"。例如:

《說文·女部》(259 頁上):"娶,取婦也。从女从取,取亦聲。"

《說文·女部》(260 頁上):"婢,女之卑者也。从女从卑,卑亦聲。"

《說文·从部》(141 頁上):"旄,幢也。从从从毛,毛亦聲。"

《說文·手部》(253 頁上):"授,予也。从手从受,受亦聲。"

《說文·鼻部》(74頁下):"齅,以鼻就臭也。从鼻从臭,臭亦聲。"

《說文·酉部》(312頁下):"酣,酒樂也。从酉从甘,甘亦聲。"

《說文·刀部》(92頁上):"劃,錐刀曰劃。从刀从畫,畫亦聲。"

《說文·土部》(287頁下):"墨,書墨也。从土从黑,黑亦聲。"

《說文·辵部》(40頁下):"返,還也。从辵从反,反亦聲。"

《說文·玉部》(13頁下):"琀,送死口中玉也。从玉从含,含亦聲。"

《說文·水部》(237頁上):"汲,引水於井也。从水从及,及亦聲。"

《說文·玉部》(11頁上):"瓏,禱旱玉,龍文。从玉从龍,龍亦聲。"

《說文·牛部》(29頁上):"牭,四歲牛。从牛从四,四亦聲。"

《說文·心部》(220頁下):"忘,不識也。从心从亡,亡亦聲。"

《說文·玉部》(11頁下):"珥,瑱也。从玉耳,耳亦聲。"

上舉諸字是亦聲字。所謂亦聲,即合體字的意符兼有聲符的作用。如《說文·人部》(162頁上):"仲,中也。从人从中,中亦聲。""中也"是釋義,說明"仲"是指兄弟排行位次居中的意思。"从人从中",說明它是會意字,"中亦聲"說明它同時又是形聲字。從"形聲"角度看,聲符"中"既表音又表意。分析形聲字的結構時,應注意部分形聲字的這種結構模式。據有人統計,

《說文》共有亦聲字212字。一般用"从某从某,某亦聲"或"从某某,某亦聲"的方式來說解。《說文》中有些"从某,某聲"的形聲字,也可能是亦聲字。例如《說文·馬部》(200頁下):"駟,一乘也。从馬四聲。"古時一車四馬爲乘,"四"字實際也是聲兼義。《說文》除正文外,或體也有亦聲字,如《說文·厂部》(194頁上)"仄"字下面收的籀文"厌",解釋爲"籀文从矢,矢亦聲",在統計《說文》亦聲字時,這種情況也應該考慮在內。

　　《說文·火部》(208頁上):"炭,燒木餘也。从火,岸省聲。"

　　《說文·糸部》(275頁下):"徽,……从糸,微省聲。"

　　《說文·鹿部》(202頁下):"麆,麈也。从鹿,囷省聲。"

　　《說文·足部》(47頁下):"蹇,跛也。从足,寒省聲。"

　　《說文·衣部》(170頁下):"襲,左衽袍。从衣,龖省聲。"

　　《說文·鬲部》(62頁下):"融,炊气上出也。从鬲,蟲省聲。"

　　《說文·風部》(284頁下):"飀,北風謂之飀。从風,涼省聲。"

　　《說文·疒部》(156頁上):"疫,民皆疾也。从疒,役省聲。"

　　《說文·水部》(237頁下):"渽,涕流皃。从水,散省聲。"

　　《說文·糸部》(275頁下):"繩,索也。从糸,蠅省聲。"

　　《說文·艸部》(27頁上):"茸,艸茸茸皃。从艸,聰省聲。"

　　《說文·心部》(218頁上):"恬,安也。从心,甜省聲。"

《說文・歺部》(85頁上):"殤,不成人也。……从歺,傷省聲。"

《說文・手部》(257頁上):"籍,刺也。从手,籍省聲。"

《說文・禾部》(146頁上):"秋,禾穀孰(熟)也。从禾,龜(jiāo)①省聲。龝,籒文不省。"

《說文・田部》(291頁上):"畿……从田,幾省聲。"

《說文・夕部》(142頁上):"夜……从夕,亦省聲。"

《說文・生部》(127頁下):"產……。从生,彥省聲。"

上舉諸字是省聲字。造字或用字的人,爲求字形勻稱和書寫的方便,把某些形聲字"聲旁"的字形省去了一部分。這種現象文字學上稱爲"省聲"。《說文》約260多個省聲字,一般用"从某,某省聲"的方式來說解。《說文》中有些省聲字,可以解釋成聲旁和形旁合用部分筆畫或一個偏旁,如:《說文・示部》(8頁上):"齋,戒潔也。从示,齊省聲。"《說文》分析爲"从示,齊省聲"。"齊"字中間的二橫畫,既可以看作"示"的上部,也可以看作"齊"的下部,即"二"是"齊"與"示"的共用偏旁,實際上是聲旁和形旁合用的筆畫。漢碑或作"禧",不省。又如:《說文・黍部》(147頁上):"黎,履黏也。从黍,㭉(利)省聲。"從上面所舉例子可以看到,"省聲字"並非都是一開始就"省聲"的。有些字是在使用過程中由一般的形聲字改成省聲字的。例如"秋"字,就是由較早的古文字裏的一般形聲字省略而成的。還有不少字在篆文裏並沒有省聲,到隸書或楷書裏,才變成省聲

---

① 唐蘭《殷虛文字記・釋龜龜》據漢碑"秋"字或作龝(楊著碑),釋甲骨文龜(龜,音qiú,較晚的字書多訛作龜)或龜爲秋。《說文》所錄籒文已變"龜"爲"龜",《說文》字形不如漢碑古。《說文》說"秋"字"龜省聲",應改作龜省聲。對一般人來說,這類省聲字的聲旁多數已喪失表音作用。

字。例如：《說文·蚰部》(284 頁上)："𧒦……从蚰橐聲。"《說文·山部》(190 頁上)："島……从山鳥聲。"《說文·鬲部》(62 頁下)："鬴……釜,鬴或从金父聲。"篆文"𧒦""島""釜"到隸、楷裏才變成省聲字"蠹""島""釜"。"釜"字也可以看作聲旁、形旁合用部分筆畫的省聲字。

　　《說文·火部》(208 頁下)："炊……从火,吹省聲。"
　　《說文·心部》(218 頁上)："恬……从心,甜省聲。"
　　《說文·艸部》(27 頁上)："茸……从艸,聰省聲。"

上舉省聲字是用"省聲"來區別字的讀音的。

　　《說文·又部》(64 頁上)："夬,分決也。从又,中象決形。"
　　《說文·走部》(37 頁上)："赽……从走,決省聲。"
　　《說文·足部》(48 頁上)："趹……从足,決省聲。"
　　《說文·疒部》(154 頁下)："疾……从疒,決省聲。"
　　《說文·心部》(217 頁上)："快……从心,夬聲。"

　　上舉這些字的基本聲符是"夬"。爲什麼都是从"夬"得聲的字有的說"省聲",有的說"夬"聲呢？因爲秦以前的字音到漢代已經有了很大變化,雖然它們在書面上看來都是从"夬"得聲,但實際上的讀音卻有很大差別。爲了要表示這種讀音上的差別,許慎就用"省聲"的說法來區別它們。他把那些與"決"字音近的字就說成"決省聲",而把那些與"夬"字音近的就說成"夬聲"。這種"省聲"對於研究漢代的字音是有重要意義的。爲了進一步說明這種"省聲",實際上是屬於區別字音的性質,我們用現代漢字裏類似的情況來做比較：

　　　　苔　　胎
　　　　治　　答
　　　　怡　　貽

上舉形聲字聲符都是"台"。可是由於字音的變遷,有些字的讀音已經與"台"字相去很遠。如我們說"苔"字从艸台聲,這是正確地表達了"苔"字的讀音與含義。而說"怡"字从心台聲,那麼就和現在的讀音產生很大的差異。我們試想,要把這些字的讀音區別開來,正確地表示各自讀音,但又不失掉形聲字表音的原則,用什麼方法呢?思索一下,許慎的辦法還是可行的。

苔	胎	台聲
治	答	治省聲
怡	貽	怡省聲

用"省聲"來區分字音應當是東漢許慎的一個發明創造①。

雖然省聲是一種比較多見的現象,我們對《說文》裏關於省聲的說法卻不能隨便相信。《說文》關於省聲的說法有很多是錯誤的。例如:《說文·臥部》(170頁上):"監,臨下也。从臥,䘓省聲。"其實,"監"字甲骨文作🔲,字形表示俯首在盛水的器皿裏照自己的面容,本是一個會意字。《說文·龍部》(245頁下):"龍……从肉、飛之形,童省聲。"其實,"龍"字甲骨文作🔲,象大口長身的龍形,是一個獨體象形字。《說文·夭部》(214頁上):"奔,走也。从夭,賁省聲。"其實,"奔"字西周金文作🔲,字形在"夭"下加三個"止"以示"奔跑"之意。後來三個"止"訛變成形近的"卉"。

《說文·高部》(110頁下):"亭……从高省,丁聲。"
《說文·歙部》(180頁下):"歠……从歙省,叕聲。"
《說文·履部》(175頁下):"屨,履也。从履省,婁聲。"

---

① 參看陳世輝《略論〈說文解字〉中的"省聲"》,《古文字研究》第1輯,第137—148頁,北京:中華書局,1979年。

《說文·殺部》(66頁下):"弒……从殺省,式聲。"

上舉諸字是形聲字中的省形字。造字或用字的人,爲求字形勻稱和書寫的方便,把某些形聲字"形旁"省去一部分。這種現象文字學上稱爲"省形"。"省形"既見於前面講過的會意字中,也見於形聲字中。形聲字中的省形字的數量比較少,一般用"从某省,某聲"的方式來說解。

《說文·宀部》(151頁上):"寶,珍也。从宀从玉从貝,缶聲。"

《說文·竹部》(97頁上):"簠,黍稷圜器也。从竹从皿,甫聲。"

上舉是形聲字中的多形字。所謂"多形",是指有些形聲字有兩個以上的形旁。一般用"从某从某从某,某聲"的方式來說解。上舉"寶"字在甲骨文裏寫作⌂(《合集》17512),表示屋子裏有貝、玉等物,本是一個會意字。商代銅器宰甫卣銘文作⌂,加注"缶"聲而成形聲字。從古文字看,這是在會意字上加注音符而成的形聲字。

《說文·米部》(148頁上):"糲(竊),盜自中出曰竊。从穴从米,禼、廿皆聲。廿,古文疾。禼,古文偰(xiè)。"

《說文·韭部》(149頁下):"䪢(韲),墜(齏)也。从韭,次、弟皆聲。䪢,韲或从齊。"

上舉二字是形聲字中的多聲字。所謂"多聲",是指有些形聲字有兩個以上的聲旁。一般用"从某从某,某、某皆聲"的方式來說解。《說文》明確分析爲从兩個聲符的形聲字只有"竊"和"韲"兩個字。"韲"字所從的"次""弟"二字的確都有作聲符的資格。但是在造字的時候,大概是不會把兩個聲符同時都用上的。前面曾經指出,有些表意字在使用過程中加注了聲符。

形聲字偶爾也有加注聲符的情況。例如在西周金文中,从"示""畐"聲的"福"字有時加注"北"聲而作🔲(《金文編》9頁);又有"🔲(逋)"字(見《金文編》109頁),似是加注"夫"聲的"逋"字。《說文》對"竊"字的分析顯然不可信。從古文字看,"廿"決不可能是"疾"的古文。高亨《文字形義學概論》(214頁)認爲"竊"本是個會意字,"乃鼠穿穴咬物盜米之象",可供參考。"𩐳"字可能本是从"韭""卨"聲或从"韭""次"聲的一般形聲字,後來加注了一個聲符就成爲二聲的形聲字了。

再次,談談"注字音"。

許慎時代,未有反切。反切是隨著印度佛經傳入之後才有的。許書的注音不外兩種方法:

第一種是"形聲法"。

用形聲字的聲符注明字的音讀。《說文》9353個字頭中,據朱駿聲《說文通訓定聲·六書爻列》統計,收形聲字7697字,佔總數的82%強。形聲字的聲符是標音符號。大家知道,在造字之時,按理形聲字應與聲符的讀音相同或相近,聲符才能起到表示讀音的作用,這是一個原則。當然,由於古今語音的演變,很多形聲字今天不能借聲符正確讀出它的讀音,"唸字讀半邊",有時會鬧笑話。這是語音發展的結果。

第二種是"讀若法"。

許慎對難字的注音方法是"讀若"。"讀若"的基本作用是比況被釋字的讀音。常用的注音術語主要有以下四種:

其一,讀若某:

　　《說文·鬲部》(62頁下):"䰞,秦名土釜曰䰞,从鬲牛聲,讀若過。"

　　《說文·巾部》(159頁下):"飾,㕞也,从巾从人,食聲。讀若式。"

《說文·攴部》(69頁上):"𣪠,閉也。从攴,度聲。讀若杜。"

《說文·辵部》(39頁下):"逝,往也。从辵折聲。讀若誓。"

《說文·艸部》(15頁下):"莠,禾粟下生莠。从艸秀聲。讀若酉。"

《說文·鼻部》(74頁下):"鼾,臥息也。从鼻干聲。讀若汗。"

《說文·犬部》(205頁上):"倏,疾走也。从犬攸聲。讀若叔。"

《說文·片部》(143頁下):"牖,牀版也。从片扁聲。讀若邊。"

其二,讀若某同:

《說文·豆部》(102頁下):"豋,……讀若鐙同。"

《說文·丌部》(99頁下):"丌,……讀若箕同。"

《說文·受部》(84頁下):"𤔔,……讀若亂同。"

其三,讀與某同:

《說文·隹部》(76頁上):"雀,依人小鳥也。从小隹。讀與爵同。"

《說文·口部》(31頁上):"啗,食也。从口臽聲。讀與含同。"

《說文·衣部》(171頁上):"裾,衣袍也。从衣居聲。讀與居同。"

《說文·品部》(48頁下):"喦,多言也……讀與聶同。"

其四,讀若某某之某:

《說文·瞿部》(79頁上):"瞿……讀若章句之句。"

《說文·示部》(8頁下):"禜,數祭也。从示毳聲。讀若春麥爲禜之禜。"

《說文·玉部》(10頁下):"瑂,朽玉也。从玉有聲。讀若畜牧之畜。"

《說文·林部》(126頁下):"森,木多皃。从林从木。讀若曾參之參。"

《說文·夫部》(216頁上):"扶,並行也。从二夫。輦字从此。讀若伴侶之伴。"

楊樹達《說文讀若探原》(載《積微居小學述林》)舉例很多,可以參看。《說文》凡是說某字"讀若某",有的是標注其字的讀音,有的是表明兩個字可以通假,如丯讀若介。

最後,談談"闕疑"。

《說文·敘》:"其於所不知,蓋闕如也。"許慎在說解某字的形、音、義時,凡有不明白的地方,則注一"闕"字。他採取"闕(缺)而不論"的存疑態度,是正確的。在許書中,凡言"闕"者,有47處(參看王筠《說文釋例》卷11《闕》)。所"闕"內容不外以下方面:闕形、闕音、闕義,或兼而有之。茲舉例如下:

第一、闕形

《說文·二部》(7頁上):"旁,溥也。从二(shàng),闕,方聲。"①

《說文·辵部》(42頁上):"逵,高平之野,人所登。从辵、备、录,闕。"

---

① 旁,義爲"溥",音从"方"得聲。義與音都知道。只是小篆字形中⺄形不清楚,故闕。

《說文·肉部》(90頁下):"㆟,或曰獸名。象形。闕。"①

《說文·又部》(64頁下):"叚,借也。闕。"②

第二、闕音

《說文·兟部》(177頁上):"兟,進也。从二先。贊从此。闕。"

《說文·沝部》(239頁上):"沝,二水也。闕。"

《說文·入部》(109頁上):"冘,入山之深也。从山从入,闕。"

"闕"謂闕其"讀若"也。

第三、闕義

《說文·戈部》(266頁下):"䎽,闕。从戈从音。"

《說文·又部》(64頁上):"叜,老也。从又从灾,闕。"

"叜"爲"叟"的古字。叜訓"老"。許氏不明白"叜"從"又"從"灾"爲什麽能會合出"老"的意義,所以注一"闕"字。"叜",甲骨文作🖹,象"又"(手)持火把在"宀"(屋)内搜尋。故"叜"的本義是搜尋,"老"是假借義。

第四、闕音義

《說文·舟部》(176頁上):"朕,我也。闕。"

《說文·卩部》(187頁上):"卯,二卩也。巽从此。闕。"

---

① 《段注》(177頁下)云:"闕,謂闕其形也。其義則畜名,其音則以㆟聲之字定之,其形則从肉以外不能强爲之説也。"

② 《段注》(166頁下)云:"謂闕其形也。其从'又'可知,其餘則未解,故曰闕。"

§7.4

東漢許慎在《說文》每部、每篇之後，都注明字數。

《說文》在每部之後，均注明該部所收篆文字頭和重文（大多是異體字）的數目。文例是："文若干，重若干"。例如：

《說文·一部》（7頁上）"一、元、天、丕、吏"之後，記有"文五，重一"之語。《段注》（1頁下）曰："此蓋許所記也。每部記之，以得其凡若干字也。"所謂"文"是指篆文字頭。"重"即"重文"，是指篆文字頭下所收的古文、籀文、或體等。上引"文五"指《說文·一部》收有"一、元、天、丕、吏"五個篆文字頭。"重一"指篆文字頭"一"的下面收有古文"弌"。"文五，重一"之語是許慎注明《說文·一部》共收有篆文字頭五個，重文一個。

《說文·艸部》（27頁上）之後，記有"文四百四十五，重三十一"之語，是說《說文·艸部》共收有篆文字頭445個，重文31個。

東漢許慎在每篇之後，也注明字數。文例是："若干部，若干文，重若干，凡若干字"。北宋徐鉉在整理《說文》時，按當時的習慣移到每篇之首（清代《段注》又改為每篇的篇末）。一般注明本篇"部""文""重""字"的數目是多少。例如：

《說文·一部》（7頁上）的前面有"十四部，六百七十二文，重八十一，凡萬六千三十九字"一語，《段注》（48頁上）說："此第一篇部文、重文、解說字之都數（'都數'即總數之意）也。每篇末識之，以得十四篇都數，識於敘目之後，云'此十四篇，五百四十部，九千三百五十三文，重一千一百六十三，解說凡十三萬三千四百四十一字'是也。自二徐每篇分上下，乃移之冠篇首，非是。小徐書轉寫尤舛誤。今復其舊云。"《段注》（754頁上）又說："許君某部言'文若干'，謂篆文。言'凡若干字'，謂說解語。是則古篆通謂之文,已語則謙言字也。"上引"十四部,六百七十二文,重八十一,凡萬六百三十九字"一語是說,第一篇中共收部首字 14 個,即"一""上""示""三""王""玉""玨""气""士""丨""屮""艸""蓐""茻";共有篆文字頭 672 個;重文 81 個;許慎的解說字共計 10639 字。

大徐本《說文·小部》(28 頁上)前面有"三十部,六百九十三文,重八十八,凡八千四百九十八字"一語,意思是說,第二篇共收有從"小"到"冊"爲止 30 個部首字,共有篆文字頭 693 個,重文 88 個,許慎的解說字共計 8498 字。

許慎在全書最後的《說文解字·敘》(319 頁下)中,對全書字數作了統計,他說:"此十四篇,五百四十部,九千三百五十三文,重一千一百六十三,解說凡十三萬三千四百四十一字。"這在當時,自然是極其可靠的字數。但經過近兩千年的傳寫,其中不免有所脫落或由後人附增的字,所以傳到今天,它的字數也就與原數不符了。

參考文獻

王筠:《說文釋例》,北京:中華書局,1987 年。

周大璞:《訓詁學要略·說文解字略例》,武漢:湖北人民出版社,1980 年。

李國英:《小篆形聲字研究》,北京師範大學出版社,1996 年。

崔樞華:《說文解字聲訓研究》,北京師範大學出版社,2000 年。

楊劍橋:《〈說文解字〉讀若研究》,《語言研究集刊》第 1 輯,上海:復旦大學出版社,1987 年。

陳世輝:《略論〈說文解字〉中的省聲》,《古文字研究》第 1 輯,北京:中華書局,1979 年。

練　習

一、名詞解釋

　　1. 形訓　　2. 聲訓　　3. 義訓　　4. 讀若　　5. 闕
　　6. 互訓　　7. 遞訓　　8. 同訓　　9. 旁解　　10. 之爲言
　　11. 一曰　12. 或曰　13. 讀若　14. 闕　　　15. 屬
　　16. 別　　17. 兒　　18. 詞　　19. 曰、爲、謂之

*二、利用《說文》，辨析下列各組形似義異字的結構和音義

　　1. 壬——壬　　　2. 陜——陝　　　3. 夾——夾
　　4. 券——券　　　5. 栗——粟　　　6. 氾——汜
　　7. 臭——臭　　　8. 㐬——㐬　　　9. 隹——佳
　　10. 即——既　　11. 叉——叉　　　12. 析——折
　　13. 析——柝　　14. 崇——崈　　　15. 舀——舀
　　16. 束——朿　　17. 戉——戉　　　18. 畫——畵
　　19. 市——巿　　20. 箕——萁　　　21. 采——采
　　22. 戍——戍　　23. 抵——抵　　　24. 夲——本
　　25. 臼——臼　　26. 裸——裸　　　27. 場——塲
　　28. 萑——萑　　29. 卻——郤　　　30. 柴——紫
　　31. 籃——藍　　32. 盲——肓　　　33. 沬——沫
　　34. 徒——徒　　35. 祇——祇　　　36. 管——菅
　　37. 傅——傳　　38. 囟——囪　　　39. 戎——戒
　　40. 问——同　　41. 灸——炙　　　42. 圯——圮
　　43. 覓——覔　　44. 兒——兒　　　45. 罔——岡
　　46. 鍾——鐘　　47. 綱——網　　　48. 豖——豕

*三、查閱《甲骨文編》(中華書局，1965 年版)，寫出下列各字的甲骨文
　　形，說明這些甲骨文字形的本義，並指出它們的通行義是引申義還
　　是假借義

　　1. 伐　　　2. 莫　　　3. 止　　　4. 行
　　5. 監　　　6. 來　　　7. 益　　　8. 臭
　　9. 各　　　10. 爲　　 11. 之　　　12. 下

13. 它　　14. 乎　　15. 韋

四、指出下列各字中哪些字是形聲字，然後用"从某某聲"的術語來分析其結構（多形、多聲、省形、省聲、亦聲要注明）

1. 盜　2. 羨　3. 肺　4. 川　5. 視
6. 忝　7. 棘　8. 恭　9. 藏　10. 聚
11. 須　12. 相　13. 敲　14. 爲　15. 工
16. 斐　17. 噪　18. 舉　19. 拜　20. 篆
21. 瓣　22. 恬　23. 吞　24. 冕　25. 馗
26. 賊　27. 曷　28. 衒　29. 馮　30. 看
31. 岡　32. 輿　33. 產　34. 具　35. 苗
36. 在　37. 仲　38. 頸　39. 廄　40. 扃
41. 崖　42. 輦　43. 郊　44. 尊　45. 友
46. 斧　47. 賴　48. 雀　49. 黎　50. 寒
51. 受　52. 際　53. 衷　54. 鳳　55. 虱
56. 蘭　57. 臭　58. 嘗　59. 香　60. 粲
61. 募　62. 掌　63. 誇　64. 行　65. 雜
66. 夜　67. 斟　68. 切　69. 弒　70. 餐
71. 防　72. 肴　73. 定　74. 疏　75. 斥
76. 任　77. 鏖　78. 炊　79. 婢　80. 亭
81. 孤　82. 戍　83. 疫　84. 倏　85. 惡
86. 睡　87. 集　88. 茸　89. 慶　90. 娶
91. 徽　92. 融　93. 潸　94. 珊　95. 秋

*五、《說文》各部列字的體例是"以類相從"。請舉例說明下列各部的列字情況

1.《七上·网部》　2.《二上·牛部》　3.《五上·竹部》
4.《九上·頁部》　5.《八上·老部》　6.《四上·羽部》
7.《六上·木部》　8.《一上·玉部》　9.《一上·示部》
10.《四下·夕部》　11.《四下·肉部》

*六、形聲字的形旁和聲旁有八種配置方式。下列形聲字中形旁和聲旁屬於哪種配置關係？

階　括　詒　靳　湯　靭　饑　誣

臘	祥	防	誅	斫	刊	郊	欣
鴻	狀	敲	胡	雌	放	祁	斯
雄	麓	篋	崔	楚	芹	曾	宇
苦	空	霖	罟	堊	急	丞	基
島	孟	盆	禁	召	岱	馨	冑
盲	聽	近	徒	徙	旗	房	蹕
造	超	病	轂	騰	滕	膦	勝
賴	修	俟	條	旭	載	雖	穎
穎	雜	疆	閨	匪	衷	袞	閣
圓	圜	衡	鳳	風	辨	齋	篡
哀	岡	聞	興	辯	篡	齋	齋
悶	閩	問					

* 七、有些形聲字表面上看是由多個偏旁組成的，實際上只能分析爲形符和聲符兩個部分。例如：《說文·鳥部》"鴻"字，由"氵(水)""工""鳥"三個偏旁構成，實際上應分析爲从"鳥""江"聲。"江"雖然是从"水""工"聲的形聲字，但在"鴻"字的結構中是作爲一個整體承擔聲符的職能。"鴻"字中的"水""工""鳥"是基本偏旁，聲符"江"是複合偏旁。分析下列形聲字的結構層次

1. 落　　　　2. 招　　　　3. 薄
4. 驟　　　　5. 縫

八、回答問題

1. 什麼是形訓？其主要作用是什麼？利用形訓應注意什麼問題？
2. 什麼是聲訓？聲訓的基礎是什麼？聲訓有哪些主要作用？
3. 什麼是義訓？義訓有哪些主要方式？

第八章　字　體

§8.1

"古文字"這一概念有狹義和廣義之分。狹義的指小篆以前的文字。廣義的可以包括小篆在內①。這樣說來,《說文》可以說是一部古文字的字典。東漢許慎輯錄了他所能看到的古文字資料,並以古文字字體作爲對象進行說解。《說文》是古文字和今文字(隸楷文字)之間的一道橋梁。如果沒有《說文》,不少字在古文字和隸書、

---

① 古文字是一個比較籠統的概念。世界上有各種各樣的古文字。例如,古埃及的聖書字、古代兩河流域的楔形文字以及中國的古文字。這三種文字是世界上最古老的文字。我們所說的古文字是狹義的,僅指古漢字。"古文字"這一名稱不如"古漢字"明確,但是,這個名稱古已有之。《漢書·郊祀志》:"張敞好古文字。"一般把秦代以前的文字稱爲古文字。不過,其概念隨著時代與文字的變革也隨之擴大。其時代上限可以上溯到文字的萌芽時期,這是沒有疑義的。至於它的下限應該劃在哪里呢? 專家的意見尚不一致。唐蘭在《古文字學導論》中認爲小篆也算作古文字(齊魯書社 1981 年版第 31 至 32 頁)。但是如果從學術研究的角度來看,由於《說文》系統地保存了對九千多個小篆形、音、義方面的說解,小篆畢竟是屬於已識字之列的,所以嚴格地說,小篆以前的文字才算作古文字。不過,從 20 世紀 70 年代以來,很多秦漢的簡牘和帛書等陸續出土。這些簡帛上的早期隸書,還保留著先秦文字的不少特點,跟後來成熟的隸書有明顯的區別,適合用古文字學的方法去整理研究。因此,李學勤認爲:"這樣看來,也許我們可以把古文字學的範圍放寬,把漢武帝(前 140—前 88)以前的文字包括在內。"(李學勤:《古文字學初階》,第 2 頁,北京:中華書局,1985 年)

楷書裏的字形就很難聯繫起來了。今天,我們研究和學習《說文》,首先應對這部字典所收的主要字體有一個基本的認識。

許慎在《說文·敘》裏說他排列字體的通例是"今敘篆文,合以古籀"。篆文指小篆,古籀指古文和籀文。意思是說《說文》排列字體時,一般以小篆爲字頭,古文或籀文跟小篆寫法相同的,爲了避免重複,省略不錄;古文或籀文跟小篆寫法不同的,便在小篆下面列出其古文或籀文,當作"重文"。例如:

《說文·子部》(309頁下):"子……☉,古文子,从巛,象髮也。☉,籀文子,囟有髮,臂脛在几上也。"

《說文·辵部》(40頁上):"速……☉(遨),籀文从欶。☉(警),古文从欶从言。"

《說文·酉部》(313頁上):"牆(醬)……☉(牆),古文。☉,籀文。"

《說文·糸部》(276頁下):"繘……☉(繺),古文从絲。☉(鐗),籀文繘。"

如果小篆只跟古文寫法不同就只錄古文,反之就只錄籀文。例如:

《說文·川部》(239頁下):"州……☉,古文州。"

《說文·鹿部》(202頁下):"麀……☉,籀文,不省。"

《說文》也有以古文或籀文爲字頭而附小篆於其後之例,但爲數不多。段玉裁說:"凡全書有先古籀、後小篆者,皆由部首之故也。"(見《段注》"今敘篆文,合以古籀"下)例如:

《說文·二部》(7頁上):"二,高也。此古文上……

  ⻊,篆文上。"

  《段注》改古文"⊥(上)"爲"二(上)",是因爲从"⊥(上)"部的小篆,如"帝(帝)""旁(旁)"等,均从"二(上)"。把古文"二(上)"當作部首,可以統轄"帝(帝)""旁(旁)"諸字。

  《說文·飛部》(245 頁下):"羣(羣)……翼,篆文羣,从羽。"

  上引大徐本字頭"羣"不是正篆,究竟是古文還是籀文呢?大徐本未說明。但小徐本(232 頁上)說:"羣,籀文翼。"爲什麼把籀文放在字頭?主要是爲了从"飛",將就部首"飛"的緣故。

  綜上,"許以先篆後古籀爲通例,先古籀後篆爲變例"。

  據統計:《說文》收入"小篆"9353 個,"古文"約 500 多個,"籀文"約 200 多個①。下面,我們對籀文、古文、篆文三種字體的特點及其時代,分別加以討論。

§ 8.2

  談談籀文、大篆。

  籀文是一種字體名稱。之所以叫"籀文",是因爲這種字體來源於《史籀篇》,故名其書體爲"籀"。《漢書·藝文志》記載:"《史籀》十五篇。"班固自注:"周宣王太史作大篆十五篇,建武時亡六

---

① 啟功《古代字體論稿》說:"籀文既爲一種字體,爲甚麼《說文解字》裏僅出二百多字? 按自段玉裁先生《說文解字注》至王國維先生《觀堂集林》的《史籀篇疏證序》和《說文今敘篆文合以古籀說》考知,《說文解字》的體例是凡古文、籀文與小篆相同的字出小篆,與小篆不同的字才出古文和籀文。所以,可以說其中小篆各字包括了能包括的古文、籀文,而重文中標出的只是與小篆組織構造不同的古、籀各字而已。在段玉裁先生之後和王國維先生之前,還有許多學者提出過相似論證,今不具引。"(啟功:《古代字體論稿》,北京:文物出版社,1999 年)

篇矣。"①又說:"《史籀篇》者,周時史官教學童書也,與孔氏壁中古文異體。"②《史籀篇》大概相當於後世的《千字文》《幼學瓊林》之類的有韻課本③。這裏只說《史籀篇》爲宣王太史所作,字體爲大篆,並未說出太史的名叫什麼。《說文·敘》(314頁下)說:"宣王太史籀著大篆十五篇,與古文或異。"由此可知,太史的名字叫籀或史籀。《史籀篇》傳到東漢建武時丟了六篇。許慎把剩下的九篇《史籀篇》裏的文字即籀文全收錄到《說文》中。傳到唐代,《史籀篇》已全部亡佚(《文物》1962年,第6期,第34頁)。今天我們雖然看不見《史籀篇》,幸虧許慎的功勞,我們還能從《說文》保存的200多個籀文中,一窺籀文的面貌,是儘量繁複的一種文字。

《史籀篇》這部字書所用的字體,漢人稱爲大篆(《漢志》《說文·敘》)。

裘錫圭在《文字學概要》中說:

> 所謂大篆,本來是指籀文這一類時代早於小篆而作風跟小篆相近的古文字而言的。但是現代研究文字學的人使用大篆這個名稱的情況比較混亂。有人用大篆概括早於小篆的所有古文字(古人也有這樣用的),有人稱西周晚期金文和石鼓文等爲大篆(這也是比較舊的辦法,由於石鼓有些字的寫法跟籀文相合,過去很多人把它看作周宣王時的刻石),有人根據王國維的說法把春秋戰國時代的秦國文字稱爲大篆,唐蘭先生則按照他自己的觀點把"春秋時到戰國初期的文字"稱爲大篆。爲了避免誤解,最好乾脆不要用這個名稱。④

---

① 《漢書》第六冊,第1719頁,中華書局點校本,1962年。
② 《漢書》第六冊,第1721頁,中華書局點校本,1962年。
③ 趙平安對《史籀篇》的性質有新見,詳趙平安《新出〈史律〉與〈史籀篇〉的性質》,原載吉林大學《語言文字學論壇》第一輯,北京:中國社會科學出版社,2002年;又載《華學》第八輯,北京:紫禁城出版社,2006年。
④ 裘錫圭:《文字學概要》,第51頁,北京:商務印書館,1988年。

從《說文》看,籀文與大篆亦不完全等同,如《說文·艸部》(25頁下)"蒜"字之後,許慎說:

　　　　左文五十三,重二,大篆从䒑。

"左文五十三",指從"芥"至"蓹"五十三個大篆寫法均从"䒑",如"芥"作"芥",其餘類推。"重二"指從"芥"至"蓹"五十三個正篆中的"藻"和"蓬"下面有重文"藻"(26頁上)和"䒒"(26頁下),共二個①。

由此可見,"籀文"與"大篆"不能等同,"大篆"範圍比"籀文"要大,籀文僅指《史籀篇》裏的文字。大篆包括《史籀篇》裏的籀文。各種文字學論著中所說的"大篆",往往名同實異,引用時須嚴加區別,不要以爲是一種字體。

§8.3

一、籀文的作者及其時代

據漢代學者的說法,《史籀篇》是周宣王(前827—前782)的史官史籀所編撰的一部字書。長期以來,學術界對籀文的作者及其時代,都相信漢代學者的說法,沒有疑義,即一致認爲籀文的作者是史籀,籀文的時代是西周晚期。

近代古文字學興起之後,有些學者開始對籀文的時代產生了懷疑。清末金石學家吳大澂和陳介祺首先提出籀文是一種時代比較晚的文字。吳大澂在光緒九年(1883年)作《說文古籀補序》,首先提出《說文》所收籀文有的不合於六書,爲周末文字。陳介祺爲《說文古籀補》作序,也說"故籀文則多不如今之石鼓"(當時多以石鼓文爲標準的大篆)。近代著名學者王國維對籀

---

① 王國維《史籀篇疏證》於《說文·艸部》末大篆从䒑之53字以爲非取自《史籀篇》,不復著錄,因許慎全書皆稱籀文,獨此改稱大篆。

文作了長期的探索,撰寫了《史籀篇疏證》《戰國時秦用籀文六國用古文說》(分見《觀堂集林》卷五、卷七)等名文,明確主張籀文不是周宣王時代的文字。

首先,王國維根據《倉頡篇》首句"倉頡作書"推測《史籀篇》的首句也是"太史籀書"。王氏認爲這裏的"籀"字,不是人名,應讀作《說文》"籀,讀書也"之"籀",在此當"誦讀"講。因此,"史籀"不是人名。古人摘取《史籀篇》首句"太史籀書"中的"史籀"二字來命名此篇爲《史籀篇》。

其次,王氏不但否定史籀其人的存在,並且懷疑《史籀篇》的時代。他認爲籀文"作法大抵左右均一,稍涉繁複,象形象事之意少而規旋矩折之意多",體勢與小篆極爲相近,字形也多與已發現的春秋戰國時代的秦國文字相同,應該是戰國時代秦國通行的文字,《史籀篇》也應該是"春秋戰國之間秦人作之以教學童"之書。

唐蘭在《古文字學導論》中說:

> 《史籀篇》據說是周宣王時太史籀所作,王國維卻以爲是六國時西方通行的文字,但由所存的遺字看來,王說大概是錯的,這種文字,至遲也當在春秋前期。①

唐氏認爲這種字體的時代"至遲也當在春秋前期",跟漢代學者認爲這種字體屬於西周時代的說法大致相近。後來,唐氏又寫了《中國文字學》一書。在這本書裏,唐蘭改變了早先的說法,他說:

> 我們雖看不見《史籀篇》,在《說文》裏還保存了幾百個字,是儘量繁複的一種文字,和西周厲、宣期文字不一樣,可是和春秋時到戰國初期的銅器文字卻很接近,秦公簋、石鼓文也都是屬於這一系的。……②

---

① 唐蘭:《古文字學導論》,第 339 頁,1934 年手寫石印,濟南:齊魯書社,1981 年。
② 唐蘭:《中國文字學》,第 155 頁,上海古籍出版社,1949 年。

唐氏把籀文的時代下延到"春秋時到戰國初期",又認爲"史籀"就是《漢書·古今人表》的"史留"。王先謙認爲《漢書·古今人表》把史留排在春秋、戰國之時,以爲"表次時代稍後",即認爲把時代排得晚了。唐蘭批評王先謙說:

> 其實《古今人表》把史留放在春秋戰國之際,正是《史籀篇》的真確時代,我疑心《藝文志》注裏面的周宣王應該是周元王,元跟宣音近而誤(西元前 476—469),後來凡說宣王,都受這個誤字的影響,只改正這一個字,那末,史留就是史籀,一切問題都可迎刃而解了。(同上 155 頁)

唐氏這一改,認爲籀文是春秋、戰國初年的一種文字,這一觀點又回到王國維的看法上。

姚孝遂撰有《許慎與說文解字》一書,贊同王國維的說法。他說:

> 我們根據《說文》所列舉的古文和籀文加以分析,可以斷定古文和籀文都是戰國時期的文字,取材於《史籀篇》者,謂之籀文,取材於壁中書者,謂之古文。①

姚氏認爲籀文與古文時代相同,都是戰國時期的文字,只是取材不同而已。

以上三家都是研究古文字的專家,所以他們的說法影響比較大。雖然他們的看法都是把籀文與古文字材料比較之後而得出來的,但是,三家之說似乎缺乏充分的根據,在比較方法上有問題。也就是說,要把籀文放在出土古文字材料的大背景上,從縱向和橫向兩個方面,進行全面系統的比較研究。

首先,談談"史籀"問題。漢代學者認爲籀文的作者是西周晚期宣王時的太史籀,此說王國維表示懷疑。新的考古資料證

---

① 姚孝遂:《許慎與說文解字》,第 18 頁,北京:中華書局,1983 年。

明,歷史上確有史籀這個人。20世紀70年代末,上海博物館收集到一個鼎,名叫趞鼎(圖7,《集成》2815)。銘文曰:

> 隹(唯)十又九年四月既望辛卯,王才(在)周康卲(昭)宮,各(格)于大室,即立(位),宰訊右趞入門,立中廷,北鄉(向)。史留受(授)王令(命)書。王乎(呼)內史䇂冊易(錫)趞玄衣屯𧘇、赤巿、朱黃、䜌旂、攸勒。用事。趞拜頴(稽)首,敢對揚天子不(丕)顯魯休,用乍(作)朕皇考𡕲白(伯)奠(鄭)姬寶鼎。其眉壽萬年,子子孫孫永寶。

1979年,劉啟益把趞鼎銘文拓本拿去向唐蘭請教,唐蘭認爲趞鼎中的"史留授王命書"之"史留"即"史籀"。① "籀"從"留"得聲,可與"留"通假。唐蘭晚年的說法是可信的。學者考定此鼎爲西周晚期周厲王十九年器,時代與宣王相近②。史留供職於厲、宣之際是可能的。從趞鼎看,《漢書·古今人表》把"史留"排在春秋戰國之際的周元王時代有兩種可能。一種是把時代弄錯了,另一種可能是異代同名。李學勤認爲:"太史籀實有其人,上海博物館所藏的一件鼎(引者按:即趞鼎),銘文有'史留',當即史籀。東周的秦文字可溯源到宣王時青銅器虢季子白盤,恐非偶然,恐怕盤銘就是史籀倡行的字體吧?"③從西周晚期金文看,宣王時某些青銅器,如虢季子白盤代表了一種新的字體(圖8,《集成》10173),比較方正規則,近於《說文》的籀文。周宣王是西周中興之王,其史官史籀主持整理文字,編著《史籀篇》是很合理的事情。

其次,王國維、唐蘭等認爲籀文是字形繁複的一種文字,

---

① 唐說見劉啟益《伯寬父盨銘與厲王在位年數》(《文物》1979年第11期)引用。

② 陳佩芬:《繁卣、趞鼎及梁其鐘銘文詮釋》,《上海博物館集刊》總第2期,1982年。

③ 李學勤:《東周與秦代文明》,第365頁,北京:文物出版社,1984年。

和西周厲、宣時期文字不一樣。實際上,籀文的字形並非全都具有繁複的特點。有些籀文的寫法比後來的小篆更爲簡單。例如:

《說文·肉部》(87頁上):"臚……膚,籀文臚。"
《說文·疒部》(156頁上):"癰……㿈,籀文癰省。"
《說文·女部》(259頁下):"姡……姁,籀文姡省。"
《說文·艸部》(16頁上):"薇……葳,籀文薇省。"
《說文·艸部》(26頁下):"蓬……莑,籀文蓬省。"
《說文·石部》(195頁上):"磬……殸,籀文省。"
《說文·止部》(38頁上):"歸……㱕,籀文省。"
《說文·雨部》(242頁上):"霚(霧)……雺,籀文省。"
《說文·馬部》(200頁上):"騷……䮕,籀文从㕚。"

至於那些字形繁複的籀文,其構造往往跟商代甲骨文和西周金文相合。例如:

	籀　文	西周金文	甲　骨　文
囿	《說文·囗部》(129頁上)		合集9488 合集9552
車	《說文·車部》(301頁上)	毛公鼎(宣王) 番生簋(宣王)	花東416 合集36481
子	《說文·子部》(309頁下)	瑚生簋(宣王)	合集38012 合集38565
孴	《說文·子部》(310頁上)	鈇鐘(厲王)	

值得注意的是毛公鼎、番生簋、琱生簋都是周宣王時代的器物，與《漢書·藝文志》所載史籀時代相同。而且，上舉"車""子"的寫法不見於春秋以後的古文字資料，也就是說這些寫法在商和西周時代早已存在，當然就不能以此來證明籀文是春秋戰國時代的文字了。

綜上，我們認為把籀文的時代推遲是缺乏根據的，與其相信近人之新說，還不如相信去古未遠的漢代人的舊說。當然，《史籀篇》的字形在由西周到東漢的傳寫過程中，不可避免地會受到較晚的寫法的一些影響。《說文》所收籀文的字形，在《說文》傳寫刊刻的過程中也會產生一些訛誤。例如：在古文字裏變偏旁"又"為"寸"的風氣，似乎要到春秋晚期才開始流行，石鼓文（圖9）、侯馬盟書中有一些例子，再往上追溯好像就沒有資料了。但是籀文 ![字] （《說文·木部》118頁上）和 ![字] （《說文·又部》64頁上）卻都已經从"寸"。之所以會出現這種情況，應該是由於後來的抄寫者按照自己的書寫習慣改變了原來的寫法。我們不能因此把全部籀文的時代都往後拉。

西周滅亡，在宗周故地興起的秦人繼承周人的文字體系，其字體風格由籀文衍變而來，跟東方諸侯國的文字風格迥然不同。這一點是古文字學者所公認的。秦國文字跟從西周晚期流傳下來的《史籀篇》相合之處比較多，本來是很自然的事。王國維因此認為《史籀篇》是秦人所作字書，理由是不充分的。唐蘭在這一點上比王氏謹慎，他並沒有說籀文是秦國文字。

春秋戰國時秦以外諸侯國的文字裏有些字的寫法跟籀文正好相合。例如：

籀　文	秦以外諸侯國文字
折　《說文·艸部》(25頁下)	（齊侯壺）
嗌　《說文·口部》(30頁下)	（侯馬盟書）（齊國圓錢賹字偏旁）
封　《說文·土部》(287頁下)	（齊刀幣）

這些字在秦國並不這樣寫。這種現象也說明《史籀篇》不會是秦人所作的專用於秦地的字書。

裘錫圭在《文字學概要》一書中說：

> 總之，我們認爲《史籀篇》應如漢人所說，是周宣王太史籀所作的一部字書，籀文就是周宣王時代的文字，只不過在後來的傳抄過程中已經產生了一些訛誤。近人把籀文時代推遲的說法似不能成立。①

二、籀文的字形特點

王筠《說文釋例》（卷五）說："籀文好重疊。"王國維《史籀篇疏證序》描述籀文形體的特點是："大抵左右均一，稍涉繁複，象形象事之意少而規旋矩折之意多。"②王氏的說法大致是對的。籀文的字形特點跟"古文"相比，是比較繁複的。例如：

《說文·阜部》(304頁下)："陸……䧙，籀文陸。"

---

① 裘錫圭：《文字學概要》，第51頁，北京：商務印書館，1988年。
② 王國維：《史籀篇疏證序》，《觀堂集林》第1冊，第254頁，北京：中華書局，1959年。

《說文·禾部》(146頁上):"秦……[篆],籀文秦,从秝。"

《說文·攴部》(68頁下):"敗……[篆],籀文敗,从賏。"

《說文·次部》(180頁下):"次……[篆],籀文次。"

《說文·衣部》(170頁下):"襲……[篆],籀文襲不省。"

《說文·系部》(270頁下):"系……[篆],籀文系,从爪絲。"

《說文·麤部》(203頁上):"麤……[篆],籀文。"

《說文·鬲部》(62頁下):"融……[篆],籀文融不省。"

《說文·頁部》(181頁下):"頂……[篆],籀文从鼎。"

《說文·女部》(258頁下):"妘……[篆],籀文妘,从員。"

據統計,《說文》所收籀文約200多個,其中只有兩個籀文有重文:

《說文·竹部》(99頁上):"箕……[篆],籀文箕。[篆],籀文箕。"

《說文·嗇部》(111頁下):"牆……[篆],籀文从二禾。[篆],籀文亦从二來。"

由此可見籀文形體比較固定。漢字由於是一種意符音符文字,具有結構複雜、異體眾多和容易發生訛變等特點,因此歷代政府大多很重視統一文字形體的工作。《周禮·春官·外史》說"外史"一職掌管四件事,其中一件就是"掌達書名於四方",應該就是統一全國文字的一種措施(參看孫詒讓《周禮正義》)。周宣王太史作《史籀篇》可能與此有關。到了戰國時代,東方諸國的文字發生劇烈變化,形成所謂"六國文字"。《說文》古文源於"文字異形"

的"六國文字",所以古文的重文比籀文的重文要多。

§8.4

古文有廣義和狹義兩種。廣義的古文,相當於今天所說的"古文字"。狹義的古文,是與"今文"①相對的一種字體名稱,指"孔子壁中書"。②《說文·敘》說:"一曰古文,孔子壁中書也。"狹義的古文,許慎認爲其時代比籀文早。《說文·敘》說:"及宣王太史籀著大篆十五篇,與古文或異。至孔子書六經,左丘明述《春秋傳》,皆以古文。"這裏是講史籀改變了他以前的舊字體,而孔子、左丘明則仍沿用舊字體來書寫經書。因此,在許慎的心目中,籀文是新字體,而古文是舊字體。其時代順序是:古文——籀文——篆文。近代古文字學興起之後,古文早於籀文的說法遭到了懷疑。

清代末年,隨著戰國文字資料出土越來越多,吳大澂在《說文古籀補》自序裏,根據《說文》古文大多跟西周金文不合而與戰國文字相合的現象,首先提出了所謂古文實際上是戰國文字的看法。他說:

> 竊謂許氏以壁中書爲古文,疑皆周末七國時所作,言語異聲,文字異形,非復孔子六經之舊簡。

陳介祺在爲《說文古籀補》寫的序裏也說:

> 許氏之書,至宋始著,傳寫自多失真,所引古文,校以今傳周末古器字則相似,疑孔壁古經亦周末人傳寫,故……古文則多不似今之古鐘鼎。

---

① 所謂"今文",指漢代通行的文字隸書和小篆。
② 狹義的古文還有"科斗文"的別名。因爲用毛筆在竹簡上寫字,其筆道一般都寫得頭粗尾細,形似科斗(蝌蚪),故稱爲科斗文。

漢代人收集的古文經書,顯然是秦代焚書時被藏匿起來的。吳、陳二氏認爲這些經書是周末七國人用當時的文字所抄寫的,是很合理的。後來,王國維又取戰國時兵器、陶器、璽印、貨幣上的文字與《說文》古文相比照,證明所謂古文是戰國時代東方六國的文字。其說見《桐鄉徐氏印譜序》(《觀堂集林》卷六)、《戰國時秦用籀文六國用古文說》(《觀堂集林》卷七)、《說文所謂古文說》(《觀堂集林》卷七)等,以及1926年就古文問題答容庚的信(《王國維全集·書信》第436—438頁)。王氏認爲籀文是戰國時代秦國文字,實不可從,但是他認爲古文爲戰國時代東方六國文字的觀點則是正確的。近幾十年來出土的大量東方六國文字資料,給王氏的說法增添了很多新的證據。大家知道,要判定一種字體的時代,最好的辦法是把這種字體拿來與歷史上已知的各種字體進行比較,看它究竟與哪種字體相合。例如:

	《說文》古文	六國文字
《說文·革部》(62頁上)鞭	𣂪	𣂪 古璽彙編 0399
《說文·華部》(83頁下)棄	𠷎	𠷎 古幣文編 190
《說文·朙部》(141頁下)明	ⳆD	𣆶 古璽彙編 1767
《說文·二部》(286頁上)恆	𠄨	𠄨 楚帛書

據吳大澂、王國維等人研究,所謂古文經實際上是戰國時代東方六國的經書鈔本。所謂"古文"是戰國時代東方六國的文字。《說文》所收的古文,跟甲骨金文相合的只佔四分之一,但

是跟戰國時東方六國文字相合的卻佔四分之三,由此可知,《說文》所謂古文,即戰國時東方六國文字。古文時代的確定是一個很重要的學術貢獻。

秦代統一文字,以法令禁絕六國文字,同時頒佈李斯所作的《倉頡篇》等小篆字書,作爲統一文字的範本和進行識字教育的課本。漢承秦制,經過數代之後,漢代的人只認識小篆和隸書,已不能識讀被廢除的六國文字。這就產生了所謂"古文"與"今文"的區別。"今文"指隸書和小篆。漢代學者能接觸到的"古文",主要是戰國時東方六國文字的孑遺。許慎從孔子壁中書等材料中選了一些古文收錄到《說文》中。曹魏正始二年(公元241年),因古文經學興盛,刊立了包括古文、小篆和隸書的三體石經(圖12)。五代和北宋之間,郭忠恕編著《汗簡》(圖11)一書,廣泛蒐集古文材料共71家,依《說文》部首排列,是彙集古文的字書。其後,夏竦將古文按韻部分類,編爲《古文四聲韻》,也是彙集古文的字書。這些傳抄古文,同《說文》所收古文字體相同。傳抄古文是指漢以後歷代輾轉抄寫的古文字(主要指戰國文字)。傳抄古文可分爲篆體和隸定①兩部分。關於隸定"古文",可參看徐在國《隸定"古文"疏證》②一書。篆體"古文"內容比較龐雜,可參看徐在國《傳抄古文字編》③。傳抄古文雖是第二手資料,但往往可以和地下出土的第一手戰國文字資料對照研究,已成爲戰國文字研究的一個重要方法。

古文的字形特點有以下兩點:

其一,簡體字多。例如:

《說文·舁部》(59頁下):"舁……𢍮(舁),古文舁。"

---

① 用隸書筆法改寫古文字的方法稱爲隸定(又叫"隸古定")。
② 徐在國:《隸定"古文"疏證》,合肥:安徽大學出版社,2002年。
③ 徐在國:《傳抄古文字編》,北京:線裝書局,2006年。

《說文·示部》(7頁下):"禮……⿳(礼),古文禮。"

《說文·華部》(83頁下):"棄……(弃),古文棄。"

《說文·宀部》(151頁上):"寶……(寚),古文寶,省貝。"

《說文·日部》(137頁下):"時……(旹),古文時,从之日。"

《說文·蚰部》(283頁下):"蠢……(蠡),古文省。"

《說文·心部》(218頁上):"恕……(忞),古文省。"

《說文·教部》(69頁下):"教……(殽),亦古文教。"

《說文·言部》(51頁下):"詩……(訨),古文詩省。"

《說文·糸部》(277頁上):"總……(㡽),古文總,从糸省(《段注》:"从思省。")。"

《說文·人部》(166頁下):"侮……(㑄),古文从母。"

《說文·水部》(236頁上):"漿……(牀),古文漿省。"

《說文·辵部》(41頁下):"邇……(迩),古文邇。"

《說文·辵部》(41頁下):"近……(岸),古文近。"

《說文·心部》(223頁上):"恐……(忎),古文。"

《說文·竹部》(97頁上):"簠……(医),古文簠,从匚从夫。"

《說文·月部》(141頁下):"期……(㫷),古文期,从日丌。"

《說文·言部》(52頁上):"信……(伩),古文,从言省。"

《說文·心部》(218頁下):"懼……(愳),古文。"

《說文·广部》(193頁上):"廟……庿(庿),古文。"

其二,重文多。

《說文》所收的古文共500多字,其中50個古文有重文。這50個有重文的古文裏,同一個字有3種不同構造的,即有"及、殺、簠、鷫、箕、良"6個字。如下表所示:

例 字	古 文
及《說文·又部》(64頁下)	
殺《說文·殺部》(66頁下)	
簠《說文·竹部》(97頁上)	
箕《說文·箕部》(99頁上)	
鷫《說文·鳥部》(80頁上)	
良《說文·畗部》(111頁下)	

此外,古文同一個字有兩種寫法的有44個。例如:

《說文·弜部》(270頁下):"弼……㣫(㣫)、𢐨(𢐨),並古文弼。"

《說文·見部》(177頁下):"視……眂,古文視。𥄙,亦古文視。"

《說文·宀部》(150頁上):"宅……㡯,古文宅。厇,亦古文宅。"

最後,談談奇字。《說文·敘》(315頁下):"二曰奇字,即古文而異者也。"《說文》共收5個奇字:

《說文·儿部》(176頁下):"儿……古文奇字人也。"

《說文·倉部》(109 頁上):"倉……🔲,奇字倉。"
《說文·水部》(234 頁上):"涿……🔲,奇字涿,从日乙。"
《說文·亡部》(267 頁下):"無……🔲,奇字無。"
《說文·𠬞部》(310 頁下):"𠭴……🔲,……一曰:即奇字晉(𣅔)。"

奇字即古文的異體字,是王莽時六種字體之一。《說文》古文主要來源於壁中書,奇字可能取材於壁中書之外的"逸經"。今天所用的簡體字"無"即來自《說文》奇字。

§8.5

許慎《說文》蒐集了近 10000 個小篆,這是最豐富最有系統的一份秦系文字資料。《說文·敘》(315 頁上)在講到秦始皇統一文字的時候是這樣說的:

> 其後諸侯力政,不統於王,……分爲七國……文字異形。
> 秦始皇帝初兼天下,丞相李斯乃奏同之,罷其不與秦文合者。斯作《倉頡篇》,中車府令趙高作《爰歷篇》,太史令胡母(毋)敬作《博學篇》,皆取史籀大篆,或頗省改,所謂小篆者也。

這段話表明爲了實行秦始皇"書同文"的政策,李斯等人對秦篆進行了整理,他們所寫的《倉頡篇》等應是一種規範的小篆,可做"書同文"的範本①。所謂"或頗省改",主要是對秦篆

---

① 裘錫圭在《從馬王堆一號漢墓"遣冊"談關於古隸的一些問題》中說:"秦始皇統一全國以後,除了以小篆爲標準字體來統一六國文字以外,還命程邈'作隸書',對來自秦國民間的簡易書體進行了統一整理工作,正式承認它是小篆的輔助字體。由於隸書比小篆好寫得多,到了漢代很快就代替小篆而成爲主要的字體。也可以說,秦始皇實際上是以隸書統一了全國文字。"(原載《考古》1974 年第 1 期,後收入《裘錫圭學術文集》第 4 卷,第 19—20 頁,上海:復旦大學出版社,2012 年)

的異體字進行整理,把那些符合字理的寫法規定爲正體,剔除異體字,剔除那些破壞字理的寫法草率的簡體字。相傳爲李斯所書的嶧山、泰山等秦刻石,全都是標準的小篆,看不到那些在戰國時代已經出現的簡率寫法的秦篆即可說明這一點。《說文》小篆的主體來源於秦代《倉頡篇》《爰歷篇》《博學篇》,它們是經過李斯等人加工整理的。到了東漢,許慎編寫《說文》時,他所收的有些小篆字形就已被篡改,甚至是根據隸書虛造的①。

新郪虎符(圖 13,《集成》12108)銘文說"右在王",杜虎符(《集成》12109)說"右在君",陽陵虎符(圖 14)說"右在皇帝",說明前兩件虎符是秦統一前所鑄造的,陽陵虎符是秦統一後所鑄造的,但是銘文的字體毫無區別。這說明,春秋戰國時代的秦國文字是逐漸演變爲小篆的,小篆跟統一前的秦國文字之間並不存在截然不同的界線。我們可以把春秋戰國時代的秦國文字和小篆合稱爲篆文。戰國時代的秦國文字是處於變化之中的,異體的存在當然不可避免。秦始皇要用秦國文字統一全中國文字,首先需要對秦國文字本身作一番整理,拿出一種標準字體來。李斯等人撰《倉頡篇》等,應該就是爲這個目的服務的。錢玄同在爲卓定謀《章草考》所作的序裏說:

> 許叔重謂李斯諸人取大篆省改爲小篆,實則戰國時秦文已如此,可見李斯諸人但取固有的省改之體來統一推行,並非剏(創)自他們也。

這是很正確的。並非丞相李斯創立小篆,強調李斯的作用主要是"秦同之,罷其不與秦文合者",並作範本《倉頡篇》。

20 世紀 70 年代以來,秦簡大量出土。如湖北雲夢睡虎地

---

① 參看裘錫圭《文字學概要》,第 62—63 頁,北京:商務印書館,1988 年;李家浩《〈說文〉篆文有漢代小學家篡改和虛造的字形》,"第二屆許慎文化國際研討會"論文,漯河,2010 年 10 月,後收入黃德寬主編《安徽大學漢語言文字研究叢書·李家浩卷》,第 364—376 頁,合肥:安徽大學出版社,2013 年。

竹簡、四川青川木牘等，都是戰國時代的東西，是用一種早期隸書寫的，稱爲"古隸"。有人認爲，發現古隸之後，可以推定，隸書在秦國統一之前就有了，隸書並非由小篆而來。小篆與隸書的關係，他們認爲是兄弟關係。小篆，狹義的指秦統一六國後經過規範化整理的字體。其實廣義上說，這種字體在秦統一以前就已經有了。

小篆的"篆"如何解釋。《說文·竹部》"篆，引書也。從竹象聲。"啟功在《古代字體論稿》一書中認爲"篆"有兩方面的基本含義，一是形狀是圓的，二是用途是莊嚴鄭重的。他認爲篆書是一種莊嚴圓轉風格的字體。若不合這種莊嚴圓轉風格的"約易"字體，便被加上"隸"的卑稱。

參考文獻

王國維：《史籀篇疏證序》，《觀堂集林》第1冊，第5卷，北京：中華書局，1959年。

王國維：《戰國時秦用籀文六國用古文說》，《觀堂集林》第2冊，第7卷，北京：中華書局，1959年。

王國維：《桐鄉徐氏印譜序》，《觀堂集林》第1冊，第6卷，北京：中華書局，1959年。

王國維：《說文所謂古文說》，《觀堂集林》第2冊，第7卷，北京：中華書局，1959年。

李學勤：《論孔子壁中書的文字類型》，原載《山東師範大學學報》《齊魯文化研究》第1輯，2002年；後收入李學勤《中國古代文明研究》，上海：華東師範大學出版社，2005年。

徐無聞：《小篆爲戰國文字說》，《西南師範學院學報》1984年第2期。

裘錫圭：《文字學概要》，北京：商務印書館，1988年。

裘錫圭：《秦漢時代的字體》，《裘錫圭學術文集》第4卷，上海：

復旦大學出版社,2012年。
啟功:《古代字體論稿》,北京:文物出版社,1999年。
陳昭容:《秦系文字研究》,臺北:歷史語言研究所專刊,2003年。
趙平安:《〈說文〉小篆研究》,南寧:廣西教育出版社,1999年。

練　　習

一、名詞解釋

　1. 古文　　　2. 籀文　　　3. 史籀篇　　　4.、奇字

二、問答題

　《說文》收有哪幾種主要的古文字的字體,許慎對其時代是怎麼說的,與實際情況是否相符?

＊三、把下列正篆下面所收古文、籀文等先加以隸定,然後分析其結構

1. 近	2. 邇	3. 詩	4. 禮	5. 御	6. 弼
7. 韶	8. 嗣	9. 冊	10. 簋	11. 睹	12. 阱
13. 驅	14. 仄	15. 觀	16. 視	17. 貧	18. 患
19. 兵	20. 淵	21. 動	22. 綫	23. 壞	24. 野
25. 繭	26. 勳	27. 廟	28. 聞	29. 帷	30. 鈞
31. 津	32. 宅	33. 家	34. 寶	35. 州	36. 暴
37. 望	38. 謀	39. 懼	40. 絕	41. 恕	42. 飪
43. 棄	44. 徙	45. 豪	46. 會	47. 開	48. 丘
49. 粒	50. 黂	51. 典	52. 總	53. 黽	54. 勇
55. 速	56. 樞	57. 時	58. 敗	59. 養	60. 飽
61. 誥	62. 砌	63. 膌	64. 則	65. 辜	66. 妣
67. 秦	68. 膍	69. 磬	70. 起	71. 蠱	72. 襲
73. 扶	74. 恐	75. 履	76. 歸	77. 樹	78. 副
79. 雇	80. 子	81. 癃	82. 期	83. 雞	84. 昔
85. 車	86. 麇	87. 旁	88. 摯	89. 鼓	90. 祺
91. 囿	92. 飴	93. 蠻	94. 蓬	95. 融	96. 愆
97. 霿	98. 栽	99. 表	100. 裒		

* 四、漢字簡化的方法中有一類叫"恢復古體",下列簡化字均取自《說文》重文,請注明它們是《說文》中的什麼字體

1. 礼 2. 达 3. 迩 4. 咏 5. 灾
6. 烟 7. 浣 8. 无 9. 云 10. 丽
11. 网 12. 肊 13. 觝 14. 弃 15. 処
16. 坐 17. 秆 18. 迹 19. 肶 20. 盟

第九章　重　文

§9.1

　　許慎在《說文·敘》(316 頁)裏說他著錄字體的體例是"今敘篆文,合以古籀",意思是說《說文》排列字體的體例通常是以小篆爲字頭的①,如果古文、籀文等與小篆字形相同,則只列出小篆;如果古文、籀文等跟小篆字形不同,就把古文、籀文等列在小篆的下面。這種小篆字頭即所謂"正篆"。正篆下面所收錄的跟正篆字形不同的字體,可統稱之爲"重文"。"重"即重出,"文"即文字,"重文"是對正篆來說的,是重出的文字,所以叫做"重文"。東漢許慎編寫的《說文》共收 9353 個字頭,加上重文共 10516 字②。

　　對於重文與正篆的關係,學術界大致有兩種意見。第一種意見認爲:"所謂重文,就是一個字的不同形體。"③即重文跟正

---

　　①　《說文》也有以古文(見"上"字)或籀文(見"疊"字)等爲字頭而附小篆於後之例,但爲數不多。《段注》說:"凡全書有先古籀、後小篆者,皆由部首之故也。"(見《段注》"今敘篆文,合以古籀"條下)

　　②　這是《說文·敘》自己統計的數字。有人根據今本《說文》統計,實際共有 10700 多字,見胡樸安《中國文字學史》。其中可能有後人摻入之字。

　　③　湯可敬:《說文解字今釋·前言》,第 20 頁,長沙:嶽麓書社,1997 年。

篆是彼此音義相同而外形不同的異體字。第二種意見認爲:除了多數是"異體"關係之外,還有少數是"假借"和"同義換讀"關係。第二種意見是沈兼士首先提出來的。他在《漢字義讀法之一例——說文重文之新定義》中認爲:《說文》重文"非僅如往者所謂音義悉同形體變易"之異體字,"包括形體變易、同音通借、義通換用三種性質"。① 我們認爲把重文說成是異體字是不準確的(詳下)。我們贊同沈兼士的意見。沈氏雖有論文發表,但是他的意見並未引起學術界的重視。近年新出版的文字學方面的論著大多仍採用"重文即異體字"的第一種意見。有鑒於此,下面就沈氏的意見作進一步的補充論證,以便澄清學術界對"重文"的誤解。

"重文"除了古文、籀文之外,還包括奇字、或體、俗體、今文、秦刻石等字體。據《說文·敘》(319 頁)統計,正篆 9353 個,重文 1163 個。籀文、古文、篆文是屬於不同時代的字體,而或體、俗體一般是指同一時期的不同形體。

首先,談談"或體"字。凡是許慎《說文》在正篆之後說明"或从""或省"等的,都是"或體"字,是篆文的另一種寫法。例如:

> 《說文·厷部》(310 頁下):"育……毓,育或从每。"
> 《說文·玉部》(12 頁上):"玩……貦,玩或从貝。"
> 《說文·肉部》(88 頁上):"胑……肢,胑或从支。"
> 《說文·兒部》(177 頁上):"兜……弁,或兜字。"
> 《說文·食部》(107 頁上):"籑……饌,籑或从巽。"
> 《說文·羊部》(78 頁上):"牵……牵,牵或省。"

其次,談談"俗體"字。《說文》重文又有"俗體"。例如:

---

① 沈兼士:《漢字義讀法之一例——說文重文之新定義》,《沈兼士學術論文集》,第 238—255 頁,北京:中華書局,1986 年。

《說文·先部》(177頁上):"兓……簪,俗兓,从竹从朁。"

《說文·鼎部》(143頁下):"鼐……鎡,俗鼐,从金从兹。"

《說文·仌部》(240頁下):"冰……凝,俗冰,从疑。"

《說文·衣部》(171頁上):"褎……袖,俗褎,从由。"

《說文·尸部》(174頁下):"居……踞,俗居,从足。"

《說文·角部》(94頁上):"觵……觥,俗觵,从光。"

《說文·蚰部》(284頁上):"蟁……蚊,俗蟁,从蚰从文。"

《說文·肉部》(87頁下):"肩……肩,俗肩,从户。"

有的人以爲"或體"和"俗體"都是正規形體以外的,屬於不正規形體的"俗書",這種看法是錯誤的。所謂俗體,亦小篆之變體,謂之俗者,世俗通行如此,看不出許慎對這些俗體字有什麼貶損的意思。

《說文·水部》(233頁上):"灘……灘,俗灘从隹。"

《說文·鳥部》(80頁上):"雖……雖,雖或从隹。"

在水部稱"俗",在鳥部則稱"或",可見或體與俗體並沒有什麼嚴格的區分。

王筠在《說文釋例》(卷五,224頁)中對此有一段精闢的論證。他說:

《說文》之有或體也,亦謂一字殊形而已,非分正俗於其間也。自《大徐本》所謂或作某者,《小徐本》間謂之俗作某,於是好古者概視"或體"爲"俗字",或微言以示意,或昌言以相排,是耳食也。

王氏列舉了大量的例證加以說明。例如:

《說文·雥部》(79頁上):"雧……集,雧或省。"

"集"是"雧"之或體,但《說文》的所謂正字,"噪"(《說文·口部》31頁上)、"襍"(《說文·衣部》172頁上)、"纃"(《說文·糸部》273頁上)、"鏶"(《說文·金部》295頁上)皆从"集"而不从"雧"。① 我們認爲,王氏的這一論斷是對的。

于省吾說:

> 按自來之治《說文》者,往往以文字曾見於《說文》與否,作爲判斷正字和俗字的標準。由於《說文》有"游"無"遊",所以文字學家多謂"遊"爲俗體。今"遊"字既見於此器(引者按:指蔡侯盤),又見於鄂君啟金節,則"遊"非秦漢以來的俗體字甚明。②

最後,談談"今文""秦刻石"等。例如:

《說文·广部》(202頁上):"瀘……法,今文省。"

"今文"是對"古文"而言的。《史記·儒林傳》記載:"孔氏有古文尚書,而安國以今文讀之。"今文是漢代人使用的文字,指隸書和篆文。此外,還有"秦刻石":

《說文·又部》(64頁下):"及……ㄟ,古文及。秦刻石及如此。"

《說文·乁部》(265頁下):"也……ㄝ,秦刻石也字。"

這裏所說秦刻石文,也是指小篆的另一種寫法。但是,唐蘭在《古文字學導論》一書中認爲③,這種詞例"與《說文》詞例不合,也是唐時校《說文》的人所附記"。

"重文"有"同部重文"和"異部重文"之分。以上所舉這些

---

① 詳王筠《說文釋例》卷五"或體",第224—225頁,北京:中華書局,1987年。
② 于省吾:《壽縣蔡侯墓銅器銘文考釋》,《古文字研究》第1輯,第46頁,北京:中華書局,1979年。
③ 唐蘭:《古文字學導論》,第41頁,1934年手寫石印,濟南:齊魯書社,1981年。

"重文"同在一部之內,叫"同部重文"。如果同一個字的不同書寫形式分在異部,就是異部重文。例如:

《說文·石部》(195 頁上):"磒,落也。从石員聲。《春秋傳》曰:'磒石於宋五。'"

《說文·阜部》(305 頁上):"隕,從高下也。从阜員聲。《易》曰:'有隕自天。'"

上舉"磒"與"隕"雖不在一部,但音義全同,是"異部重文"。

§9.2

《說文》重文與正篆的關係,如前所述,有三種:異體關係、假借關係、同義換讀關係。現分述於下。

一、異體關係

異體字就是彼此音義相同而外形不同的字。《說文》正篆與重文的異體關係大致可以分爲以下 12 類:

(一)初文與加偏旁(形旁與聲旁)的不同

《說文·雲部》(242 頁下):雲(正篆)——云(古文)
《說文·冊部》(48 頁下):冊(正篆)——笧(古文)
《說文·它部》(285 頁上):它(正篆)——蛇(或體)
《說文·匚部》(268 頁上):匡(正篆)——筐(或體)
《說文·匚部》(268 頁上):医(正篆)——篋(或體)
《說文·水部》(231 頁上):淵(正篆)——開(或體)
《說文·鬲部》(62 頁上):鬲(正篆)——瓾(或體)

上舉諸例均屬在初文"云""冊""它""匡""医""開""鬲"上加"形旁"的例子。

《說文·九部》(214 頁上):九(正篆)——尥(古文)
《說文·厂部》(193 頁下):厂(正篆)——厈(籀文)

《說文·网部》(157頁上):网(正篆)——罔(或體)

上舉諸例均屬在初文"九""厂""网"上加"聲旁"的例子。
(二)象形字與形聲字的不同

《說文·土部》(288頁上):墉(正篆)——𩫏(古文)
《說文·鬲部》(62頁上):鬲(正篆)——鬹(《漢令》)

上舉"𩫏""鬲"是象形字;"墉""鬹"是形聲字。
(三)會意字與形聲字的不同

《說文·衣部》(170頁上):表(正篆)——襮(古文)
《說文·日部》(139頁上):暴(正篆)——曝(古文)
《說文·䖵部》(284頁上):蠢(正篆)——蝥(或體)
《說文·目部》(72頁下):看(正篆)——䁏(或體)
《說文·禾部》(145頁上):采(正篆)——穗(或體)
《說文·水部》(233頁下):汓(正篆)——泅(或體)
《說文·黑部》(211頁下):黥(正篆)——剠(或體)
《說文·㚕部》(78頁下):𦦵(正篆)——䍙(或體)
《說文·土部》(286頁下):凷(正篆)——塊(或體)
《說文·火部》(209頁上):烖(正篆)——灾(或體)
《說文·門部》(248頁下):闢(正篆)——闢(《虞書》)
《說文·水部》(233頁下):砅(正篆)——濿(或體)
《說文·玨部》(14頁上):玨(正篆)——瑴(或體)
《說文·弓部》(270頁上):彈(正篆)——弜(或體)
《說文·馬部》(201頁下):䮁(正篆)——繫(或體)

上舉"表""暴""蠢""看""采""汓""黥""𦦵""凷""烖""闢""砅""玨""彈""䮁"是會意字,其餘是形聲字。
(四)同爲會意字而形旁不同

《說文·朙部》(141頁下):朙(正篆)——明(古文)

《說文·彳部》(43頁下):後(正篆)——逡(古文)

《說文·䕻部》(60頁上):䕻(正篆)——𤎭(籀文)

(五)同爲形聲字而形旁不同

形聲字的形旁有時不一樣,究其原因,主要是造字的時候,爲形聲字選擇形旁時,如對它所指的事或物有不同的著眼點,所選擇的形旁就會不同。例如《說文·木部》(122頁上):槃(正篆)——鎜(古文)——盤(籀文)。盤這種器皿可以用木頭來製作,也可以用金屬來製作。造字的時候,著眼於前一點,就選擇"木"旁,著眼於後一點,就選"金"旁。又因爲盤是一種器皿,當然也可以選"皿"爲形旁造出"盤"字。

《說文·目部》(72頁上):睹(正篆)——覩(古文)

《說文·金部》(295頁下):鈕(正篆)——玨(古文)

《說文·馬部》(201頁上):驅(正篆)——敺(古文)

《說文·走部》(36頁下):起(正篆)——𨑔(古文)

《說文·辵部》(41頁下):近(正篆)——𨞜(古文)

《說文·山部》(191頁上):嵎(正篆)——𨹳(古文)

《說文·口部》(31頁上):咳(正篆)——孩(古文)

《說文·山部》(190頁上):岫(正篆)——䆘(籀文)

《說文·土部》(287頁下):垔(正篆)——𡎐(籀文)

《說文·隹部》(76頁下):雞(正篆)——鷄(籀文)

《說文·隹部》(76頁下):雛(正篆)——鶵(籀文)

《說文·土部》(288頁上):城(正篆)——𩫨(籀文)

《說文·手部》(251頁下):扶(正篆)——𢪙(古文)

《說文·广部》(155頁下):瘣(正篆)——㿋(籀文)

《說文·口部》(32頁下):嘯(正篆)——歗(籀文)

《說文·巾部》(159頁上):常(正篆)——裳(或體)

《說文·巾部》(159頁上):幠(正篆)——襃(或體)

《說文·牙部》(45頁下):𤘈(正篆)——齟(或體)

《說文·巾部》(159頁上):幝(正篆)——襌(或體)
《說文·欠部》(179頁下):歌(正篆)——謌(或體)
《說文·耳部》(250頁下):職(正篆)——䎳(或體)
《說文·皿部》(104頁上):盎(正篆)——瓫(或體)
《說文·言部》(53頁下):詠(正篆)——咏(或體)
《說文·缶部》(109頁下):缾(正篆)——瓶(或體)
《說文·衣部》(172頁下):襭(正篆)——擷(或體)
《說文·肉部》(87頁下):膀(正篆)——髈(或體)
《說文·口部》(35頁上):呦(正篆)——䳮(或體)
《說文·歺部》(85頁下):歾(正篆)——殁(或體)
《說文·足部》(46頁上):跟(正篆)——䟰(或體)
《說文·巾部》(159頁上):帗(正篆)——袤(或體)
《說文·口部》(31頁下):唾(正篆)——涶(或體)
《說文·京部》(63頁上):䰞(正篆)——煮(或體)
《說文·屮部》(15頁上):芬(正篆)——芬(或體)
《說文·辵部》(39頁下):迌(正篆)——徂(或體)
《說文·玉部》(12頁上):玩(正篆)——貦(或體)
《說文·玉部》(13頁下):靈(正篆)——䨩(或體)
《說文·气部》(14頁下):氛(正篆)——雰(或體)
《說文·艸部》(19頁上):蔦(正篆)——樢(或體)
《說文·飛部》(245頁下):䨹(籀文)——翼(篆文)
《說文·辵部》(40頁下):返(正篆)——仮(《春秋傳》)

《說文·木部》(122頁下):櫌(正篆)——𣝗(或體)——𣟒(或體)

《說文·口部》(34頁上):吟(正篆)—訡(或體)——誃(或體)

《說文·井部》(106頁上):䧟(正篆)——窞(或

體)——桼(古文)

(六)同爲形聲字而聲旁不同

《說文·糸部》(276 頁下):纊(正篆)——絖(或體)
《說文·糸部》(275 頁下):綫(正篆)——線(古文)
《說文·林部》(126 頁下):麓(正篆)——𣞤(古文)
《說文·火部》(209 頁上):烖(正篆)——𤆎(古文)
《說文·力部》(292 頁上):勳(正篆)——勛(古文)
《說文·耳部》(250 頁上):聞(正篆)——䎽(古文)
《說文·心部》(218 頁下):懼(正篆)——愳(古文)
《說文·言部》(57 頁上):譙(正篆)——誚(古文)
《說文·言部》(55 頁上):詾(正篆)——訩(古文)
《說文·玉部》(13 頁下):玕(正篆)——𤥚(古文)
《說文·隹部》(76 頁上):雉(正篆)——鮷(古文)
《說文·頁部》(181 頁下):頂(正篆)——𩠐(籀文)
《說文·示部》(7 頁下):祺(正篆)——禥(籀文)
《說文·宀部》(150 頁上):宇(正篆)——寓(籀文)
《說文·奢部》(215 頁上):奢(正篆)——奓(籀文)
《說文·酉部》(312 頁下):醻(正篆)——酬(或體)
《說文·麥部》(112 頁上):麩(正篆)——麱(或體)
《說文·示部》(8 頁上):祀(正篆)——禩(或體)
《說文·虫部》(278 頁下):螾(正篆)——蚓(或體)
《說文·虫部》(280 頁下):蜩(正篆)——𧊅(或體)
《說文·木部》(124 頁上):櫓(正篆)——樐(或體)
《說文·舌部》(49 頁下):舓(正篆)——𦧧(或體)
《說文·疒部》(156 頁上):𤻲(正篆)——療(或體)
《說文·心部》(223 頁上):悑(正篆)——怖(或體)
《說文·革部》(61 頁上):鞀(正篆)——鞉(或體)
《說文·土部》(286 頁下):墣(正篆)——圤(或體)

《說文·弓部》(270頁上):弛(正篆)——貤(或體)
《說文·肉部》(88頁上):胅(正篆)——肢(或體)
《說文·言部》(57頁下):訡(正篆)——詢(或體)
《說文·食部》(107頁上):饕(正篆)——饌(或體)
《說文·木部》(123頁下):柄(正篆)——棅(或體)
《說文·羽部》(75頁上):翍(正篆)——翄(或體)
《說文·玉部》(10頁下):球(正篆)——璆(或體)
《說文·玉部》(11頁上):瓆(正篆)——瑊(或體)
《說文·玉部》(13頁上):琨(正篆)——瑻(或體)
《說文·水部》(237頁上):澣(正篆)——浣(或體)
《說文·鳥部》(81頁下):鵒(正篆)——鶌(或體)
《說文·水部》(225頁上):漾(正篆)——瀁(古文)
《說文·女部》(259頁上):姻(正篆)——婣(籀文)
《說文·石部》(195頁上):磬(正篆)——硜(古文)
《說文·魚部》(244頁下):鱷(正篆)——鯨(或體)
《說文·水部》(230頁上):瀾(正篆)——漣(或體)
《說文·艸部》(16頁下):营(正篆)——芎(司馬相如說)
《說文·豸部》(198頁上):貔(正篆)——豼(或體)
《說文·食部》(108頁上):飽(正篆)——䬪(古文)——饇(古文)
《說文·艸部》(16頁下):蕙(正篆)——蘐(或體)——萱(或體)
《說文·米部》(147頁下):糂(正篆)——糣(籀文)——糝(古文)
《說文·言部》(52頁上):謀(正篆)——𠮛(古文)——譬(古文)

形聲字的聲符是起注音作用的,從原則上講,只要聲音相同或相近的漢字都可以借用爲聲符,上引"飽""蕙""糂"諸字聲符互換多達三個。

(七)同爲形聲字而形旁和聲旁都不同

《說文·肉部》(88 頁下):膌(正篆)——⿸疒朿(古文)
《說文·言部》(52 頁上):謀(正篆)——⿱母心(古文)
《說文·月部》(141 頁下):期(正篆)——㫷(古文)
《說文·竹部》(97 頁上):簠(正篆)——医(古文)
《說文·馬部》(200 頁下):駕(正篆)——⿰牛各(籀文)
《說文·木部》(122 頁上):桮(正篆)——匞(籀文)
《說文·鬲部》(62 頁下):鬴(正篆)——釜(或體)
《說文·䖵部》(283 頁下):螽(正篆)——⿰虫冢(或體)
《說文·䖵部》(283 頁下):蠠(正篆)——蜜(或體)
《說文·糸部》(274 頁上):緹(正篆)——衹(或體)
《說文·宀部》(150 頁上):寏(正篆)——院(或體)
《說文·禾部》(145 頁下):稃(正篆)——⿰米付(或體)
《說文·艸部》(15 頁下):蓈(正篆)——稂(或體)
《說文·口部》(30 頁下):吻(正篆)——⿰月昏(或體)
《說文·艸部》(15 頁下):萉(正篆)——⿸麻賁(或體)
《說文·革部》(61 頁上):鞀(正篆)——鼗(或體)
《說文·鼎部》(143 頁下):鼒(正篆)——鎡(俗體)
《說文·䖵部》(284 頁上):蟁(正篆)——蚊(俗體)

(八)繁體字和簡體字的不同

《說文·卤部》(143 頁上):⿱卤木(正篆)——⿱⿱西⿰卤卤木(古文)
《說文·舁部》(59 頁下):與(正篆)——⿱与廾(古文)
《說文·攴部》(68 頁下):敗(正篆)——⿰賏攴(籀文)
《說文·禾部》(146 頁上):秋(正篆)——⿰⿱禾火龜(籀文)
《說文·雥部》(79 頁上):雧(正篆)——集(或體)
《說文·晶部》(141 頁上):曐(正篆)——星(或體)

《說文·教部》(69頁下):敎(正篆)——學(篆文)
《說文·廌部》(202頁下):灋(正篆)——法(今文)

(九)有飾筆和無飾筆的不同

飾筆,又稱羨畫、贅筆,是一種裝飾性的筆畫。它是文字在發展演變過程中,爲了美化字形而添加的與字音字義都無關的筆畫。

《說文·工部》(100頁上):工(正篆)——㠭(古文)
《說文·亏部》(101頁下):平(正篆)——𠀑(古文)
《說文·正部》(39頁上):正(正篆)——𨑒(古文)
《說文·是部》(39頁上):是(正篆)——𣆞(籒文)

(十)筆畫的形式不同

《說文·王部》(9頁下):王(正篆)——𤣩(古文)
《說文·丨部》(14頁下):中(正篆)——𠁦(古文)
《說文·卜部》(69頁下):卜(正篆)——𠁠(古文)
《說文·夕部》(142頁上):外(正篆)——𡖇(古文)

(十一)偏旁的位置不同

《說文·多部》(142頁上):多(正篆)——𡖇(古文)
《說文·木部》(114頁下):李(正篆)——杍(古文)
《說文·辰部》(240頁上):脈(正篆)——𧖨(籒文)

《說文·辰部》(240頁上):覥(正篆)——靦(籒文)
《說文·目部》(71頁下):盼(正篆)——𥈠(或體)
《說文·心部》(222頁上):恒(正篆)——𠄨(或體)

(十二)側視與正視的不同

《說文·比部》(169頁上):比(正篆)——林(古文)

《說文·子部》(309頁上):子(正篆)——㜽(籀文)

《說文·収部》(59頁上):収(正篆)——𠬞(楊雄說)

《說文·龜部》(285頁上):龜(正篆)——龜(古文)

"龜"字在殷墟甲骨文中有兩種寫法,一種作 ,是側視的龜形(《合集》9000),一種作 ,是俯視的龜形(《合集》7859)。這兩種寫法一直傳流到《說文》,篆文是源於側視的寫法,古文則源於俯視的寫法。

二、假借關係

正篆跟重文的關係有些是假借關係。唐蘭在《古文字學導論》一書中說:

> 《說文》裏的古籀和或體,往往本不是同字,只因古時偶然的假用,就誤併了。例如"旁"下有籀文"雱"。而且許氏對這些重文,大都不去解釋。因此使後來學者得了一種壞習慣,任意把不同型式的字,併做一字,而在文字的演變方面,卻不加注意。①

唐氏的意見是非常正確的。我們應該知道,正篆跟重文的關係並非都是異體關係,其中,有些是假借關係。這一類重文主要是用音同或音近的字來代替原字。舉例如下:

《說文·上部》(7頁上):旁(正篆)——雱(籀文)

---

① 唐蘭:《古文字學導論》,第217—218頁,1934年手寫石印,濟南:齊魯書社,1981年。

籀文"霄",其本義是雪下得很大。"霄"與"雱"不是異體字關係,而是假借關係。

《說文·夕部》(142頁上):夙(正篆)——㑴(古文)——佀(古文)

"夙"字甲骨文作㕚,字形表示一個人一大清早就起來做事情,做事的時候月亮還沒有消失。小篆作𠩵,从"丮"从"夕"。後來,"丮"旁變作"凡",又寫在上面就成了"夙"。"夙"的本義當"清晨"講,如《詩經·衛風·氓》:"夙興夜寐。"《說文》正篆"夙"字下面所收的兩個古文"㑴"和"佀",即"宿"字省掉"宀"字頭。"宿"字,甲骨文作㑴佀,字形表示人睡在屋裏的簟席上。羅振玉《增訂殷虛書契考釋》(中,55頁下)曰:"《說文解字》:'宿,止也。从宀㑴聲。佀古文夙。'又𠩵注古文作㑴、佀。案:古金文及卜辭𠩵字皆从夕从丮,疑㑴、佀爲古文宿字,非夙也。"羅氏把㑴、佀釋作宿,甚是。㑴、佀即宿之古文,有"宀"字頭和沒有"宀"字頭無別。"囟"是"簟"的象形初文,篆文訛作西(字書音 tiàn,與"簟"音極近),《說文·西部》(50頁上)認爲象"舌兒(貌)",誤。正篆"夙"是本字,古文"宿"是假借字。古音"夙"在心紐覺部,"宿"也在心紐覺部,二字聲韻全同,故正篆"夙"和古文"宿"是假借關係。地下出土的古文字資料裏有把"宿"讀爲"夙"的,例如:西周金文習見"𠩵夜享孝"之語,"𠩵夜"之"𠩵"或寫作"宿"(《金文總集》2722;《金文引得》283頁"宿"字條)。又如:馬王堆帛書《六十四卦·解卦》:"有攸往,宿吉。"通行本《易》宿作夙。我們今天已經知道,所謂"古文",實際上是戰國時代東方六國的文字,而出土的戰國簡牘帛書使用假借字的現象非常普遍,所以,許慎把假借字"宿"收在正篆"夙"的下面也是很自然的。

《說文·裘部》(173頁下):裘(正篆)——求(古文)

裘錫圭說:"甲骨文裏有象形的'裘'字。《說文》以'求'爲'裘'的古文,但是它們其實從來是兩個不同的字。"①甲骨文"裘"字作🐾,是象形字,象皮衣之形。後來把象皮衣的形符換成了意符"衣"旁,又加注了音符"求",改爲形聲字。"裘"的本義是毛皮衣服。"求"字,甲骨文作🐾(《合集》28266),象多足蟲。"求"是《說文·虯部》(284頁上)訓"多足蟲"的"蟲(蜵)"的象形初文。古音"裘"在群紐之部,"求"在群紐幽部,二字聲韻相近,故正篆"裘"和古文"求"是假借關係。

《說文·竹部》(99頁上):籓(正篆)——魰(或體)

"籓"的本義當用竹等作圍欄的"苑囿"講。"魰"字字形爲以又(手)捕魚,即捕魚的"漁"字,本義當"捕魚"講。古音"籓"在疑紐魚部,"魰(漁)"也在疑紐魚部,二字聲韻全同,故正篆"籓"和或體"魰(漁)"是假借關係。

《說文·人部》(166頁下):侮(正篆)——㑄(古文)

1974年河北省平山縣出土的戰國銅器中山王鼎有一句銘文說:"隹(唯)俌(傅)㑄(姆)氏(是)從。"㑄即姆字。李學勤在《平山三器與中山國史的若干問題》一文中說:"鼎銘第十六行傅㑄,㑄即姆(姶)字,《說文》借爲侮字古文。傅是男師,姆是女師。《公羊傳》襄三十年'不見傅母',母字《釋文》云'本又作姆',注:'禮,后夫人必有傅母,所以輔正其行、衛其身也。選老大夫爲傅,選老大夫妻爲母。'由本銘可知幼君也有傅母負責保育。"②

---

① 裘錫圭:《釋"求"》,《裘錫圭學術文集》第1卷,第274頁,上海:復旦大學出版社,2012年。

② 李學勤:《新出青銅器研究》,第183—184頁,北京:文物出版社,1990年。

《說文·歺部》(85頁下):殄(正篆)——﹨(古文)

"殄"字古文作"﹨",象倒人之形。唐蘭說:"余謂﹨即《說文》殄古文之﹨字。……讀爲顛。蓋眞亦从匕聲也。顛者踣仆也。"(見《考古社刊》第5期《懷鉛隨錄》148)。二者不是異體而是假借關係。

《說文·肉部》(90頁下):肰(正篆)——𤈦(古文)

王筠《說文釋例》說:"肰之古文𤈦,《玉篇》不收,恐即是火部然。"王說可從。古文"𤈦"確是《說文·火部》(207頁下)訓作"燃燒"的"然"字,古文假借爲肰。此"日"乃"肙(肉)"之訛。

《說文·刀部》(91頁下):剛(正篆)——𠓮(古文)

裘錫圭說:"'剛'字古文,《說文》作𠓮,《汗簡》作𠓱(見'人'部),《古文四聲韻》作𠓱(見下平聲唐韻),李家浩同志認爲即是'弜'字,蓋古文借'強'爲'剛'。"①"剛"字古音在見紐陽韻,與群紐陽部的"強"字音近,故可借"強"爲"剛"。

《說文·女部》(259頁上):婚(正篆)——𡣧(籀文)

"婚"字籀文的寫法以往多不得其解。其實從古文字看,《說文》"婚"字的籀文應該是"聞"字。其演變過程大致如下:𦗟(《合》1075正)——𦖫(諫簋)——𡣧(籀文)。第一個字形是甲骨文,象一個人豎起耳朵諦聽之形。第二個字形見於西周

---

① 參看裘錫圭《釋"弘""強"》,《裘錫圭學術文集》第1卷,第189頁,上海:復旦大學出版社,2012年。

金文諫簋,耳朵已與人頭分離。籀文"𦕈"顯然是由金文訛變來的,"手形變爲止,耳形變爲巳"。① 後來改用从耳門聲的形聲字。"婚"字古音在曉紐文部,與明紐文部的"聞"字音近,故可借"聞"爲"婚"。

《說文·𠕅部》(142頁下):𠕅(正篆)——𦝫(俗體)

許慎訓"𠕅"爲"舌"是根據《說文》訛變篆形來立說的,不可信。殷墟甲骨文小臣牆骨版刻辭"𠕅"字作 ,象裝有"矢"的箭盒。正篆"𠕅"本義是"箭𠕅",重文"𦝫"當"舌頭"講,二者是假借關係。

三、同義換讀關係

同義換讀指用一個字表示意義跟它原來所代表的詞相同或相近的另一個詞,這兩個詞的讀音可以截然不同。注意到這種現象的有以下學者:沈兼士[②]、李榮[③]、呂叔湘[④]、裘錫圭等人。裘錫圭說:"有時候,人們不管某個字原來的讀音,把這個字用來表示意義跟它原來所代表的詞相同或相近的另一個詞(一般是已有文字表示的詞)。這兩個詞的音可以截然不同。"裘先生稱這種現象爲"同義換讀"[⑤]。假借是"音借"。同義換讀是"義借",是意義相同而寫了別字。舉個簡單的例子,如:我們在商店看到某種貨品上標的價碼是"三元兩角",心中按自己的習慣唸作"三塊二毛",把"元"換讀成"塊",把"角"換讀成"毛",這就是同義換讀。《說文》中有少數正篆和重文的關係,不是異

---

① 參看唐蘭《西周青銅器銘文分代史徵》,第174頁,北京:中華書局,1986年。
② 沈兼士:《漢魏注音中義同換讀例發凡》,《沈兼士學術論文集》,北京:中華書局,1986年。
③ 李榮:《語音演變規律的例外》,《中國語文》1965年第2期,第126頁;《漢字演變的幾個趨勢》,《中國語文》1980年第1期,第10頁。
④ 呂叔湘:《語文常談》,北京:三聯書店,1980年。
⑤ 裘錫圭:《文字學概要》,第219頁,北京:商務印書館,1988年。

體、假借關係,而是屬於同義換讀關係。例如:

《說文·丹部》(106頁上):丹(正篆)——彤(古文)

清代著名學者段玉裁認爲"彤"是"彤"字(《段注》215頁下),其說可從。小篆彤作彤,从丹从彡,與此寫法不同。其實古文字材料中"彤"字就有把"丹"寫作从"井"的,見西周銅器弭伯簋等。又如"靜"字所從的"青"旁,或从丹从生;或从井从生,見西周銅器克鼎等。所以清人把彤釋作彤,從古文字資料來看是對的。正篆"丹"和古文"彤"是同義換讀關係。

《說文·糸部》(272頁上):續(正篆)——賡(古文)

"賡""續"古音相差甚遠。段玉裁以爲"賡"與"續"不是一個字。《詩·小雅·大東》"西有長庚"("長庚"是星名),毛傳:"庚,續也。"此正謂"庚"與"賡"同義。故毛傳之"庚"即"賡"。可證《說文》古文"賡"應是形聲字。"賡"有"續"義,故可以同義換讀。

李學勤在《簡帛佚籍與學術史》一書中說:

> 簡帛所見假借的例子極多,不掌握這一體例,幾乎無法通讀。《周易》經文中的卦名,好多都是通假。我在拙著《周易經傳溯源》中已說明,例如"履"作"禮","坎"作"贛","革"作"勒","艮"作"根"等等,細究其義,今本的都是本字,帛書的都是借字,並無深文奧義可尋。這是在研究簡帛時不可不有的一種認識。
>
> 還有些時候,簡帛書籍是使用同義字。例如今本《繫辭上》第六章"或出或處",帛書"處"作"居";第九章"其孰能與於此",帛書"孰"作"誰",類似的情形不少。文獻也有這種例子,如"道"字,《汗簡》云《尚書》作"衒",而後者在

古文字裏實際是"行"字。"道"與"行"不是通假,乃是同義字。①

據吳大澂、王國維等學者研究,《說文》古文實際上是戰國時代東方國家的文字。許慎所見的"古文",大多來自於"孔子壁中書",這些"古文"經書,實際是戰國時代東方六國的經書抄本。正如李學勤所說,當時簡牘除了大量用假借字外,也有用同義字代本字的現象,即"同義換讀"的現象也是非常普遍的。所以許慎就把這些"同義換讀"的字當作重文也收錄在正篆之下了。

綜上所述,《說文》重文與正篆的關係有三種:即(一)異體關係;(二)假借關係;(三)同義換讀關係。其中,數量最多的是異體關係。

§9.3

重文是珍貴的古文字資料。通過重文這一中間環節,有助於識讀甲、金文等古文字。舉例如下:

甲骨文有一個字作[圖],查閱《說文》,在小篆"[圖](囧)"字下有籀文[圖],這一難字就迎刃而解了。

甲骨文有一個字作[圖](《合集》30502),可隸定爲覺,从"䒑"从"皿"("皿"省略圈足),象頭頂器皿,兩手翼之。[圖]即《說文·食部》(107頁上)"飴"字的籀文"𩚮"。西周銅器堇鼎銘文云:"匽(燕)侯令堇[圖](飴)太保于宗周。"(《集成》2703)銘文說,堇(人名)奉燕侯之命,前往宗周向太保(召公)贈送東

---

① 李學勤:《簡帛佚籍與學術史》,第6—7頁,臺北時報文化出版企業有限公司,1994年。

西。🏺，從"異"從"皿"從"食"，即《說文》"飴"的籀文"𩝐"。🏺象人戴皿，皿中有食，饋送食物之形，籀文省去皿形。《說文》"飴"字解爲"米糵煎也"是錯的。"飴"應是饋貽之專字。《詩·周頌·思文》："貽我來牟"，《漢書·劉向傳》引作"飴我來牟"，注"飴遺也，與遺同。"莫鼎"🏺"與《說文》"飴"字的籀文"𩝐"相比，只多一"皿"旁。通過《說文》籀文這個中間環節，知道甲骨文、銅器銘文"🏺"字即"飴"字。

西周銅器翏生盨有句銘文云："王征南淮尸（夷），伐角"。（《集成》4459），從"舟"，從"淮"。《說文·水部》（233頁上）"津"字古文作，也從"舟"，從"淮"。翏生盨與《說文》古文"津"字結構完全相同，只是"舟"字置於"淮"字的下部。通過《說文》古文這個中間環節，知道本銘此字即"津"字。

西周銅器五祀衛鼎有句銘文云："迺舍于厥邑。"（《集成》2832）舍，給予。，從"宀"，"禹"聲。《說文·宀部》（150頁上）"宇"字籀文作，也從"宀"，"禹"聲。通過《說文》籀文這個中間環節，知道本銘此字即"宇"字。"宇"字古訓爲"居"。"舍宇"就是給予居所的意思。

參考文獻

沈兼士：《漢字義讀法之一例——〈說文〉重文之新定義》，《沈兼士學術論文集》，北京：中華書局，1986年。

沈兼士：《漢魏注音中義同換讀例發凡》，《沈兼士學術論文集》，北京：中華書局，1986年。

范進軍：《大徐本重文初探》，《說文解字研究》第一輯，開封：河南大學出版社，1991年。

黃天樹：《〈說文〉重文與正篆關係補論》，原載《語言》第1卷，北京:首都師範大學出版社,2000年;後收入《黃天樹古文字論集》,北京:學苑出版社,2006年。

王平:《〈說文〉重文研究綜述》,《古籍研究》2004年卷下(總第46期),合肥:安徽大學出版社,2004年。

練　　習

一、名詞解釋

  1. 正篆　　2. 重文　　3. 同義換讀　　4. 或體
  5. 俗體　　6. 今文　　7. 秦刻石

*二、漢字簡化的方法中有一類叫"同音字代替"。下列各組繁簡字均見於古書,請根據《說文》說明其意義上或用法上的不同之處

  1. 面、麪　　2. 鍾、鐘　　3. 后、後　　4. 里、裏
  5. 斗、鬥　　6. 丑、醜　　7. 谷、穀　　8. 飢、饑
  9. 筑、築　　10. 發、髮

第十章 篆　法

　　篆書有廣義和狹義之分。廣義的篆書指大篆和小篆。大篆又名籀文,起於西周晚期。西周滅亡,平王東遷,秦處周地,續用籀文,逐漸演變爲秦系文字。狹義的篆書指小篆。小篆指秦始皇"書同文字"所使用的規範化的篆體,漢代沿用。本章篆法主要採用狹義的定義,談小篆的寫法。

　　公元前221年,秦始皇統一中國後,開始東巡,在嶧山、泰山、琅琊臺、之罘、碣石、會稽等地刻石銘功。這些刻石的內容均爲歌頌秦始皇統一事業,經歷兩千多年的滄桑巨變,毀壞殆盡。今天,只有琅琊臺刻石尚有殘石存留,保存的主要是二世詔部分(圖15)。泰山刻石(圖17)原在泰山頂上,乾隆五年(1740年)因泰山頂玉虛觀遭火災,石被毀。嘉慶廿年(1815年)蔣伯生尋得殘石,僅存十字,移置於山下岱廟。原石今仍存於岱廟。泰山刻石有殘文摹刻本傳世,一種見於宋人叢帖(如流傳的所謂絳帖),出自宋代劉跂的《泰山秦篆譜》,存字146[①]。另一種是明人安國舊藏的所謂泰山刻石宋拓本(簡稱"安國本"),存字165,比叢帖本多出19字。對照出土的篆文資料,可以知道,叢帖本篆形基本可靠,而安國本的篆形則有後人臆改之處。可見安國本斷非拓自

---

　　① 關於這一摹刻本,參看容庚《古石刻零拾·秦泰山刻石考釋》,北平刊本,1934年12月。

原石①。上述這些秦刻石小篆相傳爲李斯所書,字形規範,大小均匀,筆畫縈紆,線條圓轉,是規範化的標準小篆字體。嶧山刻石(又名嶧山碑),傳世無原石拓本,只有完整的摹刻本傳世②。摹刻本(圖16)石碑兩面刻字,前9行後6行,每行15字,現存西安碑林,世稱"長安本"。"長安本"是玉箸篆(亦稱玉筯篆),中鋒行筆,首尾藏鋒,橫平豎直,左右對稱,筆畫轉折,不露圭角。篆體雖有所本,但筆法形似而神非,失掉了秦篆的古趣。東漢小篆佳品有袁安碑(圖18)和袁敞碑(圖19),似爲一人所書,篆法厚重雄茂,刻工精湛,是學習小篆的好資料,容庚輯入《古石刻零拾》③。唐代李陽冰工篆書,傳世作品有《三墳記》(圖20、21)和《城隍廟記》(圖22)。宋代《篆書目錄偏旁字源》碑(圖23)是宋代咸平二年(999年)根據釋夢英的小篆刻成的碑石,現藏西安碑林博物館。該碑把《說文》540部首用小篆寫出,依次排列,並在每

---

① 裘錫圭:《秦漢時代的字體》,原載《中國書法全集》卷7,北京:榮寶齋,1993年;後收入《裘錫圭學術文集》第4卷,第207—211頁,上海:復旦大學出版社,2012年。

② 《史記·秦始皇本紀》:"二十八年,始皇東行郡縣,上鄒嶧山,立石,與魯諸儒生議,刻石頌秦德。"刻石原在山東鄒縣嶧山。唐封演《封氏聞見記》(卷八)載:

《鄒山記》云:"鄒山,蓋古之嶧山,始皇刻碑處,文字分明。始皇乘羊車以上,其路猶存。"按始皇刻石銘功,其文字李斯小篆。後魏太武帝登山,使人排倒之(事見《宋書》)。然而歷代摹拓,以爲楷則。邑人疲於供命,聚薪其下,因野火焚之。由是殘闕不堪摹寫。然猶上官求請,行李登陟,人吏轉益勞弊。有縣宰取舊文勒於石碑之上,凡成數片,置之縣廨,須則拓取。自是山下之人,邑中之吏,得以休息。今人間有嶧山碑,皆新刻之碑也。

原石至唐已毀。杜甫《李潮八分小篆歌》:"嶧山之碑野火焚,棗木傳刻肥失真。"封演和杜甫都是盛唐時人,據此可知原石唐代已經焚燬。這個棗木本後來也失傳了。五代南唐徐鉉有摹本,北宋淳化四年(993年),鄭文寶據徐鉉摹本重新刻石於長安,今存西安碑林中。

③ 袁安碑1929年在河南偃師縣辛家村發現。高約153釐米,寬約74釐米。篆書10行,每行15字。下截殘損,每行各缺一字,完碑應每行16字。碑穿在第5行和第6行中間,爲漢碑中所僅見。現藏河南省博物館。袁敞碑1923年在河南偃師縣出土。1925年爲羅振玉購得,現藏遼寧省博物館。篆書10行,上下斷缺,每行5至9字不等。碑穿在第5行和第6行中間。

字下用楷書注音（注音有以本字表音與反切注音兩類）。因爲漢字是由偏旁部首組成的，所以掌握了這些部首的篆書，就掌握了小篆的寫法。

下面，我們分爲筆法、筆順、結體、正字四部分來講述小篆的寫法。

一、筆法

小篆的書寫風格多種多樣，例如玉箸篆用筆圓潤婉轉；鐵線篆用筆剛勁如鐵，筆畫纖細如線。下面，主要依照玉箸篆的寫法來講。玉箸篆的筆畫無論橫豎，基本上都是粗細等勻的線條，其直者似陳玉箸，曲者如彎鋼筋，藏頭護尾，不露鋒芒，圓潤之中又頗有筋力。

小篆的執筆方法，與寫楷書相同，要求指實掌虛、腕肘懸起等。在運筆方面要求藏鋒起筆，中鋒行筆，回鋒收筆，一氣呵成，不可中途停頓，更不允許塗改。

隸書、楷書的筆畫有點、橫、豎、撇、捺、勾、折、挑等，比較複雜。小篆的筆畫和隸楷相比，比較簡單。篆書是漢字書體之一。《說文》：“篆，引書也。”引是寫出筆畫圓轉、線條勻稱的筆畫。小篆的基本筆畫只有兩種：直筆（包括橫畫、豎畫和斜畫）和弧筆（包括上弧、下弧、左弧、右弧、豎彎弧、橫彎弧、連綿弧）。

“直筆”有橫畫“一”、豎畫“丨”和斜畫“\”，都是一筆寫成的。橫畫如圖“ ”所示。1是起筆處，筆尖倒臥，徐徐向左引，到頂點2，筆稍提起，使筆尖恢復原狀然後全鋒向右引至頂點3，再逆鋒左引，到終點4停止。由1到2是逆鋒；由2到3是藏鋒，因筆鋒裹在畫中，並不傾側外露；由3到4是回鋒。逆鋒是起筆，藏鋒是行筆，回鋒是收筆。這樣運筆，就能使筆畫的重心在1與4的中間。豎畫如圖“ ”所示。1是起筆處，筆尖倒臥，徐徐向上引，到頂點2，筆稍提起，使筆尖恢復原狀然後全鋒下趨，至底點3，再逆鋒上引，到終點4停止。左右弧和圓形可以類推。而圓形實際上是左右弧合成的，不是一筆，而是兩筆。橫畫又分短橫和長橫兩種：短橫作"－"，如小篆"䇂(言)""帝(帝)"中的"－"形。長橫作"一"，如小篆"王(王)""㐅(五)"中的"一"形。豎筆又分爲短豎和長豎兩種：短豎作"丶"，如小篆"主(主)"中的"丶"形。長豎作"丨"，如小篆"中(中)""木(木)"中的"丨"形。斜畫的寫法如小篆"网(网)""㐅(五)"中的"×"形。

"弧筆"按其所在上下左右的位置可大略分爲六種：上弧作"⌒"，如小篆"冖(冖)""巾(巾)"中的"⌒"形。下弧作"∪"，如小篆"口(口)""山(山)"中的"∪"形。左弧作"⊂"，如小篆"匚(匚)""臣(臣)"中的"⊂"形。右弧作"⊃"，如小篆"兜(兜)"中的"⊃"形。豎彎弧作"⌐"，如小篆"ㄦ(ㄦ)"中的"⌐"形。橫彎弧作"乙"，如小篆"西(西)"中的"乙"形。連綿弧作"ろ"，如小篆"ろ(乃)"形。"弧筆"看似一筆，而實際書寫時是分兩筆或兩筆以上寫成的。用兩筆寫成的弧筆，注意筆與筆之間的連接處，要銜接得自然，不露痕跡，才能表現弧筆的美感。

隸書楷書有點、橫、豎、撇、捺、勾、折、挑等筆法，而小篆的筆畫簡單，一般以短橫和短豎來表現隸楷的點，如：

䇂(言)　帝(帝)　待(待)　主(主)　高(高)

撇、捺多以斜筆和弧筆表現，如：

今(今)　示(示)

折筆多以弧筆或連綿弧表現，如：

冖(冖)　弓(弓)

沒有勾筆,豎勾用豎筆和弧筆代替,如:

亐(于)　戈(戈)

沒有挑筆,多以橫來表現,如:

土(土)　王(王)　金(金)

二、筆順

所謂"筆順",指寫字時各個筆畫的先後順序。寫字一般用右手,小篆的筆順原則和隸、楷大致相同。小篆筆順有個二十字口訣:"先上後下,先左後右,先橫後豎,先外後內,先中後旁。"隸、楷的筆順有所謂"最後封底",如"目"字不是先寫完方框再寫"二",而是沒封底之前就寫"二",最後才封底。而小篆是先寫完"〇",最後才寫"二"的。小篆筆順口訣舉例如下:

先上後下,如:見(見)頁(頁)

先左後右,如:凵(山)八(八)

先橫後豎,如:井(井)茻(茻)

先外後內,如:目(目)囧(囧)

先中後旁,如:川(小)申(申)

由於小篆與隸、楷的結構不同,所以筆畫數也往往不同。例如:有些字比隸、楷的筆畫數多,隸、楷一筆,篆書則需兩筆以上才能完成,如"木"字,隸、楷4筆,篆書5筆:

"山"字,隸、楷3筆,篆書4筆:

"辶"字,隸、楷3筆,篆書6筆:

小篆有些字又比隸、楷的筆畫數少,隸、楷兩筆以上的,篆書一筆即可完成。例如:

"弓",隸、楷3筆,篆書可作3筆,亦可兩筆完成:

"虫",隸、楷6筆,篆書可作3筆,亦可作兩筆寫成:

"筆順"的"順"字是便利的意思。因此,篆書的筆順不要完全受上述原則的限制,應以書寫方便、順手爲原則。《說文》部首多爲基本字符。數量無限的漢字都是由這些數量有限的基本字符組合而成的。記住這些基本字符是掌握小篆寫法的一種"執簡馭繁"的好方法。因此,下面列出部分《說文》部首小篆的筆順,供大家參考。

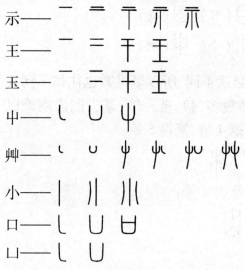

止	丨	ㄅ	止				
辵	丨	ㄣ	ㄓ	屮	屮屮	屮	
此	丨	ㄅ	止	屮	屮		
走						走	
牙	ㄴ	ㄷ	牙	牙			
舌	ㄩ	ㄩ	舌	舌	舌	舌	
廾							
又			又				
目		ㄈ	ㅇ	目	目		
自				自	自	自	
隹			隹	隹	隹	隹	
鳥			鳥	鳥	鳥	鳥	
冓	一	二	冓	冓	冓	冓	冓
肉							
角			角	角	角	角	角
虎			虎	虎	虎		
井	一	二	井	井	井		
來	丨	丨	來	來	來	來	來
弟		弟	弟	弟			

木											
之											
生											
口											
囧											
齊											
屵											
宀											
人											
重											
身											
衣											
舟											
兄											
見											
頁											
百											
山											
象											

第十章 篆法 ·301·

馬——
鹿——
火——
大——
立——
心——
水——
雨——
門——
手——
女——
弓——
糸——
虫——
黃——
四——
庚——

學寫小篆，首先要學會筆順，因為依照筆順才容易把小篆寫得整齊勻稱。

三、結體

小篆的結體，即指小篆的偏旁依據字理在平面空間排列組合的形態。隸書的結體多呈扁方形。楷書的結體多呈正方形。而小篆的結體則多呈長方形，其長寬比例通常為3比2。小篆的結體有八種形態。一是上實下虛。為了保持小篆長方形的形態，小篆重心在上者要寫得上緊下鬆，下垂的腳要稍長，寫得疏放流暢，如"石(石)""雨(雨)""久(久)""心(心)""虍(虍)""子(子)""不(不)"。二是上虛下實。小篆重心在下者要寫得下部緊湊，上部疏朗，如："山(山)""公(公)""生(生)""之(之)""甾(甾)"。三是左虛右實。小篆的重心在右邊，如"後(後)""瀾(瀾)""據(據)""禱(禱)""博(博)"。四是左實右虛。小篆的重心在左邊，如"亂(亂)""刻(刻)""赴(赴)""訌(訌)""敷(敷)"。五是中實旁虛。小篆的重心在中部，如"衡(衡)""衛(衛)"。六是左中右結體，如"流(流)""涉(涉)"。七是上中下結體，如"莫(莫)""盧(盧)""釁(釁)"。八是對稱結體，如"門(門)""鬥(鬥)""林(林)""廾(廾)""北(北)"。所以書寫時要精心安排，儘量對稱均勻，否則，就會使字失去重心，給人以歪斜的感覺。

四、正字

所謂"正字",就是正確地書寫篆字。有些書法愛好者用小篆寫屏條時,按楷書字形去推小篆。例如:《說文·水部》(229頁下):"𣴬(活),水流聲。从水昏聲。"有人按楷書字形去臆造小篆,把"活"的右旁寫成"𠯑(舌)",其實"活"本从"昏"聲。又如:《說文·人部》(163頁下):"儋(儋),何也。从人詹聲。"儋,俗作擔。"擔荷"之"擔",《說文》小篆作"儋"。有人按楷書"擔"字去拼湊個从"手""詹"聲的"擔"字,就不是小篆而是自造的篆字了。所以爲避免寫錯篆字,應勤查《說文》。

《說文》成書於東漢中期,當時人所寫的小篆的字形,有些已有訛誤①。《說文》成書後,屢經傳抄刊刻,又造成一些錯誤。因此,《說文》小篆的字形有些是不可靠的,需要用地下出土的秦漢金石等實物資料上的小篆來加以校正。例如:

《說文·爪部》(63頁上):"爲,母猴也。其爲禽好爪。下腹爲母猴形。王育②曰:'爪象形也。'"

許慎據《說文》訛篆把"爲"的本義說成"母猴",顯然是不可信的。但是,他在"爲"字條下還保留"王育曰爪象形也"的說法,卻是非常正確的③。今天,對照地下出土的未經訛變的篆文

---

① 李家浩:《〈說文〉篆文有漢代小學家篡改和虛造的字形》,"第二屆許慎文化國際研討會"論文,漯河,2010年10月;後收入黃德寬主編《安徽大學漢語言文字研究叢書·李家浩卷》,第364—376頁,合肥:安徽大學出版社,2013年。

② 王育,漢代文字學家。他曾給殘本《史籀篇》作注。《說文》在"爲""秃""女""无""醫"五字下(分見第63頁上、177頁下、258頁下、267頁下、313頁上),引用了王育的說法。

③ 黃天樹:《讀契雜記(三則)·說"爲"》,《黃天樹古文字論集》,第221—223頁,北京:學苑出版社,2006年。

"爲"字的寫法"㠯"①來看,"王育曰爪象形也"應該標點爲"王育曰:('爲'字的字形結構是)'爪''象'形也",套用《說文》描寫字形結構的術語來表述,即"爲"字的字形結構是"从'爪'从'㫃(象)'",爪乃手之訛,是會意字。甲骨文作㠯,也是"'爪''象'形",象手牽象之形,表示役象以助勞,其本義當"作爲"的"爲"講。

《說文·戈部》(266 頁上)"戎"字作戎,分析爲"从戈,从甲"。商代族名金文㓪(《金文編》1115 頁)、甲骨文㓪(《甲骨文字編》889 頁),隸定爲"戎",从"戈"从"中(盾)"。古文字鉤廓與填實無別,故所从的"中(盾)"也可以寫作"♦(盾)"。"♦(盾)"簡化成"十"形,而"十"與甲字作"十"形近,《說文》"戎"字誤爲从"甲"。在古代,戈和盾分別是進攻和防衛的主要器械,兵戎的"戎"字由"戈""♦(盾)"二字組成是很合理的。

"甲"字篆文本當作"申",而今本《說文·甲部》(308 頁下)則訛作"申(誤十爲丁)"。

"欠"字篆文本當作"㫃",而今本《說文·欠部》(179 頁上)則訛作"㫃",參看第四章第 320 部"欠"字條。

"非"字篆文本當作"兆",而今本《說文·非部》(245 頁下)則訛作"非",參看第四章第 429 部"非"字條。

虜,《說文·冊部》(142 頁下)作虜,許慎分析其結構爲"从

---

① "爲"字在出土篆文中的字形,參看徐中舒主編《漢語古文字字形表》第 108 頁"爲"字條,成都:四川辭書出版社,1981 年;漢語大字典字形組編《秦漢魏晉篆隸字形表》,第 191 頁"爲"字條,成都:四川辭書出版社,1985 年。

毌,从力,虍聲"。他認爲是"从毌,从力"二形的形聲字,把它置於毌部。石鼓文"𨟻"字从"虜"作𨟻。所从之用,不是"毌"字,而是"盧"字初文的譌體,甲骨文"盧"字作"用",爲爐之象形初文,象爐形,可以爲證。甲骨金文又在象形字"用"上加注聲符"虍"作"膚(膚)"。這就是"虜"字所从的"膚"。"虜"字原來是从"力""膚(盧)"聲的字。《說文》"虜"字所从之"毌",乃是"用(盧)"字初文的譌形。

目前,研究《說文》所憑藉的資料多偏重於傳世的文獻(紙上之材料),"地下之材料"多多少少有些被忽視。"紙上之材料"屢經傳抄刊刻,刪改譌誤,在所難免。"地下之材料"保持原貌,真實可靠。利用"地下之材料"研究《說文》,比起傳統的僅利用"紙上之材料"來研究《說文》,具有更重要的意義。"紙上之材料"和"地下之材料"都佔有了,資料才算完備。二者互相印證,更有助於研究的深入,才能有所發現。希望今後在整理和普及《說文》時,能把古文字學界的最新成果吸收進來。

在小篆中,有不少篆字形體相近,需要加以辨別。例如:

王(王) 王(玉) 釆(釆) 米(米) 足(足) 疋(疋)
匚(匚) 匸(匸) 矢(矢) 天(天) 毛(毛) 手(手)
豊(豊) 豐(豐) 大(大) 尢(尢) 冖(冖) 冖(冖)
丹(丹) 井(井) 系(系) 糸(糸) 氏(氏) 氐(氐)
丯(丰) 丰(丯) 囟(囟) 囪(囱) 夂(夂) 夊(夊)
司(司) 后(后) 言(言) 音(音) 鳥(鳥) 烏(烏)
艸(艸) 卉(卉) 皿(皿) 血(血) 聿(聿) 聿(聿)

參考文獻

容庚:《古石刻零拾》,北京琉璃廠來薰閣本,1934 年。
容庚:《秦始皇刻石考》,《燕京學報》第 17 期,1935 年。
張永明:《篆書與篆書筆法》,北京體育學院出版社,1987 年。
徐無聞:《秦嶧山刻石、泰山刻石考辨》,《徐無聞論文集》,北京:文物出版社,2003 年。
徐無聞:《篆隸書法簡論》,《徐無聞論文集》,北京:文物出版社,2003 年。
徐寶貴:《石鼓文整理研究》,北京:中華書局,2008 年。

練　　習

抄寫 540 部首的小篆。

附錄一　部分練習參考答案

第三章　二　書

三、注明下列各字屬於六書和二書中的哪一類

	字形說解	六書	二書		字形說解	六書	二書
暴	《七上·日部》（139頁上）	會意字	無聲符字	群	《四上·羊部》（78頁下）	形聲字	有聲符字
亦	《十下·亦部》（213頁下）	指事字	無聲符字	扁	《二下·冊部》（48頁下）	會意字	無聲符字
面	《九上·面部》（184頁上）	指事字	無聲符字	盥	《五上·皿部》（104頁下）	會意字	無聲符字
甘	《五上·甘部》（100頁上）	象形字	無聲符字	末	《六上·木部》（118頁下）	指事字	無聲符字
羞	《十四下·丑部》（310頁下）	形聲字（亦聲）	有聲符字	春	《一下·艸部》（27頁上）	形聲字（多形）	有聲符字
輿	《十四上·車部》（301頁上）	形聲字	有聲符字	劣	《十三下·力部》（292頁下）	會意字	無聲符字

續表

	字形說解	六　書	二　書		字形說解	六　書	二　書
伐	《八上·人部》（167頁上）	會意字	無聲符字	竁	《七下·穴部》（153頁上）	會意字	無聲符字
臭	《十上·犬部》（205頁下）	會意字	無聲符字	兼	《七上·秝部》（146頁下）	會意字	無聲符字
莫	《一下·茻部》（27頁下）	會意字	無聲符字	快	《十下·心部》（217頁上）	形聲字	有聲符字
舅	《十三下·男部》（291頁下）	形聲字	有聲符字	哀	《二上·口部》（34頁下）	形聲字	有聲符字
字	《十四下·子部》（310頁上）	形聲字（亦聲）	有聲符字	戒	《三上·廾部》（59頁上）	會意字	無聲符字
书		記號字	不能納入六書的文字	無聲符字	祭	《一上·示部》（8頁上）	會意字	無聲符字
膏	《四下·肉部》（87頁下）	形聲字	有聲符字	興	《三上·舁部》（59頁下）	會意字	無聲符字
秉	《三下·又部》（64頁下）	會意字	無聲符字	飾	《七下·巾部》（159頁下）	形聲字（多形）	有聲符字
豆	《五上·豆部》（102頁下）	象形字	無聲符字	疫	《七下·疒部》（156頁上）	形聲字（省聲）	有聲符字
取	《三下·又部》（64頁下）	會意字	無聲符字	清	《十一上·水部》（237頁下）	形聲字（省聲）	有聲符字
聞	《十二上·耳部》（250頁上）	形聲字	有聲符字	本	《六上·木部》（118頁下）	指事字	無聲符字
娶	《十二下·女部》（259頁上）	形聲字（亦聲）	有聲符字	丛	半記號半表音字	不能納入六書的文字	有聲符字

第四章 部 首

一、查閱下列各字在《說文》第一篇中所屬的部首,並分析其結構

1. 理(《一上·玉部》12 頁上)
2. 祭(《一上·示部》8 頁上)
3. 琢(《一上·玉部》12 頁上)
4. 芻(《一下·艸部》25 頁上)
5. 落(《一下·艸部》23 頁下)
6. 班(《一上·珏部》14 頁上)
7. 壯(《一上·士部》14 頁下)
8. 氛(《一上·气部》14 頁下)
9. 璧(《一上·玉部》11 頁上)
10. 苑(《一下·艸部》23 頁下)
11. 春(《一下·艸部》27 頁上)
12. 苗(《一下·艸部》23 頁上)
13. 芬(《一下·屮部》15 頁上)
14. 葬(《一下·茻部》27 頁下)
15. 每(《一下·屮部》15 頁上)
16. 珊(《一上·玉部》13 頁下)
17. 祼(《一上·示部》8 頁下)
18. 折(《一下·艸部》25 頁下)
19. 琱(《一上·玉部》12 頁上)
20. 莫(《一下·茻部》27 頁下)
21. 壻(《一上·士部》14 頁下)
22. 芰(《一下·艸部》24 頁上)
23. 蔑(《一下·苜部》27 頁下)
24. 齋(《一上·示部》8 頁上)
25. 祟(《一上·示部》9 頁下)
26. 葩(《一下·艸部》22 頁下)
27. 靈(《一上·玉部》13 頁下)
28. 祝(《一上·示部》8 頁下)
29. 祓(《一上·示部》8 頁下)
30. 碧(《一上·玉部》13 頁下)

二、查閱下列各字在《說文》第二篇中所屬的部首,並分析其結構

1. 公(《二上·八部》28 頁下)
2. 問(《二上·口部》32 頁上)
3. 犀(《二上·牛部》30 頁上)
4. 衢(《二下·行部》44 頁上)
5. 召(《二上·口部》32 頁上)
6. 徒(《二下·辵部》39 頁上)
7. 徙(《二下·辵部》40 頁下)
8. 含(《二上·口部》31 頁上)
9. 街(《二下·行部》44 頁上)
10. 叛(《二上·半部》28 頁下)
11. 造(《二下·辵部》39 頁上)
12. 適(《二下·辵部》39 頁上)
13. 速(《二下·辵部》40 頁上)
14. 和(《二上·口部》32 頁上)
15. 牟(《二上·牛部》29 頁下)
16. 遞(《二下·辵部》40 頁上)
17. 龢(《二下·龠部》48 頁下)
18. 牽(《二上·牛部》29 頁下)
19. 韙(《二下·是部》39 頁上)
20. 歲(《二上·步部》38 頁下)
21. 齟(《二下·牙部》45 頁下)
22. 扁(《二下·冊部》48 頁下)

23. 登(《二上・癶部》38 頁上)　24. 喪(《二上・哭部》35 頁下)
25. 跂(《二下・足部》48 頁上)　26. 分(《二上・八部》28 頁上)
27. 吸(《二上・口部》31 頁下)　28. 牢(《二上・牛部》29 頁下)
29. 哉(《二上・口部》32 頁下)　30. 哀(《二上・口部》34 頁下)

三、查閱下列各字在《說文》第三篇中所屬的部首,並分析其結構

1. 戴(《三上・異部》59 頁下)　2. 丞(《三上・廾部》59 頁上)
3. 取(《三下・又部》64 頁下)　4. 叉(《三下・又部》64 頁上)
5. 奉(《三上・廾部》59 頁上)　6. 翃(《三上・言部》53 頁上)
7. 嚚(《三上・㗊部》49 頁下)　8. 開(《三下・門部》64 頁上)
9. 弄(《三上・廾部》59 頁上)　10. 戒(《三上・廾部》59 頁上)
11. 兵(《三上・廾部》59 頁上)　12. 學(《三下・教部》69 頁下)
13. 將(《三下・寸部》67 頁上)　14. 寺(《三下・寸部》67 頁上)
15. 譽(《三上・言部》53 頁下)　16. 爲(《三下・爪部》63 頁上)
17. 韶(《三上・音部》58 頁上)　18. 臧(《三下・臣部》66 頁上)
19. 妾(《三上・辛部》58 頁下)　20. 埶(《三下・丮部》63 頁下)
21. 肅(《三下・聿部》65 頁上)　22. 導(《三下・寸部》67 頁上)
23. 友(《三下・又部》65 頁上)　24. 叟(《三下・又部》64 頁上)
25. 叢(《三上・丵部》58 頁上)　26. 煮(《三下・鬲部》63 頁上)
27. 及(《三下・又部》64 頁上)　28. 訪(《三上・言部》52 頁上)
29. 秉(《三下・又部》64 頁上)　30. 善(《三上・誩部》58 頁上)
31. 攻(《三上・攴部》69 頁上)　32. 筆(《三下・聿部》65 頁上)
33. 謄(《三上・言部》54 頁上)　34. 牧(《三下・攴部》69 頁上)
35. 敗(《三下・攴部》68 頁上)　36. 羹(《三下・鬲部》62 頁下)
37. 寇(《三下・攴部》68 頁上)　38. 彗(《三下・又部》64 頁下)
39. 興(《三上・舁部》59 頁上)　40. 變(《三下・攴部》68 頁下)

四、查閱下列各字在《說文》第四篇中所屬的部首,並分析其結構

1. 鳳(《四上・鳥部》79 頁上)　2. 切(《四下・刀部》91 頁下)
3. 畢(《四下・華部》83 頁下)　4. 雀(《四上・隹部》76 頁上)
5. 乖(《四上・丫部》77 頁下)　6. 初(《四下・刀部》91 頁上)
7. 刪(《四下・刀部》92 頁上)　8. 羸(《四上・羊部》78 頁下)

9. 鴻(《四上·鳥部》80頁下) 10. 解(《四下·角部》94頁上)
11. 瞻(《四上·目部》72頁上) 12. 翅(《四上·羽部》75頁上)
13. 翡(《四上·羽部》75頁上) 14. 券(《四下·刀部》92頁下)
15. 肓(《四下·肉部》87頁上) 16. 別(《四下·冎部》86頁上)
17. 孚(《四下·爪部》84頁下) 18. 𥁕(《四下·奴部》84頁下)
19. 隼(《四上·鳥部》79頁下) 20. 眷(《四上·目部》72頁下)
21. 肴(《四下·肉部》89頁上) 22. 省(《四上·眉部》74頁上)
23. 睡(《四上·目部》72頁下) 24. 集(《四上·雥部》79頁上)
25. 看(《四上·目部》72頁下) 26. 相(《四上·目部》72頁下)
27. 爭(《四下·爪部》84頁下) 28. 棄(《四下·𠦒部》83頁上)
29. 糞(《四下·𠦒部》83頁下) 30. 受(《四下·爪部》84頁下)

五、查閱下列各字在《說文》第五篇中所屬的部首,並分析其結構

1. 典(《五上·丌部》99頁下) 2. 簸(《五上·箕部》99頁下)
3. 巨(《五上·工部》100頁上) 4. 節(《五上·竹部》95頁下)
5. 彭(《五上·壴部》102頁上) 6. 式(《五上·工部》100頁上)
7. 甜(《五上·甘部》100頁上) 8. 嘗(《五上·旨部》101頁下)
9. 即(《五下·皀部》106頁下) 10. 既(《五下·皀部》106頁下)
11. 亭(《五下·高部》110頁下) 12. 豔(《五上·豐部》103頁上)
13. 嘉(《五上·壴部》102頁上) 14. 虐(《五上·虍部》103頁上)
15. 阱(《五下·井部》106頁上) 16. 奠(《五上·丌部》99頁下)
17. 饕(《五下·食部》108頁下) 18. 盟(《五下·皿部》104頁下)
19. 益(《五上·皿部》104頁下) 20. 麵(《五下·麥部》112頁上)
21. 麰(《五下·麥部》112頁上) 22. 巧(《五上·工部》100頁上)
23. 盛(《五上·皿部》104頁上) 24. 缺(《五下·缶部》109頁下)
25. 罄(《五下·缶部》109頁下) 26. 市(《五下·冂部》110頁上)
27. 箕(《五上·竹部》96頁下) 28. 糴(《五下·入部》109頁上)
29. 養(《五下·食部》107頁上) 30. 盡(《五上·皿部》104頁下)
31. 盆(《五上·皿部》104頁下) 32. 羲(《五上·兮部》101頁下)
33. 短(《五下·矢部》110頁上) 34. 韱(《五下·韭部》113頁下)
35. 韜(《五下·韋部》113頁上) 36. 曷(《五上·曰部》100頁下)
37. 餘(《五下·食部》108頁上) 38. 夏(《五下·夊部》112頁下)

39. 猷(《五上·甘部》100頁下) 40. 策(《五上·竹部》98頁上)

六、查閱下列各字在《說文》第六篇中所屬的部首，並分析其結構

1. 椅(《六上·木部》115頁下) 2. 柿(《六上·木部》114頁下)
3. 休(《六上·木部》125頁下) 4. 賜(《六下·貝部》130頁上)
5. 囚(《六下·囗部》129頁下) 6. 鄒(《六下·邑部》133頁上)
7. 鄧(《六下·邑部》134頁上) 8. 邯(《六下·邑部》133頁下)
9. 麓(《六上·林部》126頁下) 10. 糶(《六下·出部》127頁上)
11. 園(《六下·囗部》129頁上) 12. 都(《六下·邑部》131頁下)
13. 楚(《六上·林部》126頁下) 14. 賴(《六下·貝部》130頁下)
15. 賣(《六下·出部》127頁上) 16. 朱(《六上·木部》118頁下)
17. 貪(《六下·貝部》131頁上) 18. 貿(《六下·貝部》130頁下)
19. 邸(《六下·邑部》132頁下) 20. 索(《六下·宋部》127頁下)
21. 本(《六上·木部》118頁下) 22. 末(《六上·木部》118頁上)
23. 采(《六上·木部》118頁上) 24. 巷(《六下·𨚔部》137頁上)
25. 果(《六上·木部》118頁上) 26. 梳(《六上·木部》121頁下)
27. 櫛(《六上·木部》121頁下) 28. 械(《六上·木部》125頁下)
29. 贈(《六下·貝部》130頁上) 30. 財(《六下·貝部》130頁上)
31. 貨(《六下·貝部》130頁上) 32. 資(《六下·貝部》130頁上)
33. 賄(《六下·貝部》130頁上) 34. 貴(《六下·貝部》131頁上)
35. 賤(《六下·貝部》131頁上) 36. 買(《六下·貝部》131頁上)
37. 柔(《六上·木部》119頁下) 38. 析(《六上·木部》125頁下)
39. 橐(《六下·橐部》128頁下) 40. 扈(《六下·邑部》132頁下)

七、查閱下列各字在《說文》第七篇中所屬的部首，並分析其結構

1. 黏(《七上·黍部》146頁下) 2. 棗(《七上·朿部》143頁上)
3. 虜(《七上·毌部》142頁下) 4. 皎(《七下·白部》160頁下)
5. 棘(《七上·朿部》143頁上) 6. 錦(《七下·帛部》160頁下)
7. 馥(《七上·香部》147頁上) 8. 皆(《七下·白部》148頁上)
9. 春(《七上·日部》148頁下) 10. 精(《七上·米部》147頁上)
11. 星(《七上·晶部》141頁下) 12. 皙(《七下·白部》148頁下)
13. 寬(《七下·宀部》151頁上) 14. 夙(《七上·夕部》142頁上)

15. 蘨(《七下·耑部》161 頁上) 16. 寶(《七下·宀部》151 頁上)
17. 旋(《七上·㫃部》140 頁下) 18. 幣(《七下·巾部》158 頁下)
19. 旱(《七上·日部》138 頁下) 20. 昃(《七上·日部》138 頁上)
21. 穎(《七上·禾部》145 頁上) 22. 夜(《七上·夕部》142 頁上)
23. 肖(《七下·冃部》157 頁上) 24. 痹(《七下·疒部》155 頁下)
25. 瘦(《七下·疒部》155 頁下) 26. 突(《七下·穴部》153 頁下)
27. 瘥(《七下·疒部》156 頁上) 28. 冒(《七下·冃部》157 頁上)
29. 痕(《七下·疒部》155 頁下) 30. 病(《七下·疒部》154 頁下)
31. 施(《七上·㫃部》140 頁下) 32. 暫(《七上·日部》138 頁下)
33. 宗(《七下·宀部》151 頁下) 34. 冠(《七下·冖部》156 頁下)
35. 寒(《七下·宀部》151 頁下) 36. 罩(《七下·网部》157 頁下)
37. 罟(《七下·网部》157 頁下) 38. 宿(《七下·宀部》151 頁上)
39. 冕(《七下·冃部》156 頁下) 40. 窬(《七下·穴部》152 頁下)
41. 飾(《七下·巾部》159 頁上) 42. 瓣(《七下·瓜部》149 頁下)
43. 實(《七下·宀部》150 頁下) 44. 穿(《七下·穴部》152 頁下)
45. 療(《七下·疒部》156 頁上) 46. 空(《七下·穴部》152 頁上)
47. 窺(《七下·穴部》153 頁上) 48. 竈(《七下·穴部》153 頁上)
49. 盟(《七下·囧部》142 頁上) 50. 寐(《七下·寢部》153 頁下)

八、查閱下列各字在《說文》第八篇中所屬的部首，並分析其結構

1. 歔(《八下·欷部》180 頁下) 2. 弁(《八下·兒部》177 頁上)
3. 吹(《八下·欠部》179 頁上) 4. 屬(《八下·尾部》175 頁下)
5. 歐(《八下·欠部》179 頁下) 6. 屈(《八下·尾部》175 頁下)
7. 伐(《八上·人部》167 頁上) 8. 歌(《八下·欠部》179 頁下)
9. 仇(《八上·人部》167 頁下) 10. 企(《八上·人部》161 頁下)
11. 表(《八上·衣部》170 頁上) 12. 裏(《八上·衣部》170 頁下)
13. 袤(《八上·衣部》170 頁下) 14. 裁(《八上·衣部》170 頁上)
15. 裹(《八上·衣部》177 頁上) 16. 考(《八上·老部》173 頁上)
17. 兜(《八下·兜部》177 頁上) 18. 頃(《八上·匕部》168 頁上)
19. 匙(《八上·匕部》168 頁下) 20. 虛(《八上·丘部》169 頁下)
21. 覽(《八下·見部》177 頁下) 22. 孝(《八上·老部》173 頁下)

23. 盜(《八下·次部》181 頁上)　24. 羨(《八下·次部》180 頁下)
25. 歆(《八下·欠部》180 頁下)　26. 聚(《八上·乑部》169 頁下)
27. 佳(《八上·人部》162 頁下)　28. 展(《八上·尸部》174 頁下)
29. 襍(《八上·衣部》172 頁上)　30. 付(《八上·人部》164 頁下)
31. 冀(《八上·北部》169 頁上)　32. 袖(《八上·衣部》171 頁上)
33. 袞(《八上·衣部》190 頁上)　34. 歎(《八下·欠部》179 頁下)
35. 歡(《八下·欠部》179 頁上)　36. 欣(《八下·欠部》179 頁上)
37. 歟(《八下·欠部》180 頁上)　38. 觀(《八下·見部》177 頁下)
39. 覷(《八下·見部》178 頁下)　40. 覯(《八下·見部》178 頁上)
41. 覻(《八下·見部》178 頁上)　42. 視(《八下·見部》177 頁下)
43. 覺(《八下·見部》178 頁上)　44. 咎(《八上·人部》167 頁上)
45. 裸(《八上·衣部》172 頁上)　46. 歠(《八下·欠部》180 頁上)
47. 屠(《八上·尸部》174 頁下)　48. 尻(《八上·尸部》174 頁下)
49. 覬(《八下·見部》178 頁下)　50. 臀(《八上·尸部》174 頁下)

九、查閱下列各字在《說文》第九篇中所屬的部首，並分析其結構

1. 頂(《九上·頁部》181 頁下)　2. 項(《九上·頁部》182 頁上)
3. 顧(《九上·頁部》182 頁下)　4. 豪(《九下·希部》197 頁下)
5. 卻(《九上·卩部》187 頁上)　6. 卻(《九上·卩部》187 頁上)
7. 修(《九上·彡部》185 頁上)　8. 頓(《九上·頁部》183 頁上)
9. 彰(《九上·彡部》185 頁上)　10. 研(《九上·石部》195 頁下)
11. 髮(《九上·髟部》185 頁下)　12. 斐(《九上·文部》185 頁上)
13. 廚(《九下·广部》192 頁上)　14. 岳(《九下·山部》190 頁上)
15. 豹(《九下·豸部》198 頁上)　16. 磬(《九下·石部》195 頁上)
17. 島(《九下·山部》190 頁上)　18. 岱(《九下·山部》190 頁上)
19. 篡(《九上·厶部》189 頁上)　20. 魏(《九上·嵬部》189 頁上)
21. 岡(《九下·山部》190 頁下)　22. 府(《九下·广部》192 頁上)
23. 庖(《九下·广部》192 頁上)　24. 庫(《九下·广部》192 頁上)
25. 廣(《九下·广部》192 頁上)　26. 廄(《九下·广部》192 頁上)
27. 廁(《九下·广部》192 頁上)　28. 蝟(《九下·希部》197 頁上)
29. 髳(《九上·髟部》186 頁上)　30. 豫(《九下·象部》198 頁下)
31. 厲(《九下·厂部》193 頁下)　32. 廟(《九下·广部》193 頁上)

33. 魊(《九下・鬼部》189 頁上) 34. 崖(《九下・屵部》192 頁上)
35. 岸(《九下・屵部》191 頁下) 36. 豩(《九下・豕部》197 頁上)
37. 匙(《九下・匕部》197 頁下) 38. 卷(《九上・卩部》187 頁上)
39. 砭(《九下・石部》195 頁下) 40. 㺒(《九下・豕部》197 頁上)

十、查閱下列各字在《說文》第十篇中所屬的部首，並分析其結構

1. 點(《十上・黑部》211 頁上) 2. 災(《十上・火部》209 頁上)
3. 臭(《十上・犬部》205 頁下) 4. 燊(《十下・焱部》212 頁下)
5. 鼠(《十下・囱部》216 頁下) 6. 執(《十下・幸部》214 頁下)
7. 慮(《十下・思部》217 頁上) 8. 㹤(《十下・尢部》214 頁上)
9. 尬(《十下・尢部》214 頁下) 10. 炭(《十上・火部》208 頁上)
11. 奕(《十下・廾部》215 頁下) 12. 獄(《十上・㹜部》206 頁上)
13. 獨(《十上・犬部》205 頁上) 14. 恙(《十下・心部》222 頁下)
15. 感(《十下・心部》222 頁下) 16. 忝(《十下・心部》223 頁上)
17. 惡(《十下・心部》221 頁下) 18. 狀(《十上・犬部》204 頁下)
19. 騰(《十上・馬部》201 頁下) 20. 赧(《十下・赤部》213 頁上)
21. 法(《十上・廌部》202 頁下) 22. 獘(《十上・犬部》205 頁下)
23. 犯(《十上・犬部》205 頁上) 24. 急(《十下・心部》219 頁上)
25. 赭(《十下・赤部》213 頁上) 26. 灰(《十上・火部》208 頁上)
27. 冤(《十上・兔部》203 頁上) 28. 奔(《十下・夭部》214 頁上)
29. 逸(《十上・兔部》203 頁下) 30. 匓(《十上・匕部》203 頁上)

十一、查閱下列各字在《說文》第十一篇中所屬的部首，並分析其結構

1. 巜(《十一下・巜部》239 頁上) 2. 泒(《十一上・水部》233 頁上)
3. 沔(《十一上・水部》228 頁下) 4. 沫(《十一上・水部》225 頁上)
5. 汜(《十一上・水部》232 頁上) 6. 氾(《十一上・水部》230 頁下)
7. 溧(《十一上・水部》241 頁上) 8. 湯(《十一上・水部》235 頁下)
9. 豁(《十一下・谷部》240 頁上) 10. 涉(《十一下・沝部》239 頁上)
11. 靠(《十一下・非部》246 頁上) 12. 凋(《十一下・仌部》240 頁下)
13. 原(《十一下・灥部》239 頁上) 14. 泗(《十一上・水部》233 頁上)
15. 鯨(《十一下・魚部》244 頁下) 16. 州(《十一下・川部》239 頁上)
17. 脈(《十一下・辰部》240 頁上) 18. 漬(《十一上・水部》232 頁下)

19. 鱖(《十一下·魚部》244 頁下) 20. 滌(《十一上·水部》236 頁下)

十二、查閱下列各字在《說文》第十二篇中所屬的部首,並分析其結構

1. 閉(《十二上·門部》248 頁下) 2. 開(《十二上·門部》248 頁下)
3. 攜(《十二上·手部》252 頁上) 4. 閒(《十二上·門部》248 頁下)
5. 肩(《十二上·戶部》247 頁下) 6. 扉(《十二上·戶部》247 頁下)
7. 瓮(《十二下·瓦部》269 頁上) 8. 臺(《十二上·至部》247 頁上)
9. 匿(《十二下·匚部》267 頁下) 10. 拜(《十二上·手部》251 頁上)
11. 妄(《十二下·女部》263 頁上) 12. 到(《十二上·至部》247 頁上)
13. 聒(《十二上·耳部》250 頁上) 14. 戎(《十二下·戈部》266 頁上)
15. 賊(《十二下·戈部》266 頁上) 16. 成(《十二下·戈部》266 頁上)
17. 承(《十二上·手部》253 頁上) 18. 孫(《十二下·系部》270 頁下)
19. 匠(《十二下·匚部》268 頁上) 20. 樞(《十二下·匚部》268 頁上)
21. 發(《十二下·弓部》270 頁上) 22. 張(《十二下·弓部》269 頁下)
23. 婪(《十二下·女部》264 頁上) 24. 掌(《十二上·手部》250 頁下)
25. 畚(《十二下·甾部》268 頁上) 26. 聽(《十二上·耳部》250 頁上)
27. 閶(《十二上·門部》249 頁上) 28. 臻(《十二上·至部》247 頁上)
29. 匣(《十二下·匚部》268 頁上) 30. 義(《十二下·我部》267 頁上)

十三、查閱下列各字在《說文》第十三篇中所屬的部首,並分析其結構

1. 舅(《十三下·男部》291 頁下) 2. 坳(《十三下·土部》290 頁上)
3. 券(《十三下·力部》292 頁下) 4. 給(《十三上·糸部》273 頁下)
5. 級(《十三上·糸部》272 頁下) 6. 閩(《十三上·虫部》282 頁下)
7. 甥(《十三下·男部》291 頁下) 8. 編(《十三上·糸部》276 頁上)
9. 野(《十三下·里部》290 頁下) 10. 務(《十三下·力部》292 頁上)
11. 細(《十三上·糸部》272 頁上) 12. 雖(《十三上·虫部》279 頁上)
13. 募(《十三下·力部》293 頁上) 14. 垂(《十三下·土部》289 頁下)
15. 勸(《十三下·力部》292 頁上) 16. 在(《十三下·土部》287 頁上)
17. 轡(《十三上·絲部》278 頁下) 18. 蠱(《十三下·蚰部》283 頁下)
19. 絭(《十三上·糸部》272 頁上) 20. 強(《十三上·虫部》279 頁下)
21. 基(《十三下·土部》287 頁上) 22. 紅(《十三上·糸部》274 頁上)
23. 紫(《十三上·糸部》274 頁上) 24. 堊(《十三下·土部》287 頁上)

25. 埃(《十三下·土部》289 頁上) 26. 竺(《十三下·二部》286 頁上)
27. 蠱(《十三下·蟲部》284 頁下) 28. 蜜(《十三下·䖵部》283 頁下)
29. 蚤(《十三下·䖵部》283 頁下) 30. 蚊(《十三下·䖵部》284 頁上)

十四、查閱下列各字在《說文》第十四篇中所屬的部首，並分析其結構

1. 綴(《十四下·叕部》307 頁下) 2. 防(《十四下·𨸏部》305 頁下)
3. 陟(《十四下·𨸏部》305 頁上) 4. 疏(《十四下·𠫓部》310 頁下)
5. 孟(《十四下·子部》310 頁上) 6. 字(《十四下·子部》310 頁上)
7. 羞(《十四下·丑部》310 頁下) 8. 階(《十四下·𨸏部》306 頁下)
9. 斧(《十四上·斤部》299 頁下) 10. 軔(《十四上·車部》301 頁下)
11. 輂(《十四上·車部》303 頁上) 12. 轂(《十四上·車部》302 頁上)
13. 陰(《十四下·𨸏部》304 頁下) 14. 轟(《十四上·車部》303 頁下)
15. 銜(《十四上·金部》298 頁上) 16. 季(《十四下·子部》310 頁上)
17. 斫(《十四上·斤部》299 頁下) 18. 處(《十四上·几部》299 頁下)
19. 斠(《十四上·斗部》300 頁下) 20. 毓(《十四下·𠫓部》310 頁下)
21. 酖(《十四下·酉部》312 頁下) 22. 軌(《十四上·車部》302 頁下)
23. 料(《十四上·斗部》300 頁上) 24. 魁(《十四上·斗部》284 頁上)
25. 存(《十四下·子部》310 頁上) 26. 辜(《十四下·辛部》309 頁上)
27. 輿(《十四上·車部》301 頁上) 28. 孑(《十四下·了部》310 頁上)
29. 凭(《十四下·几部》299 頁下) 30. 鉈(《十四下·金部》297 頁下)

十六、什麼是部首？寫出下列各組字在《說文》中屬於哪部，分析其結構，並說明《說文》與《新華字典》等的部首制有何不同

1. 頓(《九上·頁部》183 頁上)、穎(《七上·禾部》145 頁上)、潁(《十一上·水部》227 頁上)、類(《十上·犬部》205 頁下)、顒(《九上·須部》184 頁下)、嬰(《十二下·女部》260 頁上)

2. 役(《三下·殳部》66 頁下)、徙(《二下·辵部》40 頁下)、銜(《十四上·金部》298 頁上)、街(《二下·行部》44 頁上)、衡(《四上·角部》94 頁上)、很(《二下·彳部》43 頁下)

3. 問(《二上·口部》32 頁上)、悶(《十下·心部》222 頁下)、聞(《十二上·耳部》250 頁上)、閩(《十三上·虫部》282 頁下)、珉(《一上·王部》9 頁下)、閨(《十二上·門部》249 頁上)

4. 竺(《十三下・二部》286 頁上)、筆(《三下・聿部》65 頁下)、篆(《九上・厶部》189 頁上)、篤(《十上・馬部》200 頁下)、簸(《五上・箕部》99 頁下)、策(《五上、竹部》98 頁上)。

5. 盤(《六上・木部》122 頁上)、盂(《五上・皿部》104 頁上)、孟(《十四下・子部》310 頁上)、盜(《八下・次部》181 頁上)、監(《八上・臥部》170 頁上)、盟(《七上・囧部》142 頁上)。

6. 義(《十二下・我部》267 頁上)、羨(《八下・次部》180 頁下)、羲(《五上・兮部》101 頁上)、美(《四上・羊部》78 頁下)、羕(《十一下・永部》240 頁上)、恙(《十下・心部》222 頁下)

十八、寫出下列各字在《說文》中的部首及該部首的意義

	部首	部首意義		部首	部首意義
齋	示	《一上・示部》8 頁上	闊	門	《十二上・門部》249 頁上
考	老	《八上・老部》173 頁下	羅	网	《七下・网部》157 頁下
牲	牛	《二上・牛部》29 頁下	旌	㫃	《七上・㫃部》140 頁上
怕	心	《十下・心部》219 頁下	煎	火	《十上・火部》208 頁下
慕	心	《十下・心部》219 頁下	扇	戶	《十二上・戶部》247 頁上
脂	肉	《四下・肉部》90 頁上	陰	阜	《十四下・阜部》304 頁下
錢	金	《十四上・金部》296 頁上	郎	邑	《六下・邑部》135 頁下
逃	辵	《二下・辵部》41 頁下	寬	宀	《七下・宀部》151 頁上
歐	欠	《八下・欠部》179 頁下	痕	疒	《七下・疒部》155 頁下
刻	刀	《四下・刀部》91 頁下	衢	行	《二下・行部》44 頁上
醉	酉	《十四下・酉部》312 頁下	棄	華	《四下・華部》83 頁下
翻	羽	《四上・羽部》75 頁上	朗	月	《七上・月部》141 頁上
幣	巾	《七下・巾部》158 頁下	衰	衣	《八上・衣部》173 頁上
受	𠬪	《四下・𠬪部》84 頁下	書	聿	《三下・聿部》65 頁下
赭	赤	《十下・赤部》213 頁上	敗	攴	《三下・攴部》68 頁下

續表

	部首	部首意義		部首	部首意義
徑	彳	《二下·彳部》43 頁上	為	爪	《三下·爪部》63 頁上
雖	虫	《十三上·虫部》279 頁上	錦	帛	《七下·帛部》160 頁下
冡	冃	《七下·冃部》156 頁下	屬	尾	《八下·尾部》175 頁下
肴	肉	《四下·肉部》89 頁上	孳	子	《十四下·子部》310 頁上
冠	冖	《七下·冖部》156 頁下	牘	片	《七上·片部》143 頁下

十九、《說文》是我國最早的一部通過分析字形來確定本義的著作，對瞭解古代漢語的詞義很有幫助。查閱《說文》，分析下加橫線字的字形結構並解釋詞義

1. 求全責備。《六下·貝部》(130 頁下)："責,求也。"

2. 多行不義必自斃。(《左傳·隱公元年》)《說文·犬部》(205 頁下)："斃,頓仆也。"

3. 數石之重,中人弗勝。(《論貴粟疏》)《說文·力部》(292 頁上)："勝,任也。"

4. 晉人執虞公。(《左傳·僖公五年》)《說文·幸部》(214 頁下)："執,捕罪人也。"

5. 池塘生春草,園柳變鳴禽。(謝靈運《登池上樓》)《說文·土部》(290 頁上)："塘,隄也。"

6. 王訪於箕子。(《尚書·洪範》)《說文·言部》(52 頁上)："訪,泛謀曰訪。"

7. 於予與何誅。(《論語·公冶長》)《說文·言部》(57 頁上)："誅,討也。"

8. 公覺,召桑田巫,巫言如夢。(《左傳·晉侯夢大厲》)《說文·見部》(178 頁下)："覺,寤也。"

9. 雲鬢半偏新睡覺,花冠不整下堂來。(《長恨歌》)(同上)

10. 臧孫斬鹿門之關以出奔邾。(《左傳·襄公二十三年》)《說文·門部》(249 頁上)："關,以木橫持門戶也。"

11. 挾太山以超北海。(《孟子·梁惠王上》)《說文·走部》(36頁上):"超,跳也。"

12. 秋陽以暴之。(《孟子·滕文公上》)《說文·日部》(139頁上):"暴,晞也。"

13. 小大之獄,雖不能察,必以情。(《左傳·莊公十年》)《十上·㹜部》(206頁上):"獄,兩犬相齧也。"

14. 弟子曰:"是黑牛也而白題。"(《韓非子·解老》)《說文·頁部》(181頁下):"題,頟(額)也。"

15. 堂高數仞,榱題數尺。(《孟子·盡心下》)《說文·頁部》(同上)

16. 陟彼高岡,我馬玄黃。(《詩經·周南·卷耳》)《說文·阜部》(305頁上):"陟,登也。"

17. 不幸而有疾,不能造朝。(《孟子·公孫丑下》)《說文·走部》(39頁下):"造,就也。"

18. 王乃使玉人理其璞。(《韓非子·和氏》)《說文·玉部》(12頁上):"理,治玉也。"

19. 是猶使處女嬰寶珠。(《荀子·富國》)《說文·女部》(262頁下):"嬰,頸飾也。"

20. 不替孟明。(《左傳·僖公三十三年》)《說文·竝部》(216頁下):"替,廢也。"

21. 墓門有棘,斧以斯之。(《詩經·陳風·墓門》)《說文·斤部》(300頁上):"斯,析也。"

22. 子南知之,執戈逐之。及衝,擊之以戈。(《左傳·昭公元年》)《說文·行部》(44頁上):"衝,通道也。"

23. 橫術何廣廣兮,固知國中之無人。(《漢書·燕剌王旦傳》)《說文·行部》(44頁上):"術,邑中道也。"

24. 衛獻公出奔,反于衛,及郊,將班邑於從者而後入。(《禮記·檀弓》)《一上·珏部》(14頁上):"班,分瑞玉。"

25. 延年母從東海來,欲從延年臘,到洛陽,適見報囚。(《漢書·嚴延年傳》)《說文·幸部》(215頁上):"報,當罪人也。"

26. 於是為長安君約車百乘,質于齊,齊兵乃出。(《戰國策·趙策》)《說文·糸部》(272頁下):"約,纏束也。"

27. 舍車而徒。(《周易·賁卦》)《說文·辵部》(39頁下):"徒,步行也。"

28. 夫鳥飛千仞之上,獸走叢薄之中。(《淮南子·俶貞訓》)《說文·艸部》(23頁下):"薄,林薄也。"

29. 晏子爲齊相,出,其御之妻從門閒而窺其夫。(《史記·管晏列傳》)《十二上·門部》(248頁下):"閒,隟(隙)也。"

30. 其實如蘭,服之不字。(《山海經·中山經》)郭璞注:"字,生也。"

31. 又不能字人之孤而殺之。(《左傳·成公十一年》)《說文·子部》(310頁上):"字,乳也。"

32. 婦人疏字者子活,數乳者子死。(《論衡·氣壽》)字,生育。

33. 彼懼而奔鄭,緬然引領南望,曰:"庶幾赦吾罪。"(《國語·楚語上》)《說文·頁部》(182頁上):"領,項也。"

34. 孝公既見衛鞅,語事良久,孝公時時睡,弗聽。(《史記·商君列傳》)《說文·目部》(72頁下):"睡,坐寐也。"

35. 吏卒皆山東之人,日夜企而望歸。(《漢書·高帝紀上》)《說文·人部》(161頁下):"企,舉踵也。"

36. 漢王方踞床洗,而召布入見。(《漢書·韓信傳》)《說文·水部》(237頁上):"洗,洒足也。"

37. 堂上不糞,則郊草不芸。(《荀子·彊國》)《說文·華部》(83頁下):"糞,棄除也。"

38. 案灌夫項,令謝。(《史記·魏其武安侯列傳》)《說文·頁部》(182頁上):"項,頭後也。"

39. 見兔而顧犬,未爲晚也,亡羊而補牢,未爲遲也。(《戰國策·楚策四》)《說文·頁部》(182頁下):"顧,還視也。"《說文·牛部》(29頁下):"牢,閑養牛馬圈也。"

40. 振長策而御宇內。(《過秦論》)《說文·竹部》(98頁上):"策,馬箠也。"

41. 古人有言曰:人無于水監,當於民監。(《尚書·酒誥》)《說文·臥部》(170頁上):"監,臨下也。"

42. 百畝之田,勿奪其時,數口之家可以無飢矣。(《孟子·梁惠王上》)《說文·奞部》(77頁上):"奪,手持隹失之也。"

43. 人之有能有爲,使<u>羞</u>其行,而邦其昌。(《尚書·洪範》)羞,貢獻。

44. 可薦於鬼神,可<u>羞</u>于王公。(《左傳·隱公三年》)《說文·丑部》(310頁下):"羞,進獻也。"

45. 吾與汝畢力平<u>險</u>。(《列子·愚公移山》)《說文·𨸏部》(304頁下):"險,阻難也。"

46. 巨<u>防</u>容螻而漂邑殺人。(《呂氏春秋·慎小》)《說文·𨸏部》(305頁下):"防,隄也。"

47. 自行束<u>脩</u>以上,吾未嘗不誨焉。(《論語·述而》)《說文·肉部》(89頁上):"脩,脯也。"

48. 見過不更,聞諫愈甚謂之<u>很</u>。(《莊子·漁父》)《說文·彳部》(43頁下):"很,不聽從也。"

49. <u>沬</u>血飲泣。《說文·水部》(237頁上):"沬,洒面也。"

50. 赴<u>湯</u>蹈火。《說文·水部》(235頁下):"湯,熱水也。"

51. 不<u>刊</u>之論。《說文·刀部》(91頁下):"刊,剟也。"

52. 草<u>菅</u>人命。《說文·艸部》(17頁下):"菅,茅也。"

53. <u>厲</u>兵秣馬。《說文·厂部》(193頁下):"厲,旱石也。"

54. 耄<u>耋</u>之年。《說文·老部》(173頁下):"耋,年八十曰耋。"

55. <u>恬</u>不知恥。《說文·心部》(218頁上):"恬,安也。"

56. 義憤填<u>膺</u>。《說文·肉部》(87頁下):"膺,胷也。"

57. 暴<u>殄</u>天物。《說文·歺部》(85頁下):"殄,盡也。"

58. 曲高<u>和</u>寡。《說文·口部》(32頁上):"和,相譍也。"

59. <u>櫛</u>風沐雨。《說文·木部》(121頁下):"櫛,梳比之總名也。"

60. 以<u>莛</u>撞鐘。《說文·艸部》(22頁上):"莛,莖也。"

第五章 隸 變

三、由於隸變原因,有些形聲字的聲旁遭到破壞。注明下列形聲字中的聲符

1. 泰《十一上·水部》(237頁上)
2. 賊《十二下·戈部》(266頁上)

3. 隆《六下・生部》(127 頁下)
4. 責《六下・貝部》(130 頁下)
5. 在《十三下・土部》(287 頁下)
6. 布《七下・巾部》(160 頁上)
7. 那《六下・邑部》(134 頁下)
8. 聒《十二上・耳部》(250 頁上)
9. 志《十下・心部》(217 頁上)
10. 寺《三下・寸部》(67 頁上)
11. 細《十三上・糸部》(272 頁上)
12. 書《三下・聿部》(65 頁下)
13. 更《三下・攴部》(68 頁上)
14. 龕《十一下・龍部》(245 頁下)
15. 稚《七上・禾部》(144 頁上)
16. 廄《九下・广部》(192 頁下)
17. 括《十二上・手部》(255 頁下)
18. 青《五下・青部》(106 頁上)
19. 春《一下・艸部》(27 頁上)
20. 年《七上・禾部》(146 頁上)

四、注明下列會意字隸變之前的偏旁結構

1. 竝《十下・竝部》(216 頁下)
2. 香《七上・香部》(147 頁上)
3. 兼《七上・秝部》(146 頁下)
4. 夙《七上・夕部》(142 頁上)
5. 尿《八下・尾部》(175 頁下)
6. 表《八上・衣部》(170 頁上)
7. 尾《八下・尾部》(175 頁下)
8. 寒《七下・宀部》(151 頁下)
9. 糞《四下・𠦒部》(83 頁下)
10. 賣《六下・出部》(127 頁上)
11. 暴《七上・日部》(139 頁上)
12. 舂《七上・臼部》(148 頁下)

第六章　版　本

三、給下列各字中的大徐注加上標點

1. 粦——《十上·炎部》（210頁下）：

徐鍇曰："案《博物志》：'戰鬭死亡之處，有人馬血積中爲粦，著地入草木，如霜露不可見。有觸者，著人體後有光，拂拭即散無數。又有吒聲如驚豆。'"舛者，人足也，言光行著人。

2. 牀——《六上·木部》（121頁下）：

徐鍇曰："《左傳》：'薳子馮詐病，掘地下冰而牀焉。'"至於恭坐，則席也，故从爿。爿則广之省，象人褱身有所倚箸。至於牆、壯、戕、狀之屬，並當从牀省聲。李陽冰言："木右爲片，左爲爿，音牆。"且《說文》無爿字，其書亦異，故知其妄。仕莊切。

3. 每——《一下·屮部》（15頁上）：

臣鉉等案：《左傳》："原田每每。"今別作莓，非是。武罪切。

4. 莧——《十上·莧部》（203頁下）：

臣鉉等曰：莧，徒結切，非聲，疑象形。胡官切。

5. 草——《一下·艸部》（27頁上）：

臣鉉等曰：今俗以此爲艸木之艸，別作皁字爲黑色之皁。案：櫟實可以染帛爲黑色，故曰草。通用爲草棧字，今俗書皁或从白从十，或从白从七，皆無意義，無以下筆。

6. 何——《八上·人部》（163頁下）：

臣鉉等曰：儋何，即負何也，借爲誰何之何。今俗別作擔荷，非是。胡歌切。

7. 須——《九上·須部》（184頁下）：

臣鉉等曰：此本須鬢之須。頁，首也。彡，毛飾也。借爲所須之須。俗書从水，非是。相俞切。

8. 笑——《五上·竹部》（99頁上）：

此字本闕。臣鉉等案：孫愐《唐韻》引說文云："喜也。从竹，从犬。"而不述其義。今俗皆从犬。又案：李陽冰刊定《說文》，从竹，从夭。義云："竹得風，其體夭屈，如人之笑。"未知其審。私妙切。

9. 子——《十四下·子部》（309頁下）：

李陽冰曰:"子在襁緥中,足併也。"即里切。
10. 付——《八上·人部》(164頁下):
臣鉉等曰:寸,手也。方遇切。
11. 立——《十下·立部》(216頁上):
臣鉉等曰:大,人也。一,地也。會意。
12. 戔——《十二下·戈部》(266頁下):
徐鍇曰:"兵多則殘也,故从二戈。"昨千切。
13. 間——《十二上·門部》(248頁下):
徐鍇曰:"夫門夜閉,閉而見月光,是有間隟也。"古閑切。
14. 徑——《二下·彳部》(43頁上):
徐鍇曰:"道不容車,故曰步道。"居正切。
15. 羣——《四上·羊部》(78頁下):
臣鉉等曰:羊性好群,故从羊。渠云切。
16. 歗——《八下·欠部》(179頁下):
臣鉉等案:口部此籀文嘯字,此重出。穌弔切。
17. 王——《一上·王部》(9頁下):
李陽冰曰:"中畫近上,王者則天之義。"雨方切。
18. 玉——《一上·玉部》(10頁上):
陽冰曰:"三畫正均,如貫玉也。"魚欲切。
19. 能——《十上·能部》(207頁上):
臣鉉等曰:㠯,非聲,疑皆象形。奴登切。
20. 委——《十二下·女部》(261頁下):
臣鉉等曰:委,曲也。取其禾穀垂穗委曲之皃,故从禾。於詭切。
21. 足——《二下·足部》(45頁下):
徐鍇曰:"口象股脛之形。"即玉切。
22. 壬——《八上·壬部》(169頁下):
臣鉉等曰:人在土上,壬然而立也。他鼎切。
23. 吹——《八下·欠部》(179頁上):
臣鉉等案:口部已有吹噓。此重出。昌垂切。
24. 臭——《十上·犬部》(205頁下):
臣鉉等曰:自,古鼻字,犬走以鼻知臭,故从自。尺救切。

四、給下列《段注》加上標點（《說文》原文下加橫線，以別於《段注》）

獘，頓仆也。《人部》曰："仆者，頓也。"謂前覆也。人前仆若頓首然，故曰頓仆。从犬，敝聲。毗祭切，十五部。《春秋傳》曰："與犬，犬獘。"僖四年《左傳》文。引此證从犬之意也。獘本因犬仆製字，叚借爲凡仆之偁。俗又引伸爲利弊字，遂改其字作"弊"，訓困也、惡也。此與改獎爲"獘"正同。斃，獘或从死。經書頓仆皆作此字。如《左傳》"斃於車中""與一人俱斃"是也。今《左傳》犬獘亦作"犬斃"，蓋許時經書斃多作獘。

第七章 體 例

二、利用《說文》，辨析下列各組形似義異字的結構和音義

1. 壬《十四下·壬部》（309 頁下）——壬《八上·壬部》（169 頁下）
2. 陝《十四下·阜部》（306 頁上）——陜《十四下·阜部》（305 頁上）
3. 夾《十下·亦部》（213 頁下）——夾《十下·大部》（213 頁上）
4. 券《四下·刀部》（92 頁下）——券《十三下·力部》（292 頁下）
5. 栗《七上·卤部》（143 頁上）——粟《七上·卤部》（143 頁上）
6. 氾《十一上·水部》（232 頁上）——汜《十一上·水部》（230 頁下）
7. 臭《十上·犬部》（205 頁下）——臬《十上·犬部》（204 頁下）
8. 充《十四下·厶部》（310 頁下）——㠯《十一下·川部》（238 頁下）
9. 隹《四上·隹部》（76 頁上）——佳《八上·人部》（162 頁下）
10. 即《五下·皂部》（106 頁下）——既《五下·皂部》（106 頁下）
11. 叉《三下·又部》（64 頁上）——㕚《三下·又部》（64 頁上）
12. 析《六上·木部》（125 頁上）——折《一下·艸部》（25 頁下）
13. 析《六上·木部》（125 頁上）——㭊《六上·木部》（119 頁下）
14. 崇《九下·山部》（191 頁上）——祟《一上·示部》（9 頁下）
15. 舀《七上·臼部》（229 頁上）——臽《七上·臼部》（234 頁下）
16. 朿《六下·朿部》（128 頁上）——束《七上·束部》（143 頁上）
17. 戉《十二下·戉部》（266 頁下）——戊《十四下·戊部》（308 頁下）
18. 晝《三下·畫部》（65 頁下）——畫《三下·畫部》（65 頁下）
19. 市《五下·冂部》（110 頁下）——巿《七下·巿部》（160 頁下）
20. 箕《五上·箕部》（99 頁上）——其《一下·艸部》（15 頁下）

21. 采《六上·木部》(124頁下)——采《二上·采部》(28頁下)
22. 戌《十四下·戌部》(314頁上)——成《十二下·戈部》(266頁上)
23. 抵《十二上·手部》(251頁下)——抵《十二上·手部》(256頁下)
24. 本《十下·本部》(215頁上)——本《六上·木部》(118頁下)
25. 臼《七上·臼部》(148頁上)——臼《三上·臼部》(60頁上)
26. 祼《一上·示部》(8頁下)——裸《八上·衣部》(172頁下)
27. 場《十三下·土部》(290頁上)——場《十三下·土部》(289頁下)
28. 崔《一下·艸部》(17頁下)——萑《四上·萑部》(77頁下)
29. 卻《九上·卩部》(187頁下)——郤《六下·邑部》(133頁上)
30. 柴《六上·木部》(119頁下)——祡《一上·示部》(8頁上)
31. 籃《五上·竹部》(96頁下)——藍《一下·艸部》(16頁下)
32. 盲《四上·目部》(73頁下)——肓《四下·肉部》(87頁上)
33. 沬《十一上·水部》(225頁下)——沫《十一上·水部》(237頁下)
34. 徙《二下·辵部》(40頁下)——徒《二下·辵部》(39頁下)
35. 祇《一上·示部》(7頁下)——祗《一上·示部》(8頁上)
36. 管《五上·竹部》(98頁上)——菅《一下·艸部》(17頁上)
37. 傅《八上·人部》(164頁上)——傳《八上·人部》(165頁下)
38. 囟《十下·囟部》(216頁下)——囪《十下·囪部》(212頁上)
39. 戎《十二下·戈部》(266頁上)——戒《三上·廾部》(59頁上)
40. 同《五下·冂部》(110頁下)——同《七下·冃部》(156頁下)
41. 灸《十上·火部》(209頁上)——炙《十下·炙部》(212頁下)
42. 坯《十三下·土部》(289頁下)——坏《十三下·土部》(288頁下)
43. 莧《一下·艸部》(16頁上)——莧《十上·莧部》(203頁下)
44. 兒《八下·儿部》(176頁下)——兒《八下·兒部》(177頁上)
45. 罔《七下·网部》(157頁上)——岡《九下·山部》(190頁下)
46. 鍾《十四上·金部》(294頁下)——鐘《十四上·金部》(297頁下)
47. 綱《十三上·糸部》(275頁上)——網《七上·网部》(157頁下)
48. 豕《九下·豕部》(196頁下)——豖《九下·豕部》(197頁下)

三、查閱《甲骨文編》(中華書局,1965年版),寫出下列各字的甲骨文字形,說明這些甲骨文字形的本義,並指出它們的通行義是引申義還是假借義

1. 伐(甲骨文作 ![字形],見《甲骨文編》1007號;《八上·人部》167頁上)

2. 莫（甲骨文作🖼，見《甲骨文編》0059 號；《一下·茻部》27 頁下）

3. 止（甲骨文作🖼，見《甲骨文編》0142 號；《二上·止部》38 頁上）

4. 行（甲骨文作🖼，見《甲骨文編》0231 號；《二下·行部》44 頁上）

5. 監（甲骨文作🖼，見《甲骨文編》1037 號；《八上·臥部》170 頁上）

6. 來（甲骨文作🖼，見《甲骨文編》0698 號；《五下·來部》111 頁下）

7. 益（甲骨文作🖼，見《甲骨文編》0628 號；《五上·皿部》104 頁下）

8. 臭（甲骨文作🖼，見《甲骨文編》1186 號；《十上·犬部》205 頁下）

9. 各（甲骨文作🖼，見《甲骨文編》0103 號；《二上·口部》34 頁下）

10. 爲（甲骨文作🖼，見《甲骨文編》0336 號；《三下·爪部》63 頁上）

11. 之（甲骨文作🖼，見《甲骨文編》0769 號；《六下·之部》127 頁上）

12. 下（甲骨文作🖼，見《甲骨文編》0008 號；《一上·上部》7 頁下）

13. 它（甲骨文作🖼，見《甲骨文編》5023 號；《十三下·它部》285 頁上）

14. 孚（甲骨文作🖼，見《甲骨文編》0335 號；《三下·爪部》63 頁上）

15. 韋（甲骨文作🖼，見《甲骨文編》0710 號；《五下·韋部》113 頁上）

五、《說文》各部列字的體例是"以類相從"。請舉例說明下列各部的列字情況

1.《七上·网部》(157 頁上)，王筠釋"网"部，謂"部中字，先列通稱，自'罩'以下承以漁，自'羅'以下承以田，自'羈'至末，則借義矣"。

2.《二上·牛部》(28 頁下)，自"牡"以下列牛的性別。自"犢"以下列牛的年齡。自"犅"以下列牛的毛色。自"牧"以下列牛的動作。自"牢"以下列養牛的圈欄。

3.《五上·竹部》(95 頁上)，自"箭"以下列竹名。自"筍"以下列竹各部位的名稱。自"箸"以下列竹的形貌。自"符"以下列竹製品。

4.《九上·頁部》(181 頁下)，自"顏"以下列頭上各部分名稱的字。自"頤"以下列表示頭的形狀的字。自"頫"以下列表示頭的動作的字。自

"頢"以下列表示頭的形貌的字。自"頗"以下列表示頭部異常現象的字。

5.《八上·老部》(173頁下),自"老"以下列表示年齡的字。自"耇"以下列表示老年人特徵的字。自"壽"以下列表示長壽的字。

6.《四上·羽部》(75頁上),自"翬"以下列各種羽毛不同的鳥的名稱字。自"翁"以下列羽毛各部分名稱的字。自"翥"以下列表示飛翔的各種不同形態的字。自"翌"以下列羽製品的字。

7.《六上·木部》(114頁下),自"橘"以下列各種樹木的名稱字。自"本"以下列樹木的各部位名稱的字。自"櫐"以下列表示樹木的各種不同形態的字。自"栽"以下列木製品的字。

8.《一上·玉部》(10頁上),《段注》(19頁)詳細分析了玉部收字排列的次序,"按:自璙以下皆玉名也。瓚者,用玉之等級也。瑛,玉光也。璑以下五文,記玉之惡與美也。璧至瑞,皆言玉之成瑞器者也。瓛、珩、玦、珥至瑞,皆以玉爲飾也。玼至瑕,皆言玉色也。琢、琱、理三文,言治玉也。珍、玩二文,言愛玉也。玲以下六文,玉聲也。瑀至玖,石之次玉者也。珸至瑎,石之似玉者也。琨、璑、瑤,石之美者也。玌至玗皆珠類也。玲、瑩二文,送死玉也。璺,異類而同玉色者也。靈,謂能用玉之巫也。通乎《說文》之條理次第,斯可以治小學。"

9.《一上·示部》(7頁下),自"祜"至"禔"共13字,都有"吉祥"的意思。自"神"至"禓"共41字,都與祭祀鬼神祖宗有關。自"祲"至"禫"共7個字,都表示災禍、不吉祥。

10.《四下·歺部》(85頁上),自"殘"至"殰"共3字,都有"疾病"的意思。自"殰"至"胔"共10字,都與死亡有關。自"殯"至"壥"共3個字,都與埋葬有關。自"殈"以下都與朽敗等有關。

11.《四下·肉部》(87頁上),自"腜"至"胎",是有關婦女懷孕的字。自"肌"至"胲",是有關肌膚、內臟和肢體的字。自"肖"至"胄",是有關已經死去的人的子孫後代的字。自"胆"(蛆)以下都與朽敗等有關。

六、形聲字的形旁和聲旁有八種配置方式。下列形聲字中形旁和聲旁屬於哪種配置關係?

    1. 左形右聲

        階   括   詔   靳   湯   靭   饑   誣

        臘   祥   防   誅

2. 右形左聲

斫　刊　郊　欣　鴻　狀　敲　胡
雎　放　祁　斯　雄

3. 上形下聲

麓　篾　崔　楚　芹　罾　宇　苦
空　霖　罟

4. 下形上聲

巠　急　汞　基　島　盂　盆　禁
召　岱　馨　肓　盲

5. 聲佔一角

聽　近　徒　徙　旗　房　躄　造
超　病

6. 形佔一角

穀　騰　滕　膽　勝　賴　修　倏
條　旭　載　雖　穎　潁　雜　疆

7. 形外聲內

閨　匪　衷　裹　閣　圓　闐　衙

8. 聲外形內

鳳　風　辨　齎　篆　哀　岡　聞
興　辯　纂　齋　齏　悶　閩　問

七、有些形聲字表面上看是由多個偏旁組成的，實際上只能分析爲形符和聲符兩個部分。例如：《說文·鳥部》"鴻"字，由"氵(水)""工""鳥"三個偏旁構成，實際上應分析爲從"鳥""江"聲。"江"雖然是從"水""工"聲的形聲字，但在"鴻"字的結構中是作爲一個整體承擔聲符的職能的。"鴻"字中的"水""工""鳥"是基本偏旁，聲符"江"是複合偏旁。分析下列形聲字的結構層次

1. 落《一下·艸部》(23頁下)
2. 招《十二上·手部》(253頁上)
3. 薄《一下·艸部》(23頁下)
4. 驟《十上·馬部》(201頁上)
5. 縫《十三上·糸部》(275頁下)

第八章　字　體

三、把下列正篆下面所收古文、籀文等先加以隸定，然後分析其結構

參考：

1. 近《二下·辵部》(41 頁下)　　2. 邇《二下·辵部》(41 頁下)
3. 詩《三上·言部》(51 頁下)　　4. 禮《一上·示部》(7 頁下)
5. 御《二下·彳部》(43 頁下)　　6. 弼《十二下·弜部》(270 頁下)
7. 鞀《三下·革部》(61 頁上)　　8. 嗣《二下·冊部》(48 頁下)
9. 冊《二下·冊部》(48 頁下)　　10. 籩《五上·竹部》(97 頁上)
11. 睹《四上·目部》(72 頁上)　　12. 姘《五下·井部》(106 頁上)
13. 驅《十上·馬部》(201 頁上)　　14. 厎《九下·厂部》(194 頁上)
15. 觀《八下·見部》(177 頁下)　　16. 視《八下·見部》(177 頁下)
17. 貧《六下·貝部》(131 頁上)　　18. 患《十下·心部》(223 頁上)
19. 兵《三上·廾部》(59 頁上)　　20. 淵《十一上·水部》(231 頁上)
21. 動《十三下·力部》(292 頁下)　22. 緘《十三上·糸部》(275 頁下)
23. 壞《十三下·土部》(289 頁下)　24. 野《十三下·里部》(290 頁下)
25. 繭《十三上·糸部》(271 頁上)　26. 勳《十三下·力部》(292 頁上)
27. 廟《九下·广部》(193 頁上)　　28. 聞《十二上·耳部》(250 頁上)
29. 帷《七下·巾部》(159 頁上)　　30. 鈞《十四上·金部》(296 頁下)
31. 津《十一上·水部》(233 頁上)　32. 宅《七下·宀部》(150 頁上)
33. 家《七下·宀部》(150 頁上)　　34. 寶《七下·宀部》(151 頁上)
35. 州《十一下·川部》(239 頁下)　36. 暴《七上·日部》(139 頁上)
37. 望《八上·壬部》(169 頁下)　　38. 謀《三上·言部》(52 頁上)
39. 懼《十下·心部》(218 頁下)　　40. 絕《十三上·糸部》(271 頁下)
41. 恕《十下·心部》(218 頁上)　　42. 飪《五下·食部》(107 頁上)
43. 棄《四下·華部》(83 頁下)　　44. 徙《二下·辵部》(40 頁下)
45. 豪《九下·希部》(197 頁下)　　46. 會《五下·會部》(109 頁上)
47. 開《十二上·門部》(248 頁下)　48. 丘《八上·丘部》(169 頁上)
49. 粒《七上·米部》(147 頁下)　　50. 𩃬《十一下·雲部》(242 頁下)
51. 典《五上·丌部》(99 頁下)　　52. 總《十三上·糸部》(277 頁上)

53. 龜《十三下·龜部》(285 頁上)　54. 勇《十三下·力部》(292 頁下)
55. 速《二下·辵部》(40 頁下)　　56. 柩《十二下·匚部》(268 頁上)
57. 時《七上·日部》(137 頁下)　　58. 敗《三下·攴部》(68 頁下)
59. 養《五下·食部》(107 頁上)　　60. 飽《五下·食部》(108 頁上)
61. 誥《三上·言部》(52 頁下)　　62. 朗《七上·朙部》(141 頁下)
63. 脣《四下·肉部》(88 頁上)　　64. 則《四下·刀部》(91 頁上)
65. 辜《十四下·辛部》(309 頁上)　66. 妣《十二上·女部》(259 頁下)
67. 秦《七上·禾部》(146 頁上)　　68. 腆《四下·肉部》(89 頁上)
69. 磬《九下·石部》(195 頁下)　　70. 起《二上·走部》(36 頁下)
71. 蠹《十三下·蚰部》(284 頁上)　72. 襲《八上·衣部》(170 頁下)
73. 扶《十二上·手部》(251 頁下)　74. 恐《十下·心部》(223 頁上)
75. 履《八下·履部》(175 頁下)　　76. 歸《二上·止部》(38 頁上)
77. 樹《六上·木部》(118 頁上)　　78. 副《四下·刀部》(91 頁下)
79. 雇《四上·隹部》(76 頁下)　　80. 子《十四下·子部》(309 頁下)
81. 癰《七下·疒部》(156 頁上)　　82. 期《七上·月部》(141 頁下)
83. 雞《四上·隹部》(76 頁下)　　84. 昔《七上·日部》(139 頁上)
85. 車《十四上·車部》(301 頁上)　86. 麇《十上·鹿部》(202 頁下)
87. 旁《一上·上部》(7 頁上)　　　88. 孼《十四下·子部》(310 頁上)
89. 鼓《五上·鼓部》(102 頁上)　　90. 祺《一上·示部》(7 頁下)
91. 囷《六下·囗部》(129 頁上)　　92. 飴《五下·食部》(107 頁下)
93. 麤《十上·麤部》(203 頁上)　　94. 蓬《一下·艸部》(26 頁上)
95. 融《三下·鬲部》(62 頁下)　　96. 悠《十下·心部》(221 頁上)
97. 霂《十一下·雨部》(242 頁上)　98. 裁《十上·火部》(209 頁上)
99. 表《八上·衣部》(170 頁上)　　100. 褻《八上·衣部》(170 頁下)

四、漢字簡化的方法中有一類叫"恢復古體"，下列簡化字均取自《說文》重文，請注明它們是《說文》中的什麼字體

1. 礼（古文，《一上·示部》7 頁下）
2. 达（或體，《二下·辵部》41 頁上）
3. 迩（古文，《二下·辵部》41 頁下）
4. 咏（或體，《三上·言部》53 頁下）
5. 灾（或體，《十上·火部》209 頁上）

6. 烟(或體,《十上·火部》209 頁上)
7. 浣(或體,《十一上·水部》237 頁上)
8. 无(奇字,《十二下·亡部》267 頁下)
9. 云(古文,《十一下·雲部》242 頁下)
10. 丽(古文,《十上·鹿部》203 頁上)
11. 网(正篆,《七上·网部》157 頁上)
12. 肊(正篆,《四下·肉部》87 頁下)
13. 觖(俗體,《四下·角部》94 頁上)
14. 弃(古文,《四下·𠦒部》83 頁下)
15. 処(正篆,《十四上·几部》299 頁下)
16. 坐(古文,《十三下·土部》287 頁下)
17. 秆(或體,《七上·禾部》145 頁下)
18. 迹(正篆,《二下·辵部》39 頁上)
19. 肛(正篆,《四下·肉部》88 頁下)
20. 盟(正篆,《七上·囧部》142 頁上)

第九章　重　文

二、漢字簡化的方法中有一類叫"同音字代替"。下列各組繁簡字均見於古書,請根據《說文》說明其意義上或用法上的不同之處

  1. 面、麫——面,臉部,參看《九上·面部》(184 頁上)。麫,後作"麵",糧食磨成的粉,參看《五下·麥部》(112 頁上)。二字古不通用。
  2. 鍾、鐘——鍾,盛酒器,參看《十四上·金部》(294 頁下)。鐘,樂器,參看《十四上·金部》(297 頁上)。二字古不通用。
  3. 后、後——后,君王,皇后,參看《九上·后部》(186 頁下)。後,先後,參看《二下·彳部》(43 頁下)。二字一般不通用。
  4. 里、裏——里,鄉里,參看《十三下·里部》(290 頁下)。裏,衣內,參看《八上·衣部》(170 頁下)。二字古不通用。
  5. 斗、鬥——斗,斗升,參看《十四上·斗部》(300 頁上)。鬥,爭鬥,參看《三下·鬥部》(63 頁下)。
  6. 丑、醜——丑,地支名,參看《十四下·丑部》(310 頁下)。醜,面

目醜惡,參看《九上·鬼部》(189頁上)。二字古不通用。

7. 谷、穀——谷,山谷,參看《十一下·谷部》(240頁上)。穀,百穀,參看《七上·禾部》(146頁上)。二字古不通用。

8. 飢、饑——飢,飢飽,參看《五下·食部》(108頁下)。饑,穀不熟爲饑(即年成不好),饑饉,參看《五下·食部》(108頁上)。上古一般不通用,後代漸混。

9. 筑、築——筑,樂器名,參看《五上·竹部》(98頁下)。築,建築,參看《六上·木部》(120頁上)。二字不通用。

10. 發、髮——發,發射,參看《十二下·弓部》(270頁上)。髮,頭髮,參看《九上·彡部》(185頁下)。

附錄二 圖版

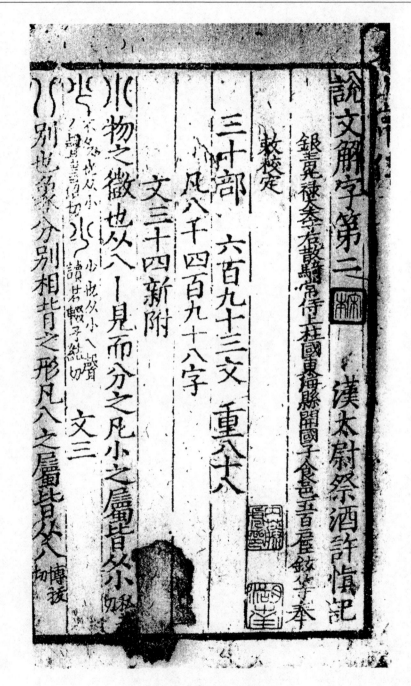

圖1　宋版《說文解字》

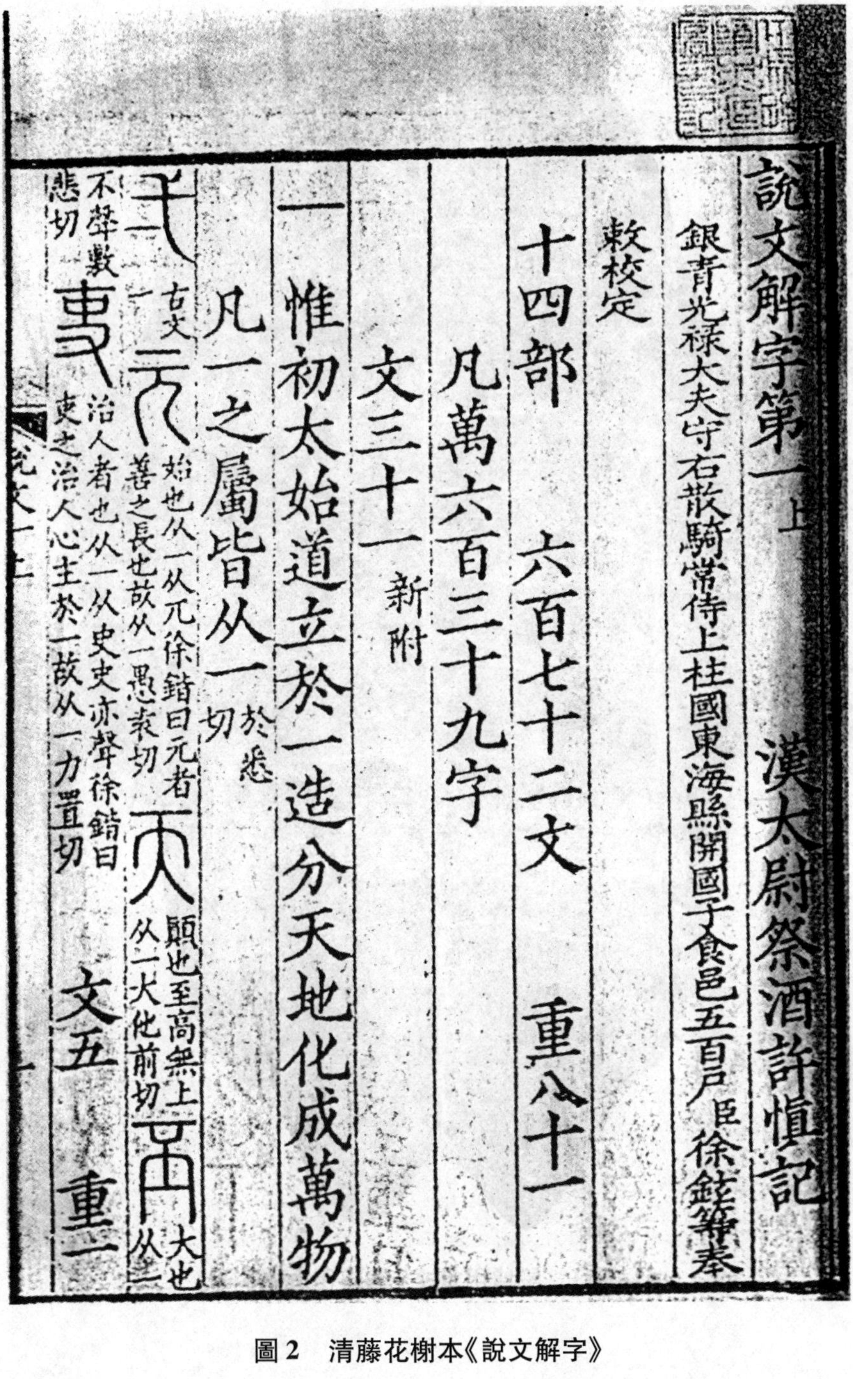

說文解字第一上　漢太尉祭酒許慎記

銀青光禄大夫守右散騎常侍上柱國東海縣開國子食邑五百戶臣徐鉉等奉

敕校定

十四部　六百七十二文　重八十一

凡萬六百三十九字

文三十一　新附

一　惟初太始道立於一造分天地化成萬物凡一之屬皆从一　於悉切

弌　古文一

元　始也从一从兀徐鍇曰元者善之長也故从一兀聲愚袁切

天　顚也至高無上从一大他前切

丕　大也从一不聲敷悲切

吏　治人者也从一从史史亦聲徐鍇曰吏之治人心主於一故从一力置切

文五　重一

圖 2　清藤花榭本《說文解字》

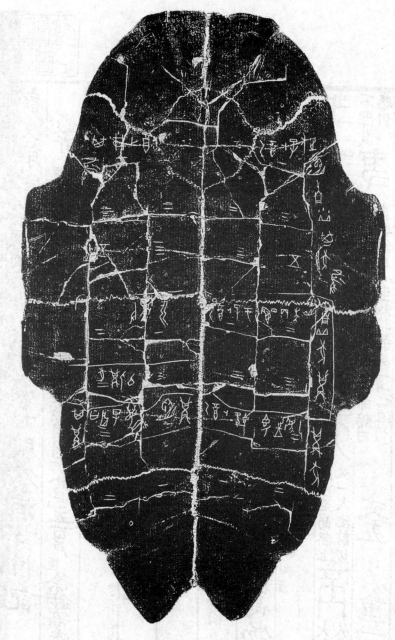

圖3　殷墟甲骨文(龜腹甲卜辭)

圖4　殷墟甲骨文(牛胛骨卜辭)

· 340 · 說文解字通論

圖5 唐寫本木部殘卷

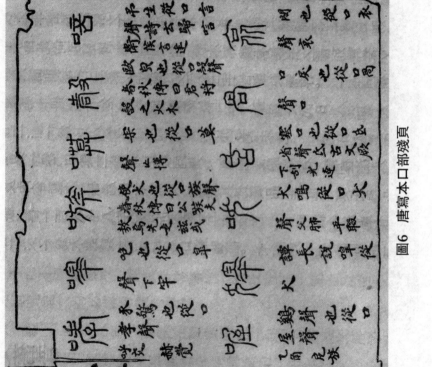

圖6 唐寫本口部殘頁

圖7　趞鼎

圖 8　虢季子白盤

·344· 說文解字通論

圖9 石鼓文（作原）

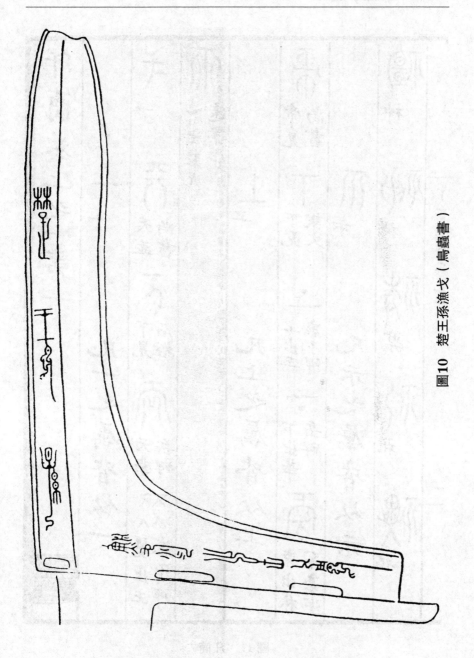

圖10 楚王孫漁戈（鳥蟲書）

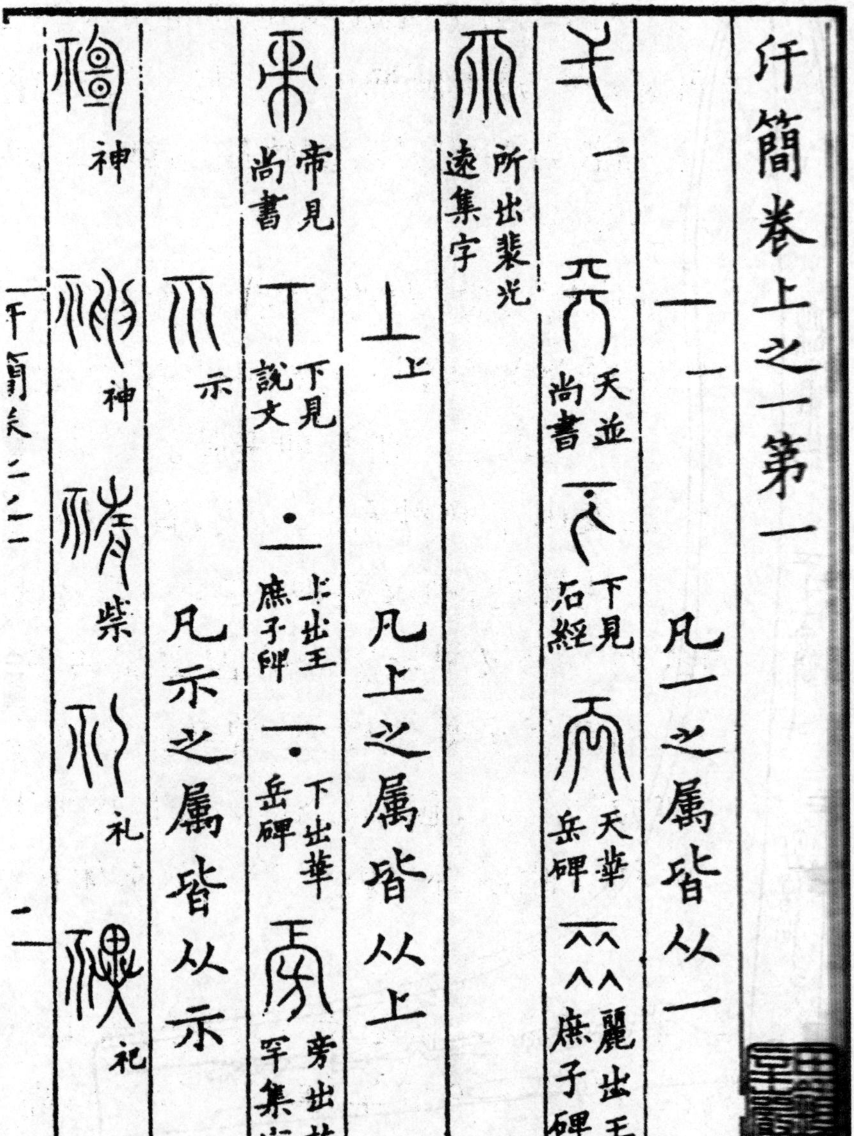
汗簡卷上之一第一
一
凡一之屬皆从一
一
天並尚書
下見石經
天華岳碑
麗出王庶子碑
所出裴光遠集字
上
凡上之屬皆从上
帝見尚書
下見說文
上出王庶子碑
下出華岳碑
旁出林罕集字
示
凡示之屬皆从示
神
神
柴
礼
祀
汗簡卷一之一
二

圖 11　汗簡

圖12 三體石經

圖 13　新郪虎符

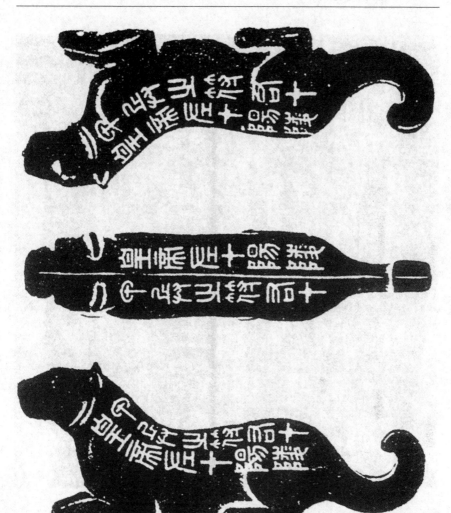

圖14　陽陵虎符

圖 15　琅琊臺刻石殘石

圖 16　嶧山刻石（摹刻本）

圖 17　泰山刻石

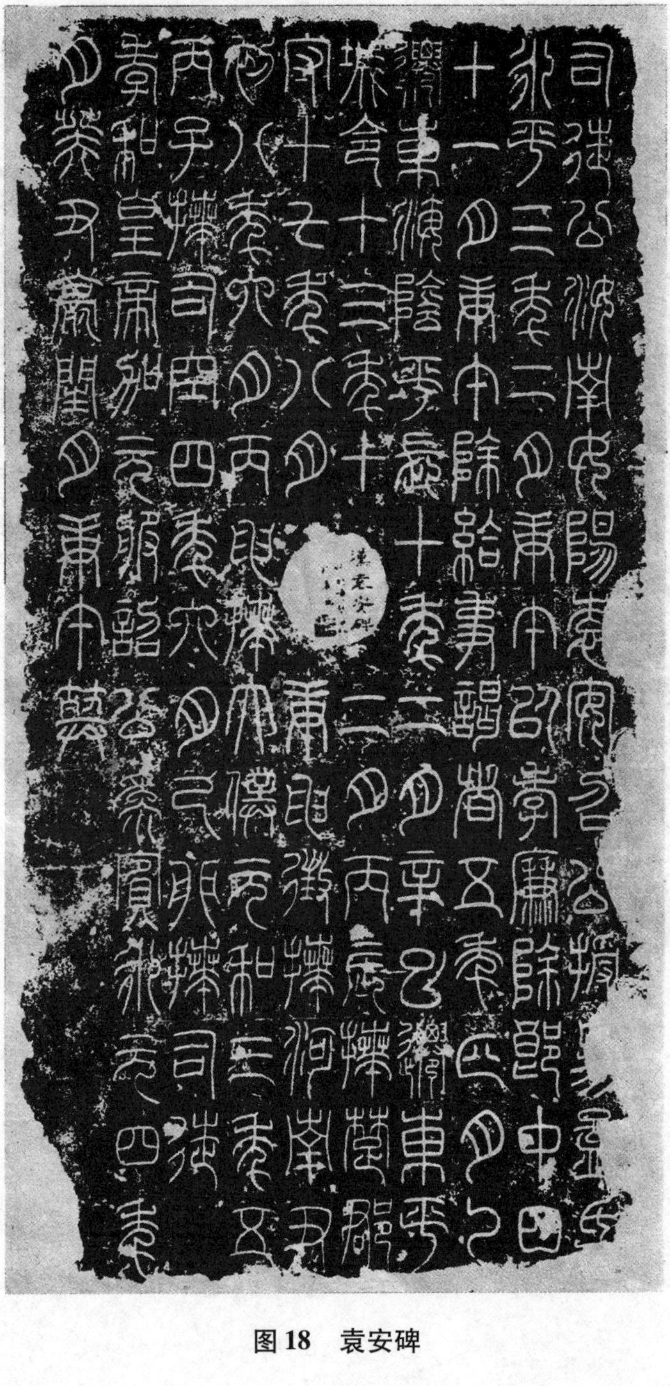

图 18　袁安碑

圖 19　袁敞碑

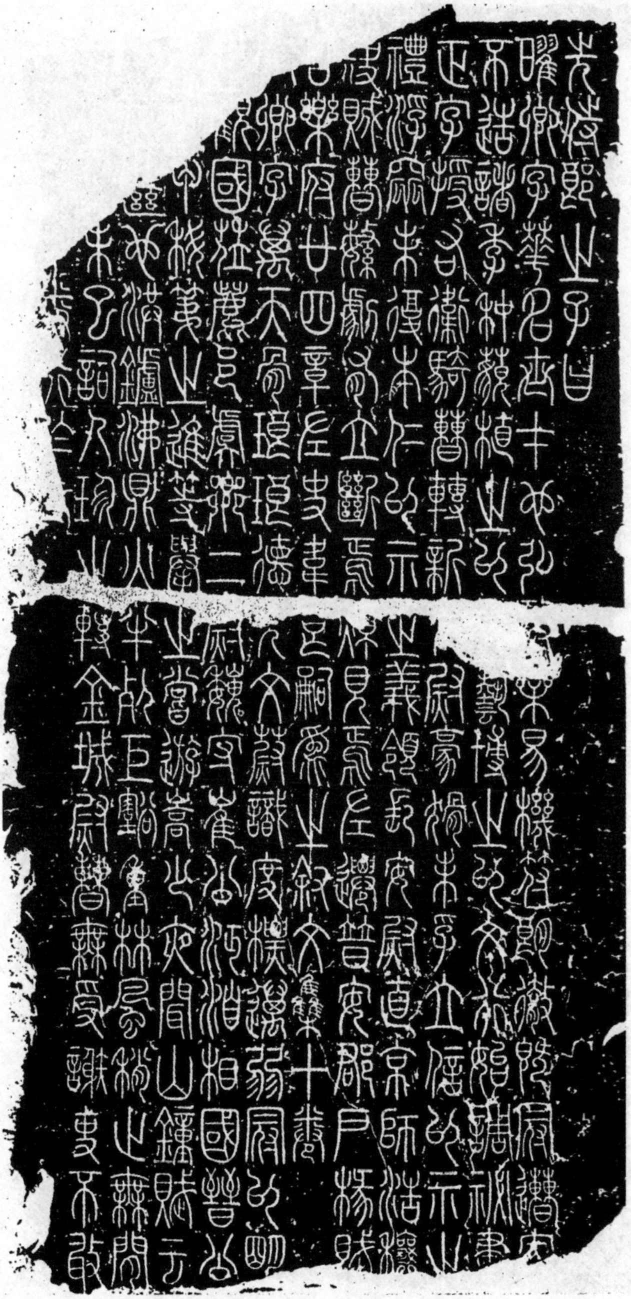

圖 20　李陽冰《三墳記》(一)

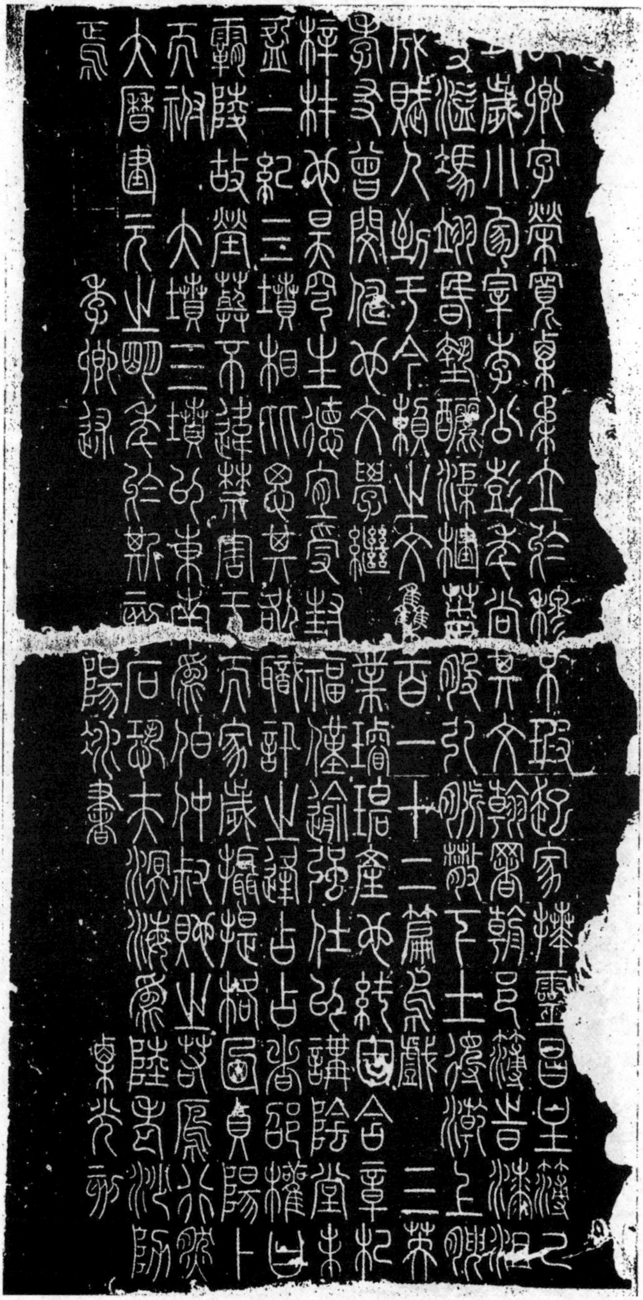

圖21　李陽冰《三墳記》(二)

圖22　李陽冰《城隍廟記》

圖 23　釋夢英《篆書目錄偏旁字源》碑

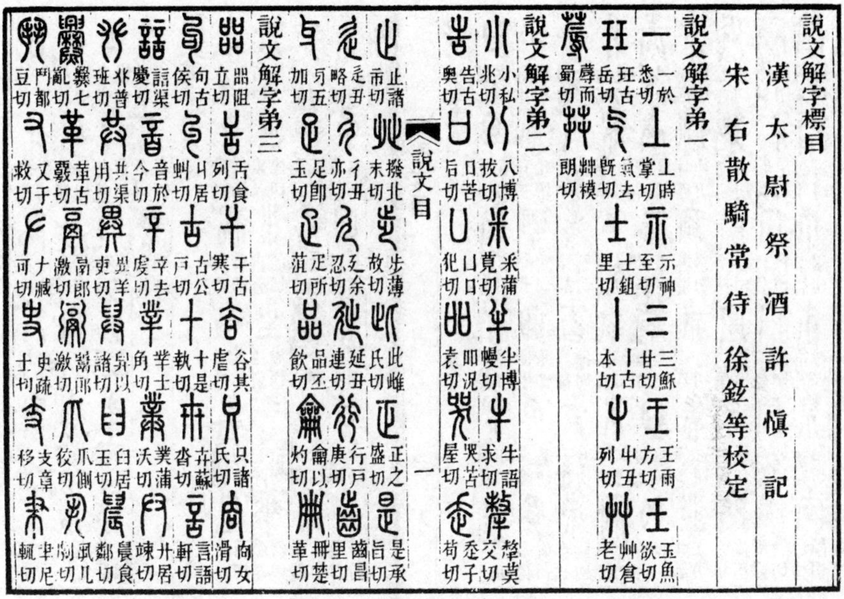

說文解字標目
漢太尉祭酒許愼記
宋右散騎常侍徐鉉等校定
說文解字弟一
說文解字弟二
說文解字弟三

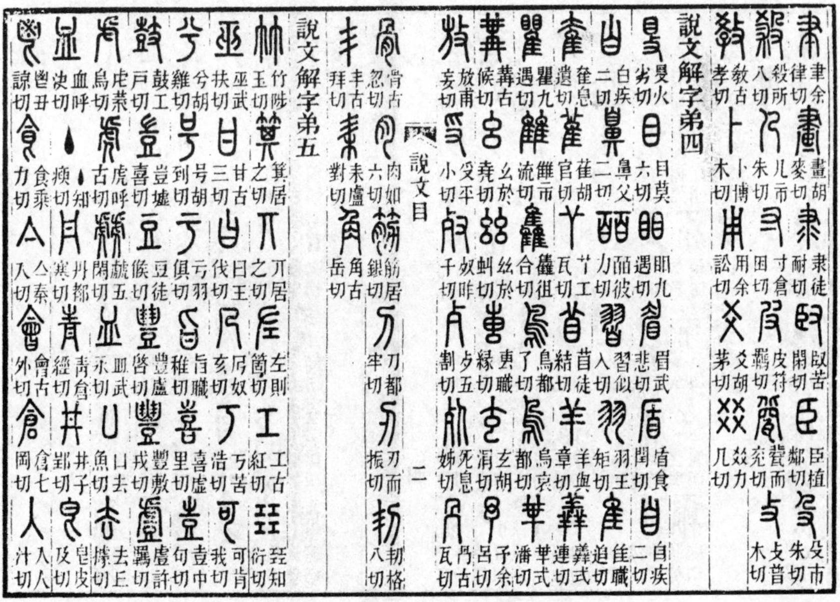

說文解字弟四
說文解字弟五

圖 24 大徐本《說文解字標目》(一)

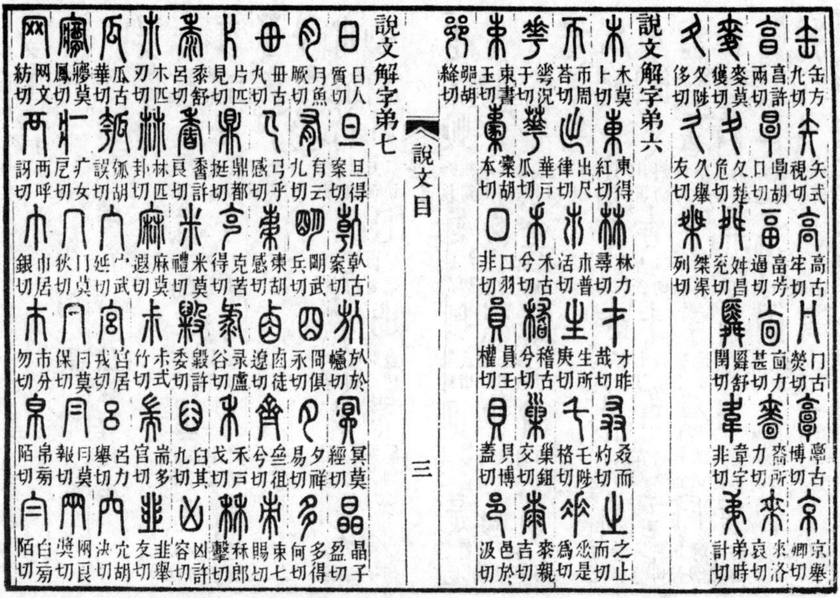

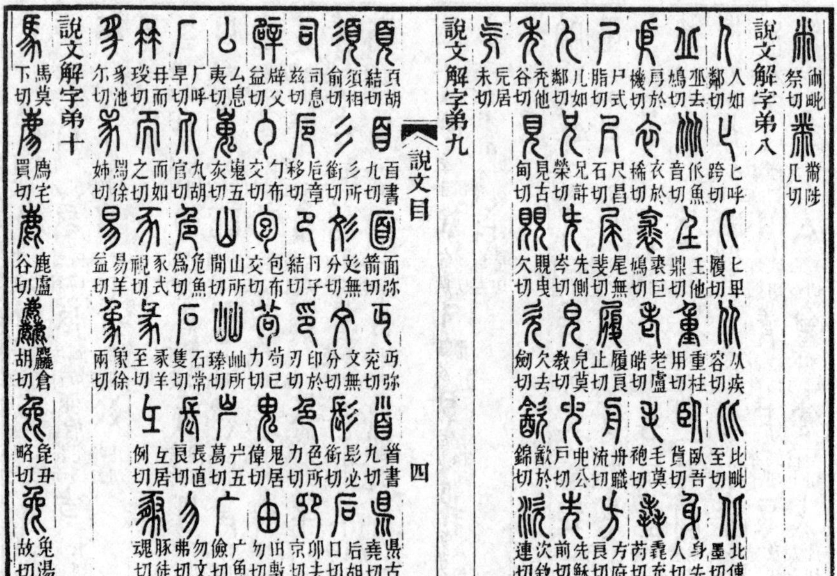

圖 25　大徐本《說文解字標目》(二)

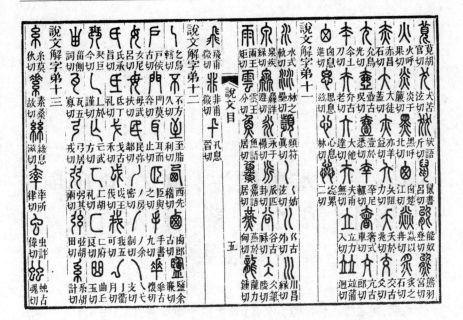
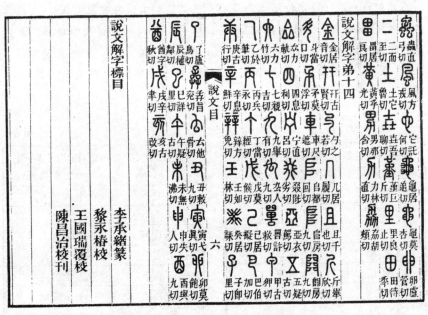

圖26　大徐本《說文解字標目》(三)

附錄三　本書標注《說文》頁碼與影印《說文》一篆一行本頁碼對照表

　　說明：本書標注《說文》頁碼指《說文》（中華書局，1963年）今人所編的頁碼，影印《說文》一篆一行本頁碼指清代同治十二年（1873）陳昌治據孫星衍本改刻爲一篆一行本時所編的頁碼。陳昌治刻本以許書原文爲大字，徐鉉校注者爲雙行小字，每部後之新附字則低一格，給人以眉目清朗之感。故近年新印本皆以陳昌治刻本爲底本，併兩頁爲一頁而縮印之。例如：《說文解字（注音版）》（岳麓書社，2006年）、《注音版說文解字》（中華書局，2015年）等書。

續表1

本書標注《說文》頁碼	影印《說文》一篆一行本頁碼	本書標注《說文》頁碼	影印《說文》一篆一行本頁碼
7頁上	一上一頁	10頁下	一上八頁
7頁下	一上二頁	11頁上	一上九頁
8頁上	一上三頁	11頁下	一上十頁
8頁下	一上四頁	12頁上	一上十一頁
9頁上	一上五頁	12頁下	一上十二頁
9頁下	一上六頁	13頁上	一上十三頁
10頁上	一上七頁	13頁下	一上十四頁

續表 2

本書標注《說文》頁碼	影印《說文》一篆一行本頁碼
14 頁上	一上十五頁
14 頁下	一上十六頁
15 頁上	一下一頁
15 頁下	一下二頁
16 頁上	一下三頁
16 頁下	一下四頁
17 頁上	一下五頁
17 頁下	一下六頁
18 頁上	一下七頁
18 頁下	一下八頁
19 頁上	一下九頁
19 頁下	一下十頁
20 頁上	一下十一頁
20 頁下	一下十二頁
21 頁上	一下十三頁
21 頁下	一下十四頁
22 頁上	一下十五頁
22 頁下	一下十六頁
23 頁上	一下十七頁
23 頁下	一下十八頁
24 頁上	一下十九頁
24 頁下	一下二十頁
25 頁上	一下二十一頁
25 頁下	一下二十二頁
26 頁上	一下二十三頁
26 頁下	一下二十四頁
27 頁上	一下二十五頁
27 頁下	一下二十六頁
28 頁上	二上一頁
28 頁下	二上二頁
29 頁上	二上三頁
29 頁下	二上四頁

續表 3

本書標注《說文》頁碼	影印《說文》一篆一行本頁碼
30 頁上	二上五頁
30 頁下	二上六頁
31 頁上	二上七頁
31 頁下	二上八頁
32 頁上	二上九頁
32 頁下	二上十頁
33 頁上	二上十一頁
33 頁下	二上十二頁
34 頁上	二上十三頁
34 頁下	二上十四頁
35 頁上	二上十五頁
35 頁下	二上十六頁
36 頁上	二上十七頁
36 頁下	二上十八頁
37 頁上	二上十九頁
37 頁下	二上二十頁
38 頁上	二上二十一頁
38 頁下	二上二十二頁
39 頁上	二下一頁
39 頁下	二下二頁
40 頁上	二下三頁
40 頁下	二下四頁
41 頁上	二下五頁
41 頁下	二下六頁
42 頁上	二下七頁
42 頁下	二下八頁
43 頁上	二下九頁
43 頁下	二下十頁
44 頁上	二下十一頁
44 頁下	二下十二頁
45 頁上	二下十三頁
45 頁下	二下十四頁

續表 4

本書標注《說文》頁碼	影印《說文》一篆一行本頁碼
46 頁上	二下十五頁
46 頁下	二下十六頁
47 頁上	二下十七頁
47 頁下	二下十八頁
48 頁上	二下十九頁
48 頁下	二下二十頁
49 頁上	二下二十一頁
49 頁下	三上一頁
50 頁上	三上二頁
50 頁下	三上三頁
51 頁上	三上四頁
51 頁下	三上五頁
52 頁上	三上六頁
52 頁下	三上七頁
53 頁上	三上八頁
53 頁下	三上九頁
54 頁上	三上十頁
54 頁下	三上十一頁
55 頁上	三上十二頁
55 頁下	三上十三頁
56 頁上	三上十四頁
56 頁下	三上十五頁
57 頁上	三上十六頁
57 頁下	三上十七頁
58 頁上	三上十八頁
58 頁下	三上十九頁
59 頁上	三上二十頁
59 頁下	三上二十一頁
60 頁上	三上二十二頁
60 頁下	三下一頁
61 頁上	三下二頁
61 頁下	三下三頁

續表 5

本書標注《說文》頁碼	影印《說文》一篆一行本頁碼
62 頁上	三下四頁
62 頁下	三下五頁
63 頁上	三下六頁
63 頁下	三下七頁
64 頁上	三下八頁
64 頁下	三下九頁
65 頁上	三下十頁
65 頁下	三下十一頁
66 頁上	三下十二頁
66 頁下	三下十三頁
67 頁上	三下十四頁
67 頁下	三下十五頁
68 頁上	三下十六頁
68 頁下	三下十七頁
69 頁上	三下十八頁
69 頁下	三下十九頁
70 頁上	三下二十頁
70 頁下	四上一頁
71 頁上	四上二頁
71 頁下	四上三頁
72 頁上	四上四頁
72 頁下	四上五頁
73 頁上	四上六頁
73 頁下	四上七頁
74 頁上	四上八頁
74 頁下	四上九頁
75 頁上	四上十頁
75 頁下	四上十一頁
76 頁上	四上十二頁
76 頁下	四上十三頁
77 頁上	四上十四頁
77 頁下	四上十五頁

續表 6

本書標注《說文》頁碼	影印《說文》一篆一行本頁碼
78 頁上	四上十六頁
78 頁下	四上十七頁
79 頁上	四上十八頁
79 頁下	四上十九頁
80 頁上	四上二十頁
80 頁下	四上二十一頁
81 頁上	四上二十二頁
81 頁下	四上二十三頁
82 頁上	四上二十四頁
82 頁下	四上二十五頁
83 頁上	四上二十六頁
83 頁下	四下一頁
84 頁上	四下二頁
84 頁下	四下三頁
85 頁上	四下四頁
85 頁下	四下五頁
86 頁上	四下六頁
86 頁下	四下七頁
87 頁上	四下八頁
87 頁下	四下九頁
88 頁上	四下十頁
88 頁下	四下十一頁
89 頁上	四下十二頁
89 頁下	四下十三頁
90 頁上	四下十四頁
90 頁下	四下十五頁
91 頁上	四下十六頁
91 頁下	四下十七頁
92 頁上	四下十八頁
92 頁下	四下十九頁
93 頁上	四下二十頁
93 頁下	四下二十一頁

續表 7

本書標注《說文》頁碼	影印《說文》一篆一行本頁碼
94 頁上	四下二十二頁
94 頁下	四下二十三頁
95 頁上	五上一頁
95 頁下	五上二頁
96 頁上	五上三頁
96 頁下	五上四頁
97 頁上	五上五頁
97 頁下	五上六頁
98 頁上	五上七頁
98 頁下	五上八頁
99 頁上	五上九頁
99 頁下	五上十頁
100 頁上	五上十一頁
100 頁下	五上十二頁
101 頁上	五上十三頁
101 頁下	五上十四頁
102 頁上	五上十五頁
102 頁下	五上十六頁
103 頁上	五上十七頁
103 頁下	五上十八頁
104 頁上	五上十九頁
104 頁下	五上二十頁
105 頁上	五上二十一頁
105 頁下	五上二十二頁
106 頁上	五下一頁
106 頁下	五下二頁
107 頁上	五下三頁
107 頁下	五下四頁
108 頁上	五下五頁
108 頁下	五下六頁
109 頁上	五下七頁
109 頁下	五下八頁

續表 8

本書標注《說文》頁碼	影印《說文》一篆一行本頁碼
110 頁上	五下九頁
110 頁下	五下十頁
111 頁上	五下十一頁
111 頁下	五下十二頁
112 頁上	五下十三頁
112 頁下	五下十四頁
113 頁上	五下十五頁
113 頁下	五下十六頁
114 頁上	五下十七頁
114 頁下	六上一頁
115 頁上	六上二頁
115 頁下	六上三頁
116 頁上	六上四頁
116 頁下	六上五頁
117 頁上	六上六頁
117 頁下	六上七頁
118 頁上	六上八頁
118 頁下	六上九頁
119 頁上	六上十頁
119 頁下	六上十一頁
120 頁上	六上十二頁
120 頁下	六上十三頁
121 頁上	六上十四頁
121 頁下	六上十五頁
122 頁上	六上十六頁
122 頁下	六上十七頁
123 頁上	六上十八頁
123 頁下	六上十九頁
124 頁上	六上二十頁
124 頁下	六上二十一頁
125 頁上	六上二十二頁
125 頁下	六上二十三頁

續表 9

本書標注《說文》頁碼	影印《說文》一篆一行本頁碼
126 頁上	六上二十四頁
126 頁下	六上二十五頁
127 頁上	六下一頁
127 頁下	六下二頁
128 頁上	六下三頁
128 頁下	六下四頁
129 頁上	六下五頁
129 頁下	六下六頁
130 頁上	六下七頁
130 頁下	六下八頁
131 頁上	六下九頁
131 頁下	六下十頁
132 頁上	六下十一頁
132 頁下	六下十二頁
133 頁上	六下十三頁
133 頁下	六下十四頁
134 頁上	六下十五頁
134 頁下	六下十六頁
135 頁上	六下十七頁
135 頁下	六下十八頁
136 頁上	六下十九頁
136 頁下	六下二十頁
137 頁上	六下二十一頁
137 頁下	七上一頁
138 頁上	七上二頁
138 頁下	七上三頁
139 頁上	七上四頁
139 頁下	七上五頁
140 頁上	七上六頁
140 頁下	七上七頁
141 頁上	七上八頁
141 頁下	七上九頁

續表 10

本書標注《說文》頁碼	影印《說文》一篆一行本頁碼
142 頁上	七上十頁
142 頁下	七上十一頁
143 頁上	七上十二頁
143 頁下	七上十三頁
144 頁上	七上十四頁
144 頁下	七上十五頁
145 頁上	七上十六頁
145 頁下	七上十七頁
146 頁上	七上十八頁
146 頁下	七上十九頁
147 頁上	七上二十頁
147 頁下	七上二十一頁
148 頁上	七上二十二頁
148 頁下	七上二十三頁
149 頁上	七下一頁
149 頁下	七下二頁
150 頁上	七下三頁
150 頁下	七下四頁
151 頁上	七下五頁
151 頁下	七下六頁
152 頁上	七下七頁
152 頁下	七下八頁
153 頁上	七下九頁
153 頁下	七下十頁
154 頁上	七下十一頁
154 頁下	七下十二頁
155 頁上	七下十三頁
155 頁下	七下十四頁
156 頁上	七下十五頁
156 頁下	七下十六頁
157 頁上	七下十七頁
157 頁下	七下十八頁

續表 11

本書標注《說文》頁碼	影印《說文》一篆一行本頁碼
158 頁上	七下十九頁
158 頁下	七下二十頁
159 頁上	七下二十一頁
159 頁下	七下二十二頁
160 頁上	七下二十三頁
160 頁下	七下二十四頁
161 頁上	七下二十五頁
161 頁下	八上一頁
162 頁上	八上二頁
162 頁下	八上三頁
163 頁上	八上四頁
163 頁下	八上五頁
164 頁上	八上六頁
164 頁下	八上七頁
165 頁上	八上八頁
165 頁下	八上九頁
166 頁上	八上十頁
166 頁下	八上十一頁
167 頁上	八上十二頁
167 頁下	八上十三頁
168 頁上	八上十四頁
168 頁下	八上十五頁
169 頁上	八上十六頁
169 頁下	八上十七頁
170 頁上	八上十八頁
170 頁下	八上十九頁
171 頁上	八上二十頁
171 頁下	八上二十一頁
172 頁上	八上二十二頁
172 頁下	八上二十三頁
173 頁上	八上二十四頁
173 頁下	八上二十五頁

續表 12

本書標注《說文》頁碼	影印《說文》一篆一行本頁碼
174 頁上	八上二十六頁
174 頁下	八上二十七頁
175 頁上	八上二十八頁
175 頁下	八下一頁
176 頁上	八下二頁
176 頁下	八下三頁
177 頁上	八下四頁
177 頁下	八下五頁
178 頁上	八下六頁
178 頁下	八下七頁
179 頁上	八下八頁
179 頁下	八下九頁
180 頁上	八下十頁
180 頁下	八下十一頁
181 頁上	八下十二頁
181 頁下	九上一頁
182 頁上	九上二頁
182 頁下	九上三頁
183 頁上	九上四頁
183 頁下	九上五頁
184 頁上	九上六頁
184 頁下	九上七頁
185 頁上	九上八頁
185 頁下	九上九頁
186 頁上	九上十頁
186 頁下	九上十一頁
187 頁上	九上十二頁
187 頁下	九上十三頁
188 頁上	九上十四頁
188 頁下	九上十五頁
189 頁上	九上十六頁
189 頁下	九上十七頁

續表 13

本書標注《說文》頁碼	影印《說文》一篆一行本頁碼
190 頁上	九下一頁
190 頁下	九下二頁
191 頁上	九下三頁
191 頁下	九下四頁
192 頁上	九下五頁
192 頁下	九下六頁
193 頁上	九下七頁
193 頁下	九下八頁
194 頁上	九下九頁
194 頁下	九下十頁
195 頁上	九下十一頁
195 頁下	九下十二頁
196 頁上	九下十三頁
196 頁下	九下十四頁
197 頁上	九下十五頁
197 頁下	九下十六頁
198 頁上	九下十七頁
198 頁下	九下十八頁
199 頁上	十上一頁
199 頁下	十上二頁
200 頁上	十上三頁
200 頁下	十上四頁
201 頁上	十上五頁
201 頁下	十上六頁
202 頁上	十上七頁
202 頁下	十上八頁
203 頁上	十上九頁
203 頁下	十上十頁
204 頁上	十上十一頁
204 頁下	十上十二頁
205 頁上	十上十三頁
205 頁下	十上十四頁

續表 14

本書標注《說文》頁碼	影印《說文》一篆一行本頁碼
206 頁上	十上十五頁
206 頁下	十上十六頁
207 頁上	十上十七頁
207 頁下	十上十八頁
208 頁上	十上十九頁
208 頁下	十上二十頁
209 頁上	十上二十一頁
209 頁下	十上二十二頁
210 頁上	十上二十三頁
210 頁下	十上二十四頁
211 頁上	十上二十五頁
211 頁下	十上二十六頁
212 頁上	十上二十七頁
212 頁下	十下一頁
213 頁上	十下二頁
213 頁下	十下三頁
214 頁上	十下四頁
214 頁下	十下五頁
215 頁上	十下六頁
215 頁下	十下七頁
216 頁上	十下八頁
216 頁下	十下九頁
217 頁上	十下十頁
217 頁下	十下十一頁
218 頁上	十下十二頁
218 頁下	十下十三頁
219 頁上	十下十四頁
219 頁下	十下十五頁
220 頁上	十下十六頁
220 頁下	十下十七頁
221 頁上	十下十八頁
221 頁下	十下十九頁

續表 15

本書標注《說文》頁碼	影印《說文》一篆一行本頁碼
222 頁上	十下二十頁
222 頁下	十下二十一頁
223 頁上	十下二十二頁
223 頁下	十下二十三頁
224 頁上	十下二十四頁
224 頁下	十一上一頁
225 頁上	十一上二頁
225 頁下	十一上三頁
226 頁上	十一上四頁
226 頁下	十一上五頁
227 頁上	十一上六頁
227 頁下	十一上七頁
228 頁上	十一上八頁
228 頁下	十一上九頁
229 頁上	十一上十頁
229 頁下	十一上十一頁
230 頁上	十一上十二頁
230 頁下	十一上十三頁
231 頁上	十一上十四頁
231 頁下	十一上十五頁
232 頁上	十一上十六頁
232 頁下	十一上十七頁
233 頁上	十一上十八頁
233 頁下	十一上十九頁
234 頁上	十一上二十頁
234 頁下	十一上二十一頁
235 頁上	十一上二十二頁
235 頁下	十一上二十三頁
236 頁上	十一上二十四頁
236 頁下	十一上二十五頁
237 頁上	十一上二十六頁
237 頁下	十一上二十七頁

續表 16

本書標注《說文》頁碼	影印《說文》一篆一行本頁碼
238 頁上	十一上二十八頁
238 頁下	十一上二十九頁
239 頁上	十一下一頁
239 頁下	十一下二頁
240 頁上	十一下三頁
240 頁下	十一下四頁
241 頁上	十一下五頁
241 頁下	十一下六頁
242 頁上	十一下七頁
242 頁下	十一下八頁
243 頁上	十一下九頁
243 頁下	十一下十頁
244 頁上	十一下十一頁
244 頁下	十一下十二頁
245 頁上	十一下十三頁
245 頁下	十一下十四頁
246 頁上	十一下十五頁
246 頁下	十二上一頁
247 頁上	十二上二頁
247 頁下	十二上三頁
248 頁上	十二上四頁
248 頁下	十二上五頁
249 頁上	十二上六頁
249 頁下	十二上七頁
250 頁上	十二上八頁
250 頁下	十二上九頁
251 頁上	十二上十頁
251 頁下	十二上十一頁
252 頁上	十二上十二頁
252 頁下	十二上十三頁
253 頁上	十二上十四頁
253 頁下	十二上十五頁

續表 17

本書標注《說文》頁碼	影印《說文》一篆一行本頁碼
254 頁上	十二上十六頁
254 頁下	十二上十七頁
255 頁上	十二上十八頁
255 頁下	十二上十九頁
256 頁上	十二上二十頁
256 頁下	十二上二十一頁
257 頁上	十二上二十二頁
257 頁下	十二上二十三頁
258 頁上	十二上二十四頁
258 頁下	十二下一頁
259 頁上	十二下二頁
259 頁下	十二下三頁
260 頁上	十二下四頁
260 頁下	十二下五頁
261 頁上	十二下六頁
261 頁下	十二下七頁
262 頁上	十二下八頁
262 頁下	十二下九頁
263 頁上	十二下十頁
263 頁下	十二下十一頁
264 頁上	十二下十二頁
264 頁下	十二下十三頁
265 頁上	十二下十四頁
265 頁下	十二下十五頁
266 頁上	十二下十六頁
266 頁下	十二下十七頁
267 頁上	十二下十八頁
267 頁下	十二下十九頁
268 頁上	十二下二十頁
268 頁下	十二下二十一頁
269 頁上	十二下二十二頁
269 頁下	十二下二十三頁

續表 18

本書標注《說文》頁碼	影印《說文》一篆一行本頁碼
270 頁上	十二下二十四頁
270 頁下	十二下二十五頁
271 頁上	十三上一頁
271 頁下	十三上二頁
272 頁上	十三上三頁
272 頁下	十三上四頁
273 頁上	十三上五頁
273 頁下	十三上六頁
274 頁上	十三上七頁
274 頁下	十三上八頁
275 頁上	十三上九頁
275 頁下	十三上十頁
276 頁上	十三上十一頁
276 頁下	十三上十二頁
277 頁上	十三上十三頁
277 頁下	十三上十四頁
278 頁上	十三上十五頁
278 頁下	十三上十六頁
279 頁上	十三上十七頁
279 頁下	十三上十八頁
280 頁上	十三上十九頁
280 頁下	十三上二十頁
281 頁上	十三上二十一頁
281 頁下	十三上二十二頁
282 頁上	十三上二十三頁
282 頁下	十三上二十四頁
283 頁上	十三上二十五頁
283 頁下	十三下一頁
284 頁上	十三下二頁
284 頁下	十三下三頁
285 頁上	十三下四頁
285 頁下	十三下五頁

續表 19

本書標注《說文》頁碼	影印《說文》一篆一行本頁碼
286 頁上	十三下六頁
286 頁下	十三下七頁
287 頁上	十三下八頁
287 頁下	十三下九頁
288 頁上	十三下十頁
288 頁下	十三下十一頁
289 頁上	十三下十二頁
289 頁下	十三下十三頁
290 頁上	十三下十四頁
290 頁下	十三下十五頁
291 頁上	十三下十六頁
291 頁下	十三下十七頁
292 頁上	十三下十八頁
292 頁下	十三下十九頁
293 頁上	十三下二十頁
293 頁下	十四上一頁
294 頁上	十四上二頁
294 頁下	十四上三頁
295 頁上	十四上四頁
295 頁下	十四上五頁
296 頁上	十四上六頁
296 頁下	十四上七頁
297 頁上	十四上八頁
297 頁下	十四上九頁
298 頁上	十四上十頁
298 頁下	十四上十一頁
299 頁上	十四上十二頁
299 頁下	十四上十三頁
300 頁上	十四上十四頁
300 頁下	十四上十五頁
301 頁上	十四上十六頁
301 頁下	十四上十七頁

續表 20

本書標注《說文》頁碼	影印《說文》一篆一行本頁碼
302 頁上	十四上十八頁
302 頁下	十四上十九頁
303 頁上	十四上二十頁
303 頁下	十四上二十一頁
304 頁上	十四上二十二頁
304 頁下	十四下一頁
305 頁上	十四下二頁
305 頁下	十四下三頁
306 頁上	十四下四頁
306 頁下	十四下五頁
307 頁上	十四下六頁
307 頁下	十四下七頁
308 頁上	十四下八頁
308 頁下	十四下九頁
309 頁上	十四下十頁
309 頁下	十四下十一頁
310 頁上	十四下十二頁
310 頁下	十四下十三頁
311 頁上	十四下十四頁
311 頁下	十四下十五頁
312 頁上	十四下十六頁
312 頁下	十四下十七頁

續表 21

本書標注《說文》頁碼	影印《說文》一篆一行本頁碼
313 頁上	十四下十八頁
313 頁下	十四下十九頁
314 頁上	十四下二十頁
314 頁下	十五上一頁
315 頁上	十五上二頁
315 頁下	十五上三頁
316 頁上	十五上四頁
316 頁下	十五上五頁
317 頁上	十五上六頁
317 頁下	十五上七頁
318 頁上	十五上八頁
318 頁下	十五上九頁
319 頁上	十五上十頁
319 頁下	十五下一頁
320 頁上	十五下二頁
320 頁下	十五下三頁
321 頁上	十五下四頁
321 頁下	十五下五頁
322 頁上	十五下六頁
322 頁下	十五下七頁
323 頁上	十五下八頁